国家精品在线开放课程配套教材

职业教育国家在线精品课程配套教材

高等职业教育新形态一体化教材

U0660424

职场规划与方法能力

主　编　王士恒　程秀娟

职业规划与就业准备力

自我提高与职业发展力

创新创造与职场竞争力

数字素养与时代适应力

中国教育出版传媒集团

高等教育出版社·北京

内容提要

本教材是职业教育国家在线精品课程"职业规划与方法能力"配套教材,是高职院校公共基础课能工巧匠系列教材,也是高等职业教育新形态一体化教材。本教材编写深入贯彻落实党的二十大精神,遵循习近平新时代中国特色社会主义思想的世界观和方法论,坚持运用贯穿其中的立场观点方法,全面培养青年大学生职业发展能力与职业综合素养。

本教材内容涵盖"职业规划与就业准备力""自我提高与职业发展力""创新创造与职场竞争力""数字素养与时代适应力"四个部分,充分融入了学科发展前沿新理论、新知识、新技术、新方法,系统梳理了职业能力素质要点。教材还精心编排了形式多样的实践活动,促使学生从实践中获取知识、丰富经验。本教材以二维码链接的方式,配套建设了视频微课、线上自测等数字资源,供学生随扫随学、随扫随练,以期拓展学生的学习空间,增强教材的互动性与可读性。

本教材既可服务于高职院校学生,为其提供优质在线体验、学习与合作机会,培养其可持续发展能力;也可为有职前培训、在岗培训需求的企业员工提供参考,提升其职场适应力。

图书在版编目(CIP)数据

职业规划与方法能力 / 王士恒,程秀娟主编 . -- 北京:高等教育出版社,2024.6

ISBN 978-7-04-061844-0

Ⅰ.①职… Ⅱ.①王… ②程… Ⅲ.①大学生 - 职业选择 Ⅳ.① G647.38

中国国家版本馆 CIP 数据核字(2024)第 046876 号

ZHIYE GUIHUA YU FANGFA NENGLI

策划编辑	王蓓爽	责任编辑	刘紫祎	崔梅萍	封面设计	李小璐	版式设计	杨 树
责任绘图	易斯翔	责任校对	吕红颖		责任印制	朱 琦		

出版发行	高等教育出版社	网　　址	http://www.hep.edu.cn
社　　址	北京市西城区德外大街 4 号		http://www.hep.com.cn
邮政编码	100120	网上订购	http://www.hepmall.com.cn
印　　刷	北京七色印务有限公司		http://www.hepmall.com
开　　本	787mm×1092mm 1/16		http://www.hepmall.cn
印　　张	20.75		
字　　数	430千字	版　　次	2024 年 6 月第 1 版
购书热线	010-58581118	印　　次	2024 年 6 月第 1 次印刷
咨询电话	400-810-0598	定　　价	41.50 元

本书如有缺页、倒页、脱页等质量问题,请到所购图书销售部门联系调换

版权所有　侵权必究

物 料 号　61844-00

为满足我国经济高质量发展以及劳动者自身可持续发展的需要，在职场上，既要处理人机关系，也要处理人际关系；既要硬技术，又要支持硬技术的软技能；既要有胜任岗位的技能，也要有行业的通用素质；既要适应今天的工作，也要为明天的发展做好准备。《21世纪技能——为我们所生存的时代而学习》一书针对"今天的学习、教育是为了什么"也做出了同样的回答：为了掌握今天还没有出现的技术，为了解决今天还没有遇到的问题，为了适应今天还没有出现的工作。

就业是民生之本，创业是富民之基，创新是发展之源。创新创业是培育和催生经济社会发展新动力的必然选择，是扩大就业、实现富民之道的根本举措，更是激发全社会创新潜能和创业活力的有效途径，是实现高水平科技自立自强，进入创新型国家前列，推动经济高质量发展的动力之源。当代青年大学生富有想象力和创造力，是创新创业的有生力量，为党和国家培养更多创新创业人才、高素质技能人才、能工巧匠、大国工匠是时代赋予高等职业教育的使命。

本教材在编写过程中，遵循习近平新时代中国特色社会主义思想的立场观点方法，注意借鉴吸收中华优秀传统文化，吸纳中华文明的智慧成果。围绕"培养什么人、为谁培养人、怎样培养人"这一主题，结合高职学生的学习思维特质及能力行为倾向，整合中外职业教育思想，顺应从技能到专长的未来职业教育发展趋势，我们确立的教材的基本定位是：面向职场，以需求为导向，为学生的专业发展服务；面向社会，以素质为导向，为学生的可持续发展服务。

近年来我们课程开发团队与国内外的学者、教练、专家一起研讨、探索、实践，进一步优化了职业发展与核心素养培养的一整套策略与方法。教材在试用期间得到师生广泛的好评与认可，已经成为教师指导训练的好参谋、学生自我成长的好助手。教材在衔接线上课程与线下课堂、贯通文本阅读与实践活动方面具有原创性、教练性、示范性。具体而言，教材编写突出以下特色：

1. 构建科学知识体系，创新编写体例结构

本教材对创新创业知识、能力素质要点进行系统梳理，将复杂的创新思想和创业过程简化，更直观地凸显出创新创业及实践活动的基本需要。同时，在教材编写过程中，模块维度依据"问题—认知—行动—反思"的逻辑顺序，形成了"导—学—训—思"一体化的教学路径，使学生充分掌握知识技能要点的同时，能将所学知识运用到实际之中，实现知行合一。

2. 打造"教学练测评"教学闭环，体现职业特色

对于教师来说，本教材是教练手册，也是测量工具。教材提供的大量经典案例、推荐活动，丰富了教学素材，是教师进行教学活动的宝贵资源库；同时通过评估反思，记录学生学习训练的过程，也是学生课业评价的重要依据。对于学生来说，是操作指南，也是成长档案。本教材不仅要求学生在完成训练项目时提供真实的感受，还要求彼此分享与借鉴：感悟与进步就在身边的每一个人，就在当下的每一次体验活动中。通过项目训练，培育创新文化，弘扬工匠精神，涵养优良学风，营造创新氛围。

3. 顺应翻转课堂教学模式变革，突出以学生为中心

以项目、任务驱动，实现线上资源与线下培训的无缝对接；将教学微课、应知练习、经典案例等资源植入教学互动平台进行混合教学；真正实现了以学习者为中心的教学方式，方便广大教师有效实施翻转课堂教学改革，为推进教育数字化、建设学习型社会提供了良好的示范。

本教材是集体智慧的结晶。凝结其中的很多素材、构思来自投身教学一线的每一位积极探索者。他们付出了汗水，他们贡献了智慧。感谢人力资源和社会保障部职业技能鉴定中心的通用职业素质专家委员会的专家团队为本教材提供的通用素质培训纲要及标准。在编写过程中我们还参考、引用了学术界研究的最新成果，培训界教练的经典案例，谨向同行专家及教练致谢！

本教材的编写分工如下：王士恒负责教材大纲以及模块七至模块十二的撰写，并对全书进行统稿；程秀娟负责模块一至模块六的撰写。

限于作者水平和编写时间，本教材一定还存在诸多不足之处，敬请广大读者批评指正。祝愿本教材的使用者，特别是各位教师、教练，通过与学生、学员的交流合作，教学相长，形成师生参与、共建共享的成长共同体。

编者
2024年1月

/ 目录 /

第三篇　创新创造与职场竞争力

第一篇 职业规划与就业准备力

就业是最基本的民生。强化就业优先政策，健全就业促进机制，促进高质量充分就业。健全就业公共服务体系，完善重点群体就业支持体系，加强困难群体就业兜底帮扶。统筹城乡就业政策体系，破除妨碍劳动力、人才流动的体制和政策弊端，消除影响平等就业的不合理限制和就业歧视，使人人都有通过勤奋劳动实现自身发展的机会。

——党的二十大报告

模块一

职业探索：未来已来，你准备好了吗？

　　职业核心能力是职业人除岗位专业技能之外，跨岗位跨行业的基础能力，是适应社会发展变化的可持续发展能力，是个人取得成功的关键能力。

　　2019年，通用职业素质专家委员会制订的《通用职业素质培训纲要》中，职业核心能力包括"有效沟通""团队合作""自我提高""信息处理""创新创造""解决问题"6个模块。其中，"自我提高""信息处理""创新创造"为"职业方法能力"，它是从事各种职业和实际生活中都必备的一种方法能力。

　　"职业规划与就业准备力"贯通于整个职业方法能力训练过程，它引导着每个职业人基于技术的职业核心能力的发展方向，让职业素养的养成与训练成为一种有意识和自觉的行为。

"职业探索"能力要求：

1. 能通过生涯人物访谈，了解职业生涯规划的意义。
2. 能分析职业与专业的关系，围绕专业与兴趣，了解未来就业环境。
3. 能在认知职业标准和职业资格证书基础上，读懂岗位说明书。
4. 能适应人工智能时代背景，积极应对未来工作对劳动者的要求。

本模块训练重点：

1. 了解职业认知的内容和方法，了解职业的分类和能力要求。
2. 读懂岗位说明书，了解职业标准和职业资格证书。
3. 了解职业与专业的关系。
4. 通过生涯人物访谈提高自己对工作世界的认识。

案例示范：职业典型一日

　　这是一则大学生参加职业规划大赛的作品，分析案例中参赛选手是如何通过实习、体验，了解原画设计师的典型工作的，为自己未来职业方向的选择提供参照。

一、职业认知

原画设计作为对美术要求最高的岗位，对于美术生来说，可以说产出是最为可观，付出与获得成正比的理想职业。原画设计师虽不过于注重学历，但仍要求求职者拥有扎实的美术功底，能熟练运用工作软件，具有一定的知识积累，其主要职责是通过公司、客户的要求设计作品。现在市场的原画多为2D与3D模式，通过前辈访谈得知，未来的时间段内，大部分市场都会被3D占领；现在原画行业更多地注重于创造设计，创新是亘古不变的生存法则。原画师的就业范围很广，如游戏公司、外包公司、自由原画师、开班教学、影视动画概念设计师等，但原画行业的就业困难指数正在逐年递增，在中国这个泱泱大国中人才济济，想要在众多优秀人才中脱颖而出，对于自身的要求也在不断地增加。

二、职业典型一日的探索过程（表1-1）

表1-1　职业典型一日实习企业简况

公司名称	找到单位的方式	联系单位的方式	探索时长
三叠色	单位到校园演讲	学校帮助联系	1天
原力	通过网络（名气）	系部主任帮忙联系	1天
多塔	单位到校园演讲	个人联系	52天

三、职业体验历程

这个暑假，我分别在三叠色、原力和多塔这三家原画设计公司进行了实习。两个月的实习受益良多，我对原画设计师这个职业也有了更全面的认识。

在三叠色公司里，我作为项目组中的一员进行了实习体验。进入公司，首先看到的就是穿着随性的职员，他们的工作氛围十分轻松愉快，职员间也相处和谐。工作时，我对前辈的作品进行了临摹，指导老师从专业制作的角度给了我一些细节上的提醒，比如，配色时先不用考虑颜色的搭配，用黑白两色来营造明暗对比，后期要考虑到人物背景的反光色等，老师悉心的指导让我这个实习生也沉浸在了工作中。到了下班时间，很多员工自发加班，工作状态专注认真。和蔼的老师、随性的员工、充满热情的工作环境，愈发让我感受到自己对这份职业的热爱。

我在江苏原力公司与多塔公司中都作为学员的身份进行了学习。原力公司刚开始进行的是素描的培训，打牢基本功；多塔公司则侧重培训多种工具软件的应用，如Photoshop、玛雅、3DMax等。这也体现了职业对能力要求的多维度性。在大学期间，我需要继续锻炼自己的人物绘画水平，提高美术修养，并学习灵活使用工具软件。

通过实习，我坚定了目标，找到了自己与正式员工的差距，我好像顿时充满了动力，现在的我依然每天画画练手，也开始待在原来并不喜欢的图书馆里看书，猎取丰富的知识；一改别人眼中的懒散形象，愿意为了提高某一个技能点跑前跑后，去跟专业老师唠叨。希望在不远的将来，能让大家看到我的作品出现在中国动漫大片里，给大家带来欢乐与美的体验。

四、典型一日的描述

核心的工作内容是通过公司或者客户的要求来设计作品。

首先交由概念设计师来设计大体的方向，再转交给原画设计师来进行细致刻画。

运用到的能力：

优秀的绘画技术水平与工具软件的熟练运用；团队合作的精神与对待工作严谨认真的态度。

五、职业胜任盘点

1. 原画设计师需要稳扎的绘画技术与充足的知识储备，以及对于工作软件（Photoshop、3DMax）的灵活运用。

2. 要求有团队合作精神，严谨踏实的工作态度。

六、探索感悟

我刚开始认为所有和原画相关的公司都是游戏公司，并且原画只涉及游戏这一类，原画师这个职业的工作就只有画画，经过职业探索后，我发现，原来公司还分游戏公司和动画公司等，原画师不仅仅需要画画，还需要与客户进行沟通，工作并不轻松，而且工作强度较大。

我的绘画技术水平与软件的运用并不熟练，所以我要在大学这段宝贵的时间里，利用平时课余和放假时间，努力提升自己的绘画水平并学习新的软件。

分析：职业典型一日与生涯人物访谈一样，都是大学生对未来职业的探索过程。生涯人物访谈需要把握的重点是明确访谈要解决的问题；描述生涯人物联系过程及生涯人物背景；访谈过程；问题解决回应；访谈心得等。职业典型一日需要把握的重点则是对职业已有认知进行盘点；记录职业实践过程；职业描述；实践心得等。

主题一　职业认知

问题：如何了解职业、选对就业方向？

在职业生涯初期，我们可能做的是自己不喜欢而且不想从事一生的工作。但我们要分清：喜欢不喜欢这份工作是一件事，应该不应该做好这份工作、是否有能力做好这份工作是另一件事。职业生涯永远面对未来，未来是不确定的，所以生涯规划既是科学又是艺术。

通过本主题的学习和训练，你将能够：

1. 认识职业，了解职业的种类。
2. 读懂岗位说明书，了解职业标准和职业资格证书。
3. 了解职业与专业的关系。

微课：

认知职业

认知：生涯发展从了解职业开始

一、职业与职业分类

（一）社会分工与职业划分

社会分工是职业划分的依据与基础。社会分工决定着职业的划分，社会分工越精细，职业的种类也就越多。因而，社会分工的发展决定和制约着职业的发展。伴随科学技术的发展、生产工具的改进和生产的社会化，社会分工越来越精细，专业化程度越来越高，职业的划分也越来越精细。

在人类社会初期，社会分工主要是建立在年龄、性别基础上的劳动分工。成年男子外出打猎、捕鱼、作战、制作工具；妇女们负责采集、从事家庭劳动；老人们指导或参与制造劳动工具和武器；孩子协助妇女劳动。劳动分工极其简单，也没有职业的出现。一个成年男子今天既可以去狩猎，也可以去捕鱼，明天还可以去伐木，没有固定从事专门的工作，因而也无从谈起职业了。

伴随着生产力的发展，人类征服自然的能力不断提高，社会分工不断扩大，不同的劳动者从事不同的社会劳动，承担着相应的较为稳定的专门化的职责。在人类历史上经历了三次大的社会分工，第一次是畜牧业从农业中分离出来，一部分人专门从事畜牧业，人类出现了职业。其后在漫长的历史进程中，手工业和商业也先后独立成为职业，完成了第二次和第三次社会大分工，职业划分成了普遍的社会现象。

（二）职业内涵与职业分类

1. 职业内涵

由社会分工的发展决定和制约的职业的发展历程，我们可以看到职业的基本内涵。第一，职业是劳动者能够稳定地从事并赖以生活的工作。这就意味着，并非所有的工作都能成为职业。某项工作只有能够吸引劳动者长期稳定投身其中，并且成为其经济生活的来源，才能称之为职业。第二，职业是劳动者在社会分工体系的某一个环节上稳定地从事工作而获得的职业角色。也就是说，一般劳动者只有固定从事某项工作，才能获得一种职业角色，成为职业劳动者。

案例

暑 期 工

王丽大一暑假的时候在一家星级酒店做了一个月的服务员，由于她吃苦耐劳，酒店不仅给她发了全额的工资，还给了一笔奖金。王丽非常开心，认为她在暑假找了一份非常好的职业。王丽真的拥有一份职业了吗?

2. 职业分类

伴随着社会经济的发展和科技水平的提高，职业的种类不断增加。2008年国际劳工组织通过的《国际标准职业分类（2008）》把职业分为十大类：管理者；专业人员；技术和辅助专业人员；办事人员；服务与销售人员；农业、林业和渔业技工；工艺和相关行业工；工厂、机械操作与装配工；初级职业；武装军人职业。2015年新修订的《中华人民共和国职业分类大典》则将我国职业归为八大类：国家机关、党群组织、企业、事业单位负责人；专业技术人员；办事人员和有关人员；社会生产服务和生活服务业人员；农、林、牧、渔业生产及辅助人员；生产、运输设备操作人员及有关人员；军人；不便分类的其他从业人员。

（三）职业地位与职业声望

1. 职业地位

职业地位指不同职业依据其本身的社会结构功能所占据的客观社会位置。它是每个劳动适龄范围内，正常工作的劳动者所担负的某种社会角色所处的客观位置。在中国古代职业分类有"士农工商"一说，而且各职业之间存在着显著社会地位的差异："万般皆下品，唯有读书高"，"士"的社会地位显然要高于"农工商"，商人的职业地位在中国古代社会通常是比较低的。在现代社会，不同的职业虽拥有不同的社会资源，但各行各业间的地位是相对平等的。

2. 职业声望

职业声望是人们对不同职业的价值评价，是社会成员对各种职业主观态度的综合。职业声望会影响到劳动者的职业选择，人们往往会尽量选择职业声望较高的职业，规避那些职业声望低的职业。影响职业声望的因素是多样的，主要有：

（1）职业的社会功能

职业的社会功能指的是特定职业在社会中的作用，对于国家社会发展所发挥的影响。一个职业的社会作用越大，该职业群体的职业声望就比较高。

（2）职业的社会报酬

职业的社会报酬指的是从事该职业能够给从业者带来的政治、经济、文化等方面的权力、收益和机会。通常职业声望越高职业的社会报酬越高。我们在看待职业声望高低的时候，通常要考虑职业带来的收入、福利、权力、升职等方面的收益，收益越大，我们越会认为是"好工作"，职业声望往往也较高。

（3）职业的自然状况

职业的自然状况指的是职业本身的工作环境、劳动条件、安全系数，以及该职业的劳动强度、技术复杂程度等。在这些方面占优势的工作，人们对其评价往往比较高。

（4）职业本身的要求

职业本身的要求指的是入职的基本条件，职业所要求的受教育程度、技能训练水平、工作经验以及劳动者拥有的资质和证书。通常情况下，入职的要求越高、越严格，职业的声望也越高。

案例

迷茫的张倩

张倩是学计算机软件设计的，这个专业是父母为她选择的，理由很简单，计算机是人类的未来，搞软件的人在未来职场上肯定吃香。可是，在大学里，张倩觉得自己逻辑思维不强，学习劲头不足，成绩也很一般，不是搞软件的料。毕业后，张倩还是进入了一家私企软件公司，做了两年程序员，但自己在程序这块做得实在不好，计算机技术更新太快了，自己也没那么多精力去学习，技术还是停滞不前，况且年龄也不小了，IT行业又是一个吃青春饭行业。听到同学做了ERP销售，薪酬待遇等都不错，张倩心想自己口才好，爱交朋友，沟通能力强，应该去做销售。于是就开始做起ERP销售来，可是，开创市场也不是容易的事，那个同学比自己早做两年，市场面大，业绩自然好于自己，张倩心里很是不平衡，再加上年龄一天天向30岁靠近，生活的压力越来越大，再做销售已经力不从心，自己感觉真的没什么前途。五年时间飞快过去了，一些同学已经做到主管的位置，一些同学成了软件行业的主力军，而自己下一步将做什么工作，张倩仍感到茫然不知所措。

对绝大多数毕业生而言，选择什么样的职业一直是一件非常纠结的事情。在进行具体的职业选择前，有些问题需要搞清楚：什么是热门职业？什么是冷门职业？大家可能经常从不同的渠道了解到关于社会将来热门职业的预测。衡量一个职业是不是"热门"，最主要的应该看它在社会上的受欢迎程度。但所谓的"冷"与"热"也都是相对而言，没有永远的"冷门"，也没有永远的"热门"。如果某个职业长期后继乏人，那就极有可能成为将来的热门；如果某些职业大家都来挤，反而会成为以后的冷门。其实，这本身就体现了职业人才市场的变化规律。所以，职业的热门和冷门应因时而异地判断。

（5）职业对于家庭、人际交往的影响

在评价一个职业的社会声望时，人们还会考虑到该职业对于婚姻、恋爱、家庭以及人际交往的影响。

（6）单位的性质

劳动者所在的单位或劳动组织的所有制性质，也会影响到人们对职业地位的评价。我国目前的企业大致可以分为央企、国企、集体、私企、外资、合资等多种性质，在不同时期，不同性质的企业对劳动者的吸引力不同，在职业声望评价体系中的位置也就会发生变动。

当然，职业声望的高低也受到劳动者个体因素和其他社会因素的影响，如劳动者的年龄、性别、兴趣、受教育水平等，以及一个社会的政治文化环境、舆论、风俗等。

二、工作与岗位

1. 工作与职业

那么，我们通常说的工作是什么？工作的概念是劳动者通过劳动（包括体力劳动和脑力劳动）将生产资料转换为生活资料，以满足人们生存和继续社会发展事业的过程。一个人的工作是他在社会中所扮演的角色。工作有时还被界定为岗位，它是指人在特定的时间和特定的日子待在特定的岗位上。在过去，人们几乎一生都从事年轻时选择的职业。现在，随着社会分工的发展变化，越来越多的人一生从事多个职业，同时，也有很多传统的行业慢慢消失，与之相关的岗位和工作再也找不到了。与之相应的，新的行业和工作应运而生，于是人们需要寻找新的工作。如果在职业选择时你清楚地知道自己想做什么，根据自己的兴趣和市场需求，制订适合自己的职业规划，将有助于你获得满意的职业。

工作与职业最主要的不同之处在于个体的态度。也许两个人从事相同的工作，拥有相同的职务、相同的教育背景，却有不同的工作成效。假如你的工作仅仅用来谋生，那么它很快就会成为单调乏味的例行公事。如果你的工作与你职业发展方向无关，你也不会为获得晋升或实现自己的职业理想而努力。如果你的工作是达成职业目标所不可或缺的，那么你的工作动机就会有所不同，你不仅将工作视为一种挑战，还会将它视为一种有助于你将来获得新技能的机会，你可以预见你的未来，并设立为之奋斗的目标。

2. 读懂岗位说明书

案例

某公司的招聘广告

一、招聘条件

1. 大专及以上学历（专科维保、本科调试）；

2. 掌握基本的电工和机械知识；

3. 熟悉一般常用电梯相关知识；

4. 通过政府部门考试，获得国家相关部门颁发的操作证书；

5. 为人踏实肯吃苦，有责任心，能独立完成保养及维修任务；

6. 机电、电气、机械、电子、自动化等相关专业。

二、薪资待遇

年薪：大于等于6万元，2—3年后8万~10万元（五险一金，带薪年假）；

实习期间：签约100元/天，3 500~4 000元/月，上五休二，有员工补贴（交通、住宿、话费等）；

转正（初级维保技术员）：签约工资5 000元左右＋五险一金等＋补贴；

晋级（中级维保技师）：年薪9万~12万元。

三、福利待遇

1. 社会保险：五险一金（养老保险、工伤保险、医疗保险、失业保险、生育保险、住房公积金等）；

2. 2~4月工资的年终奖；

3. 带薪休假（7~15天）；

4. 旅游费；

5. 其他外资企业福利；

6. 完善的薪酬激励体系和晋升制度；

7. 员工签署正规劳动合同。专接本学历、助理工程师的帮扶培养体系。

四、工作职责

1. 根据公司计划例行日常保养；

2. 日常维修，技术达标负责电梯安装工作；

3. 部件改造；

4. 定期验收；

5. 客户沟通协调。

五、晋级流程

实习期—初级—中级—高级技师晋级过程；

员工享受系统的科学的完善的技术培训体系。

六、入职要求

1. 通过员工培训基地初试和复试；

2. 签订员工培训协议并完成在员工基地的培训和考核；

3. 取得国家职业资格证书；

4. 所有学员根据基地和分公司实际需要，安排最终面试和实习就业并与分公司签订劳务合同。

该公司对大学毕业生的招聘条件，体现了公司对入职人员的专业、职业技能、职业素质等的要求。大学毕业生要关注拟从事工作岗位的要求，分析自身的知识技能水平，为就业早做准备。

（1）岗位的定义

岗位是指在特定的组织中，在一定的时间或空间内，由一名或多名员工承担若干项任务，并具有一定的职务、责任和权限。在设置岗位时，要对其所承担的责任进行划分，一般分为主责、部分和支持三类，以此来确定配合关系。主责是指某个人所负的主要责任；部分是指只负一部分责任；支持是指责任很轻，只协助他人。每个岗位的主责、部分和支持一定要划分清楚，只有这样才能实现最有效的配合。

（2）岗位的分类

一般情况下，企业的岗位分为生产岗位、执行岗位、专业岗位、监督岗位、管理岗位和决策岗位，其具体内容可参见企业岗位一览表（表1-2）：

微案例：

小美的工作
迷茫

表1-2　企业岗位一览表

岗位名称	岗位内容
生产岗位	从事制造、安装、维护及为制造做辅助工作的岗位
执行岗位	从事行政或者服务性工作的岗位
专业岗位	从事各类专业技术工作的岗位
监督岗位	从事监督、监察企业各项工作的岗位
管理岗位	从事部门、科室管理的工作岗位
决策岗位	主要指企业的高级管理层

（3）工作分析

工作分析，即岗位研究，也称职务分析，是对组织中某个特定工作岗位的性质、任务或者职责、权力、隶属关系、工作条件、任职资格等相关信息进行收集与分析，以便对该岗位的工作作出明确的规定，并确定完成该工作所需要的行为、条件和人员的过程。岗位分析主要通过访谈、问卷调查、观察、工作日志与资料分析等方法完成。比较常用的方法有职务分析问卷（PAQ）、工作要素法（JEM）、管理人员职务描述问卷（MPDQ）和关键事件法（CIM）等。具体步骤包括确认要素与程序、前期分析、工作岗位调查与培训、工作分析访谈、工作描述调查和形成工作分析文件。工作分析是企业人力资源管理的基础性工作之一，主要包括工作说明和工作规范两方面内容：

工作说明是指确定职位的基本信息和工作的具体特征，如对工作的目标、范围、任务、内容、责任、考核标准、方法和工作环境等的详细描述。

工作规范是指完成某项工作所需要的知识、技能以及职责、程序的具体说明，它是工作分析结果的一个组成部分。工作规范可以让员工更详细地了解其工作的内容和要求，以便顺利地进行工作。

（4）岗位说明书

岗位说明书，是关于岗位的详细介绍和说明。一般包括岗位基本资料、岗位职责、岗位关系、协作关系、任职条件和工作特征等六项内容，是表明企业期望员工做些什么、员工应该做些什么、应该怎么做和在什么样的情况下履行职责的总汇。通过一份岗位说明书，员工能够知道自己在何时何地以何种方式完成何事、接受谁的领导、与谁协作、对谁给予指导及工作环境是怎样的。通过一整套的岗位说明书，员工能够较为清晰地了解企业整体运作流程的轮廓，知道自己的岗位处于流程的哪一个节点，能熟悉上下游工作的内容，衡量岗位的客观地位和价值，能够理性认识和较为合理地判断本岗位价值。对于企业来说，可以知道某员工岗位的责任和权利，清楚如何衡量员工的岗位价值。

三、职业标准与职业资格证书

案例

职业资格证书为就业增添砝码

小杨2021年毕业于某高职院校物流管理专业，现就职于一家机械制造公司，担任总经理助理一职。在校期间，她除了顺利地完成了专业规定的相关课程外，还利用课余时间参加了职业资格培训班，并拿到了助理物流师证书、会计从业资格证书、高级营销员证书、全国计算机等级考试二级合格证书和英语四级证书共五个证书，其中前三个是职业资格证书，后两个是等级证书。当别的同学不理解小杨为什么考这么多证书时，小杨想的是：现在就业竞争压力大，大学期间除了掌握基础的专业知识外，还应拓宽学习范围，为将来的就业做多手准备。小杨的想法在应聘时得到了印证。目前小杨的工作就是公司来学校招聘时应聘上的。小杨了解到，自己最后能在众多应聘者中被公司录用，就是因为她利用课余时间考取了与目前工作相关的各种职业资格证书。这为其就业增添了砝码。

高职院校毕业生的职业资格证书，一般是经过学校或社会培训机构组织的培训后，参加职业鉴定考试获得的。现在，很多专业都有相应的职业资格等级证书，比如酒店管理专业，与其相关的证书就有酒店管理师证、前厅服务员证、客房服务员证、餐厅服务证等。大学生应积极考取相关证书，因为它是职业能力的证明，是进入某一行业的入门凭证。

1. 职业标准

国家职业标准属于工作标准。国家职业标准是在职业分类的基础上，根据职业（工种）的活动内容，对从业人员工作能力水平的规范性要求。它是从业人员从事职业活动，接受职业教育培训和职业技能鉴定以及用人单位录用、使用人员的基本依据。国家职业标准由人力资源和社会保障部组织制定并统一颁布。国家职业标准包括职业概况、基本要求、工作要求和比重表四个部分，其中工作要求为国家职业标准的主体部分。

2. 职业资格证书制度

职业资格证书制度是劳动就业制度的一项重要内容，也是一种特殊形式的国家考试制度。它是指按照国家制定的职业技能标准或任职资格条件，通过政府认定的考核鉴定机构，对劳动者的技能水平或职业资格进行客观公正、科学规范的评价和鉴定，对合格者授予相应的国家职业资格证书。推行职业资格证书制度，是实施"科教兴国"战略的一项举措，也是我国人力资源开发的重要手段。

微知识：

职业资格证书制度相关规定

3. 职业资格

职业资格是对从事某一职业所必备的学识、技术和能力的基本要求，反映了劳动者为适应职业劳动需要而运用特定的知识、技术和技能的能力。职业资格证书是劳动者具备某种职业所需要的专门知识和技能的证明，是劳动者求职、任职、开业的资格凭证，是用人单位招聘、录用劳动者的主要依据，也是境外就业、对外劳务合作人员办理技能水平公证的有效证件。

微知识：

职业资格相关规定

我国的职业资格分为行政许可类职业资格和能力评价类职业资格两种。行政许可类职业资格亦称"执业资格"，是政府对某些责任较大，关系公共利益，涉及人身安全、重大财产安全和广大消费者利益的职业实行就业准入控制，是劳动者依法独立开业或从事某一特定职业的专业知识、职业技能和工作能力的必备标准，例如执业药师。能力评价类职业资格亦称从业资格，是国家对技术复杂、社会通用性强的职业，组织开展的能力评价服务，是从事某一职业的专业知识、职业技能和工作能力的起点标准，例如物流师。

行动：通过体验，初步了解职业及岗位要求

活动一：职业与岗位分析

寻找一个你感兴趣的行业，比如商业、教育业或娱乐业。在职业岗位兴趣表（表1-3）中写出10个与这个行业有关的工作。写完之后，根据它们对你的吸引程

度进行排序。如果你发现这些行业中的工作不适合你，那再找另外两三个你感兴趣的行业重复刚才的练习。

表1-3　职业岗位兴趣表

序号	职业名称	排序	序号	职业名称	排序
1			6		
2			7		
3			8		
4			9		
5			10		

活动二：企事业单位岗位职责对比研究

一、活动目标

1. 了解企事业单位岗位的基本职责和任务，分析岗位职责的异同点（以某些典型岗位为例），了解岗位的发展性和附加值。

2. 提升对岗位规范重要性的认识，感受不同的企业文化。

建议：用时2周。

知识准备：通过上网等途径查找相关资料，确定选取岗位是企事业中通用岗位，了解企事业单位的岗位基本职责和任务。

教具准备：录音笔、照相机、多媒体设备。

二、活动内容

1. 访谈目标的选取。通过上网查找及联系相关校友等途径，选取有代表性的企事业单位，进行访谈。

2. 小组讨论。将学生分成4~6人的若干个小组，以小组为单位探讨所学专业可能从事的职业，并将这些职业按照行业分类，写在彩色卡纸上。

3. 分组阐述。每个小组选派代表在多媒体设备上展示访谈成果，介绍单位文化以及不同岗位职责和任务。

4. 自由讨论。同学自由讨论各企事业、文化的相同点和不同点，探讨原因，总结单位文化对岗位职责的影响。

5. 教师总结。教师针对如何提升对岗位规范重要性的认识等讨论进行总结评价。

三、讨论和总结

1. 你心目中的理想岗位是什么？你喜欢在哪种单位谋求岗位？

2. 通过这次讨论，你认为各企事业单位岗位职责间的异同点是什么？单位文化对岗位职责有什么影响？

反思：怎样提高职业探索能力

一、自我评估

请阅读深圳华为技术有限公司发布的一则招聘广告，并回答相关问题。

（一）情景描述

以下是深圳华为技术有限公司客户经理职位的招聘广告。

1. 职位类别：销售

2. 工作地点：中国/深圳

3. 岗位职责：客户经理

4. 发展方向：

销售大咖：驰骋五洲、纵横四海，征服广阔市场，实现销售增长；

战略专家：洞悉行业与市场动态，引领华为与客户战略合作方向；

经营大师：营造商业规则、掌控交易质量，助力客户商业成功；

项目管理专家：引领项目，调度内部资源，实现项目盈利和客户满意；

商业领袖：激发你的潜力，达到满级状态。借由明确的业绩衡量，成就你迈向高层的清晰步伐。

5. 工作职责：

客户关系平台的建立和管理：客户关系规划、客户关系拓展、客户关系管理；

销售项目的主导者：组建团队、制定项目策略、项目监控和执行、竞争管理；

全流程交易质量的管控者：客户群风险识别、合同签订质量把关、合同履行质量监控。

6. 能力要求：

我们希望你具备良好的沟通理解和人际交往能力；

通信、电子、计算机、数学、物理、材料等理工科专业将被优先选中；

拥有丰富的学生会、社团组织、社会实践经验将更有优势；

掌握法语、西语、葡语、阿语、俄语等小语种还会有加分项哦。

如果你志存高远、乐于挑战、渴望成功，并希望在不同国度不同文化中积累跨国工作经验，那么你应该就是我们要找的人了！

（二）回答问题

1. 描述该职业的具体工作内容；

2. 分析该岗位的发展前景；

3. 该岗位所要求的通用素质和具体能力你是否具备？如有不足，打算如何弥补？

4. 你认为该岗位的工作思维方式应该是怎样的？

二、反思提高

（一）反思分析

对于个人的职业生涯规划，人们往往出现的问题有两个：一是没有规划，一辈子走到哪算哪，浑浑噩噩，混日子；二是有梦想，有规划，但大而空，不切实际，实现不了，规划无用。

（二）思考方法

现在，请你反思一下自己：

1. 你有过什么梦想？有过一生的职业规划吗？如果没有，是什么原因导致的？

2. 结合自己的专业，尝试寻找职业行业标杆，以此为参照，分析努力的方向。

主题二　职业环境

问题：如何抓住机遇、迎接挑战？

人的一生是在家庭生活、职业生活和社会生活中度过的。职业是连接家庭和社会的纽带。国外一石油大亨曾经告诫他的后代：如果你视职业为一种乐趣，人生就是天堂；如果你视职业为一种义务，人生就是地狱。可见，人们最大的幸福莫过于职业理想和生活目标保持一致、职业生活和家庭生活高度和谐。

职业环境一般指某职业在社会大环境中的发展状况、技术含量、社会地位、未来发展趋势等。通过职业环境分析可以弄清所关注的职业有哪些发展前景，社会发展趋势对所选职业有何影响、要求如何，并且了解如何结合自身实际，抓住机遇、迎接挑战，为适应职业生活奠定基础。总的来说，职业环境包括家庭、学校、社会环境和行业、组织、企业环境。

通过本主题的学习和训练，你将能够：

1. 了解职业环境包含的主要内容。
2. 学会职业环境分析的方法与途径。
3. 通过对意向职业的环境分析，抓住机遇、迎接挑战。

认知：了解职业环境，明确机遇挑战

微课：

一、职业环境要素

职业环境分析

（一）家庭环境

每个人从出生伊始就受到家庭环境的影响，家庭环境的好坏往往能影响人的一生，良好的家庭环境是一个人成功的基本条件。对一个人成长最有影响的因素主要有：家庭、学校、同辈群体、大众媒体，而在这几个方面中，家庭是放在首位的，可见家庭影响的重要性。对家庭环境分析，主要指结合家庭的经济条件、家人对你的职业期望和家人的职业等进行分析。

案例

习近平谈家庭、家风

2016年12月12日，习近平总书记在会见第一届全国文明家庭代表时讲道："广大家庭都要重言传、重身教，教知识、育品德，帮助孩子扣好人生的第一粒扣子，迈好人生的第一个台阶。""家风是社会风气的重要组成部分。家庭不只是人们身体的住处，更是人们心灵的归宿。家风好，就能家道兴盛、和顺美满；家风差，难免殃及子孙、贻害社会。"

2019年2月3日，在2019年春节团拜会上习总书记也曾发表过关于家庭的讲话："在家尽孝、为国尽忠是中华民族的优良传统。没有国家繁荣发展，就没有家庭幸福美满。同样，没有千千万万家庭幸福美满，就没有国家繁荣发展。"

家庭，是孩子启蒙教育的开始；良好的家风，也是培育崇德向善的土壤。只有扣好人生的第一粒扣子，才能迈好人生的第一个台阶。

（二）学校环境

每所高校都有自身的历史沿革、文化传承和发展优势，因此我们需要充分利用好学校这个平台，首先对自己就读的学校进行全面分析。对学校环境的分析，主要包括学校的办学层次、院系和专业设置、师资力量、办学特色、校友资源；本专业特色、就业情况、实训环境；学校社团、院系实践活动；图书馆资源；与老师、辅导员等沟通与交流情况，以及院系教风、学风情况等。

（三）社会环境

社会环境就是我们所处的政治环境、经济环境、文化环境，还包括营商环境、法治环境、国际环境。总体来说，中国当前的社会环境下，挑战与危机并存，中国正面临着最好的发展机遇期。自改革开放以来，我国政治体系日趋完善、法治化进程也逐步趋近完善，市场经济体系不断蓬勃发展，这对于青年大学生来说，是机遇无限的时代。

（四）职业环境

1. 行业分析

所谓行业环境分析包括对目前所从事行业和将来想从事的目标行业的环境分析。行业分析的主要内容包括行业发展现状、行业发展趋势、行业内知名的企业和人物、从事行业需要的素质和资格证书等等。在分析行业的时候，一定要结合国际和国内的环境来进行综合分析，建议同学们掌握最新的行业消息。

2. 企业分析

企业是求职者直接生存和发展的土壤。每个企业都有自己的发展目标、运作模式，了解企业的历史、现状和发展方向是进入企业的基础。企业分析一般包括单位类型、企业文化、发展前景、发展阶段、产品服务、员工素质、工作氛围等。作为大学生，首先要确定自己适合什么样的企业文化，什么样的企业环境，从而为找到真正适合自己的企业奠定基础。

二、职业环境分析

明确了职业认知的重要意义，知道了职业认知的内容，接下来我们就需要了解职业认知的方法和途径。职业认知的方法和途径主要有媒介、实践活动及招聘会。

（一）媒介

通过媒介探索职业环境，是信息社会比较便捷的途径。但通过媒介搜集的信息量大，甄别所需信息的时间比较长，请同学们有目的性、针对性地搜集职业环境信息。

1. 求职网站与公众号

网络已经成为大学生找工作、了解职场的重要工具，网站、公众号等媒介已成为搜集职业信息的主要渠道。其中包括高校就业信息网或公众号、目标企业网站或公众号、教育部或各省高校的就业指导服务机构网站或公众号、专门的招聘网站或公众号。比如，全国大学生学业与职业发展平台，简称学职平台，就为大学生提供全面的专业洞察、职业测评、职业探索等服务。

2. 行业期刊、杂志、报纸

行业期刊可以帮助大学生更好地了解专业知识、行业动态、行业知识，把课堂所学的知识和行业的发展情况有机结合起来，完善自己的知识结构，了解专业和行业，使自己更加专业化；报纸和杂志能开阔你的知识面，了解世界、国家和社会的发展，扩大自己的视野。

3. 抖音、博客、论坛、网络搜索

（1）抖音、博客、头条。随着自媒体时代的来临，抖音、博客、头条已成为网络时代的个人社交平台。通过搜索这些个人社交平台，可以更好了解从事某职业的人的工作心得，帮助认清职业所需能力与自己专业的匹配度。

（2）论坛。一般论坛是挂靠在相关行业企业的网站中，以便于进行相关行业企业的问题讨论。目前不同类型的论坛、贴吧五花八门，看帖、发帖、跟帖已经成为很多人的习惯。需要注意的是，大学生要学会选择行业或职业正规的论坛与贴吧，一旦锁定要时常关注，经常使用。在论坛与贴吧中，你可以进行关于行业、职业的交流与沟通，也可以把你的疑问与困惑发表出来，争取得到更多人的关注与帮助。

（3）网络。网络时代几乎无所不能的就是网络搜索引擎了。键入要了解的内容或关键词，几秒钟就有成千上万个选项供你查阅。利用网络搜索，寻找你选择的行业、职业的信息也十分便捷。

（二）实践活动

社会实践活动是高校按照高等学校人才培养目标的要求，有计划、有目的、有组织地深入社会，积极参与社会政治、经济和文化生活，以了解社会，增长知识技能，

培养正确的世界观、人生观和价值观的实践活动过程。社会实践活动作为我国高等教育的一项重要的教育形式，是新形势下高校思想政治教育的延伸，是培养具有创新精神和实践能力人才的重要途径之一。

1. 以调查研究为主的社会实践

通过这些活动，既锻炼了学生的能力，也使学生对他们生活的校园有一个了解。学生在老师的指引下，针对某一社会现象，进行资料查询、专家走访、实地考察，提出这一现象出现的缘由、现状、解决的办法等，进而形成自己的考察报告。在这一过程中，学生从选题、调查到形成报告，都需要认真地思索，不但能开动脑筋充分运用所学的知识，而且可以充分锻炼学生的资料收集能力、分析问题能力、观察能力、与人交往能力、写作能力等等。在这类实践中，需要教师对学生进行认真指导，切实选择适合学生实际的、经过学生的努力能够解决而又存在一定难度的论题，如调查水污染、学生心理状况、课间教室关灯与资源节约等都是学生可以参与的社会实践活动。

2. 以社区服务为主的社会实践

学生在教师指导下，走出教室，进入实际社会情境，直接参与和亲身经历各种社会生活活动，开展各种力所能及的社区服务性、公益性、体验性的学习与实践，以获取直接经验，发展实践能力，增强学生的社会责任感。针对自己生活的社区，通过垃圾分类、清除非法广告、帮助孤残老人和儿童、慰问军属烈属等形式的活动，进一步了解社会，增强社会责任感。

3. 以公益宣传为主的社会活动

学生可利用节假日，走上街头，进行公益宣传，提高公众对某一社会现象的关注，增强公众的科学意识，建设环保节约型社会。如环保宣传、交通安全宣传、节约水资源的宣传、法律知识宣传、禁烟宣传等等，这类宣传比较容易进行，只要结合着某一节日（如世界水日）进行就行，但在宣传时要注意学生不但要面向公众，还要与生活实际相联系，这样在宣传的过程中也会增强学生自己的意识与水平。

4. 以参观为主的实践活动

在学校的组织下学生可以进行一些参观活动，这些参观可分为两类，一类是自己所在地的现代化企业，一类是本地的一些人文自然景观。学生通过参观现代企业，感受现代企业文化和企业管理，体验现代高科技。通过参观本地的人文自然景观，如历史博物馆、科技馆、地质博物馆、建筑遗址等，使学生了解本地的自然人文情况，增强学生对区域性文化的了解。

（三）参加招聘会

目前很多学校、用人单位、各级人才市场和网络上都有很多招聘会、双选会。这些现场招聘活动具有时间集中、信息量大、针对性强、可现场互动等特点，非毕业生参加招聘会可以提前了解就业信息，增加对自己和职业的了解，同时能通过与用人单位的接触，提高主动适应职场的积极性。

行动：知己知彼，提高职场适应力

活动一：所学专业的职业构成要素

通过入学教育、院系网站、教师访谈等方法，对所学专业作较为深入的了解，在此基础上，试着回答以下内容。

我所学的专业对应未来从事的职业：

_____

_____

我所学的专业工作对象是：

_____

_____

我所学的专业中，对哪个岗位比较感兴趣，这个工作岗位的工作内容是什么：

_____

_____

我所学的专业需要的资格与能力：

_____

_____

我了解到本专业的工作薪酬是：

_____

_____

我的专业工作中，人际关系状态：

_____

_____

活动二：我的职业生涯发展影响因素

通过入学教育、院系网站、教师访谈等方法，对所学专业的职业环境进行较为深入的了解，从优势与不足两个角度思考并回答以下内容。

影响我的自身因素有：

_____

_____

影响我的家庭环境因素有：

_____

_____

影响我的学校因素有：

_____

_____

影响我的社会因素有：

_____

_____

反思：怎样充分利用环境因素，提升职场适应力

一、适应力评估

（一）训练目标

通过职业环境分析，能够准确地了解职业的分类、职业发展趋势，深入理解职业环境的内容，熟悉职业环境的要求，掌握职业环境分析的方法与途径，明确未来职业环境面对的机遇、风险与挑战，为准确地锁定职业目标，制作职业生涯规划，开展系统的专业学习做好充分的准备。

（二）训练内容

1. 家庭环境分析；

2. 学校环境分析；

3. 社会环境分析；

4. 行业环境分析；

5. 地域分析。

（三）训练要求

1. 内容完整，详尽具体，分析到位；

2. 职业环境分析能够和专业与自身特点相结合，具体分析评估其匹配的职业领域；

3. 逻辑严密，文笔流畅，对自身职业生涯规划有参考价值；

4. 每人完成一份职业环境分析报告。

二、反思提高

（一）反思分析

在过往的经历中，你有哪些记忆深刻的职场成功案例？对照本主题的职业环境分析，总结一下在环境因素方面促进成功的具体因素有哪些，有哪些值得借鉴的地方。

（二）思考方法

到了新的工作环境，更多的时候要与同事、客户接触，交流、合作是常态，想一想，如何展示你良好的家风、校风及企业形象？

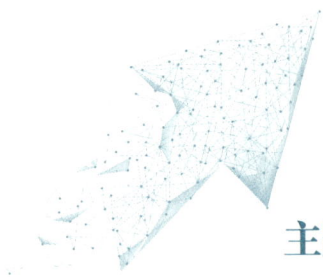

主题三 未来工作世界

问题：如何适应未来工作世界？

在这个新的时代，虽然人的个性化、自由度越发膨胀，但其社会属性还是会让我们与各种组织有千丝万缕的联系，在一定程度上对组织依赖或依附。了解未来组织的核心特征，跟上时代步伐，也是适应职场的必要准备。

企业为了维持自身与环境的平衡，强化合作意识、共融意识，以团体智慧赢得共同发展，全球一体化进程会更加深入和快速。

通过本主题的学习和训练，你将能够：

1. 列举人工智能时代劳动的新特征。
2. 积极关注社会分工和产业分工中的机会。
3. 积极应对人工智能时代对劳动的新要求。
4. 有意识为高质量就业做准备。

微课：

探索未来工作
世界

认知：人工智能时代工作的新特点

一、工作在智能化时代呈现新特征

案例

"5G＋智能银行"惊艳登场

2019年7月10日，由中国移动与中国建设银行共同研发的"5G＋智能银行"在京开业，首批落户清华园、中粮广场和长安兴融中心三个网点。在智能银行里，找不到一个保安和引导员，取而代之的是一台人脸识别机，通过内置的摄像头完成人脸注册以及实名认证；大堂里更找不到一个柜员，取而代之的是懂你所要的智慧柜员机；"大堂经理"则是一位会微笑说话，还会嘘寒问暖的仿真机器人——小龙女。在智慧银行，你无须带卡，只需在人脸识别后，对着智慧柜员机说话，就可快捷办理转账业务；如果遇到程序繁琐的业务，还有远程工作人员通过视频帮你办理。总之，技术和机器在替代人进行服务。

5G银行没人，但有趣。智能银行设计中融合了VR/AR、物联网、智能家居、机器人、生物识别、全息投影、人工智能等新科技，将金融、社交、生活等场景相连接，能够提供300余种常见快捷金融服务，实现好用、好看、好玩的金融服务。银行网点成了体验空间、对话空间和娱乐空间的"共享社区"。

银行的大变革，仅仅是今天社会变化的一个小缩影，机器人、智能化、"黑灯工厂"正在从实验室和制造业工厂走向大众视野。从机器人快递、机器人服务员、机器人电工、自动焊接机器人，到机器人记者、机器人钢琴手、机器人会计、机器人医师、机器人围棋赛手，甚至是智能保姆，太多人类的体力脑力劳动正在被拥有高度模拟人智慧和技能的机器人所代替。而即将到来的5G时代，智能化将如何挑战未来？无处不在的机器人会是工具还是主宰者？

新的技术工人转型迫在眉睫，我国政府不仅投巨资用于培训新技能工人，也在积极调整职业教育体系，以新学徒制度和新工科设置，培育未来智能时代的劳动者。当然，面对新的劳动环境和生存现状，劳动者主动适应、积极调整自己也是必不可少的要求。总之，在智能化面前，人类必须坚持价值理性，不能为了换取力量而放弃意义；也要以制度和法令，让技术在界限内服务人类。

智能时代，任何的事物都被知识、智慧、信息化等包围，但凡可学习的都是可复制的，唯一难以复制的就是人类大脑。正是人脑的存在，让人类劳动具有无限的创造性、多变性、灵活性。我们可以把之前的经验和知识进行复合、融合，交叉出来意想不到的新产品、新谋略，这就是开创性，是人类独有的无法替代的巨大的能力。虽然计算机技术一直在试图破译"超级大脑"的思维逻辑和创造性，但是人脑本身才开发了不到4%，拥有的潜力还未被激发，并且人脑作为有机生命体，一直是在不断进步和变化的。

总之，未来劳动对现有的系统重新洗牌，这是必然的过程。由此，那些固守过去的组织和个人非常容易被淘汰，而敢于突破勇于变化的，才可能站稳脚跟。未来劳动内容越来越丰富，形式越来越富于变化；劳动者的流动性越来越强，自主自由劳动会越发普遍；劳动主体的作用不会淹没在机器体系中，而是越来越突出，主宰劳动方式、劳动内容以及劳动工具的高智力高技术的人才将会层出不穷。

二、未来工作世界预测与应对

（一）未来劳动世界的职业变动预测

人工智能、数字经济、经济全球化的冲击，让未来的劳动世界充满了变革的原动力。从目前各个国家的研究结果看，与当前相比，农业生产部门受的影响较小，制造业部门劳动者受人工智能替代效应的影响将大量转移到服务业领域，在欧美国家，尤其转向医疗保健和社会援助服务领域。而对于职业岗位的影响，不仅涉及数量和任务性质的变化，即替代和创造效应，还会造成岗位极化并促进岗位上的人机合作。

（二）未来劳动者应对未来劳动的素质要求

在机械化生产时代，劳动者是机器生产系统中的一个部件，呈现去技能化特征。但人工智能时代对劳动者的要求是再技能化，拥有更多的创造能力、应变能力、解决问题的能力等。这是因为人的灵活应变是机器人无法比拟的，人的情感与特殊技能在机器人时代也不能缺少，机器人的缺陷需要人来弥补。当然，未来的劳动岗位，无论是原有的岗位还是新增的就业岗位，专业性会更强，对从业者有全新的素质、能力要求。

1. 拥有通用技术和常识

信息技术、数据技术，人工智能知识、互联网知识，都是未来劳动者的标配知识体系和技能。为了与时代对接，教育部重新定义了大学专业体系的新工科和新文科，加入了大量时代技术元素，以此来引领新的知识体系的传播。

2. 随时随地随人随事学习

学习的能力不是指掌握知识和技能，而是指认知世界、理解世界的能力。在如今这个信息爆炸、科技日新月异的时代，信息和技能永远在过时的道路上，因此，任何的学历、文凭和知识体系都不足以支撑整个职业生涯。自主终身学习成了这个时代最有用和最需要的生存能力。

3. 具有创新意识和创新思维

作为未来劳动者的素质标准，少不了创新与创造力。这就要求我们保持好奇心、想象力，勇于探究，大胆尝试新的方法和路径，应该鼓励自己也包容他人去创造性地工作。

4. 有效沟通和团队合作

伴随技术的发展，社会的劳动分工会越来越细，专业性会越来越强，而我们面临的整体作业却是越来越复杂，彼此的协作共商必要而重要。即使是创意产业，也很依赖集体的头脑风暴，需要其他外部资源的协助。因此，良好的沟通能力、与人协作的技巧和主观心态，都是未来劳动者必需的。

5. 创造性解决问题能力

未来劳动中以脑力和知识为基础框架的岗位能力需求会更为普遍。创造性的工作，需要动手和动脑能力都具备的劳动者。长远的目标和战略的思维，会独立思考、敢于批判质疑，能面对未来不确定的问题提出解决方案的劳动者，会更受组织的欢迎。

行动：人工智能时代对工作提出新要求

活动一：机器换人，动了你的岗位吗？

一、活动目标

能正确分析新技术对自身参与社会分工和就业形势的影响。

二、活动流程

据国际机器人联合会统计，2020年，全球有500万个工作岗位正在实现自动化。我国机器人研发起步于20世纪70年代，近年来，随着我国劳动力成本快速上涨，人口红利逐渐消失，生产方式向柔性、智能和精细转变，对工业机器人的需求也呈现大幅增长。2022年，我国制造业机器人密度已达到每万名员工392台。

"机器换人"的普及对就业岗位数量和结构都将产生深远影响。目前，创造就业岗位最多的纺织服装、采掘和电子信息等产业出现了"机器换人"的趋势，但从现阶段看，机器人和人类劳动者间的替代关系并不显著。机器人具有竞争优势的行业和领域，与我国劳动力比较优势最显著的行业和领域并非完全重叠，也就是说，机器人只会在个别产业和环节上替代手工操作，短期内主要还是对生产效率和产品质量提高产生积极影响，不会改变我国制造业劳动力密集程度较高的特征，也不会造成严重的失业问题。

有专家指出，机器人的出现，对人类劳动者就业岗位的影响：一是替代劳动者岗位；二是填补人类劳动者无法胜任的岗位；三是开辟人类工作新岗位。

三、讨论和总结

1. 通过网上收集材料等，分析人工智能和机器人等新技术将创造哪些新的就业岗位？将淘汰哪些原有的岗位？

2. 对本专业毕业生能力提出了什么新的要求？

活动二：我的目标行业与职业

通过社会调查、人物访谈、网络检索等方法，对所学专业对应的目标行业进行比较，思考该行业在人工智能时代面临的机遇与挑战，并回答以下内容。

我的目标行业及目标行业发展情况是：

_____

_____

我的目标企业及目标职业是：

_____

_____

该行业在人工智能时代面临怎样的机遇与挑战：

_____

_____

该岗位对员工的胜任力有哪些新要求：

_____

_____

反思：怎样提升适应人工智能时代工作的能力

一、自我评估

（一）体验过程

从认识身边的劳动工具开始，掌握常用工具的基本特点与功能，体会时代发展、技术进步在工具外观和功能变化方面的表现。请选取你熟悉或感兴趣的劳动工具，填写劳动工具调查表（表1-4），掌握实训场所劳动工具的功能特征，挖掘它从诞生后变迁而来的发展历史。

劳动工具：_____

使用情景：_____

表 1-4　劳动工具调查表

劳动工具的功能特征	劳动工具的历史变迁	劳动工具的使用体验

填写人：　　　日期：　　年　月　日

（二）行动计划

按照自己的情况，从身边劳动做起，制订、执行并且反思一个持续性的劳动计划并制作行动计划表（表1-5）。具体要求是针对某项复杂劳动，制订一个月的劳动计划，并坚持执行。例如，打扫房间并整理衣物，或者修剪房间附近的杂草并做一些绿化设计和调整。

表 1-5　行动计划表

一、行动目标	二、行动方法	三、行动安排	四、行动保障

二、反思提高

（一）反思分析

通过参观现代企业生产或服务工作环境，了解人工智能等新技术给产业带来的新变化，提前了解并积极应对人工智能时代对劳动的新要求，比如，如何自主学习提高数字素养，如何与人合作，培养创新思维，为创造性解决问题提供能力储备？

通过网络平台，了解人工智能时代工作特点，结合行业、职业未来工作场景，具备人机合作意识，为高质量就业做准备。

（二）思考方法

1. 怎样继续提高自己适应未来工作世界的水平？

2. 你是否做好准备，迎接未来工作世界的变化？

模块二

自我认知：我适合做什么工作?

　　"我是谁？"是哲学的三大命题之一。"我适合做什么工作？"是大学生在生涯发展中常常思考的问题和职业定位的节点。根据人职匹配理论，职业生涯规划首先要对个体自我进行了解和认识，这是职业发展的起点，个体对自己的认识越深入、越清楚，就越能够了解自己的所需所能，从而在纷繁的职业环境中找到适合自己的职业发展之路。

　　面对大千世界中的各种职业，要想选择一个适合自己的职业并不是一件容易的事情，关键在于每个人要对自我有充分的认识，认识自己的兴趣、性格、气质和能力与哪些职业相匹配，从职业心理的角度明确自己的职业位置，从而成熟地走向职场，实现自己的价值。

"自我认知"能力要求：

1. 举例说明职业与兴趣、性格、价值观、能力间的关系。
2. 使用多种方法全面、客观地探索自我。
3. 学会灵活使用各种测评量表，并辩证地看待测评结果。
4. 在辨识自己职业价值观基础上，主动将职业选择与社会发展紧密结合。

本模块训练重点：

1. 各种心理测量工具的灵活使用。
2. 掌握自我认知的方法，为职业规划做好准备。
3. 主动将职业选择与社会发展保持一致。

案例示范：认识自我

　　电影《海上钢琴师》讲述了这样一个故事：1900年的第一天，邮轮"弗吉尼亚"号上，工人丹尼在头等舱的钢琴旁发现了一个被遗弃的新生儿。丹尼不顾他人的嘲笑，独自抚养该婴儿，并取名为"1900"。1900随着"弗吉尼亚"号往返靠泊于各个码头而逐渐长大，然而1900从未登上陆地。不久，丹尼在一次意外事件中丧生。某天深夜，船上的众人被优美的海上琴声所惊醒，循着琴声，居然是无师自通的1900在钢琴前忘我演奏。从此，1900开始了在海上弹奏钢琴的旅程，吸引了越来越多慕名而至的旅客。期间，1900邂逅了麦克斯和一名清秀动人的女孩，他们的出现，使得1900的内心开始波动，他燃起了踏足陆地的冲动。然而1900顾虑自己在陆地上没有出生证明，没有身份，就好像他这个人从来没出生过一样，最终，直至"弗吉尼亚"号被引爆，他也没有离开船。

分析：自我认识是自我意识的认知成分，它是自我意识的首要成分，也是自我调节控制的心理基础，它包括自我感觉、自我概念、自我观察、自我分析和自我评价。本案例中的"1900"似乎一生都在思考这个问题，却又一生没能圆满地解决这个问题。他不知道自己该何去何从，自己能够或应该成为什么样的人，在偌大的世界中处于何种位置，所以，他只能留在船上，不断重复颠簸的旅程。

主题一　兴趣与能力

问题：如何激发职业兴趣、培养职业能力？

自我认知就是人在社会实践中对自己的生理、心理、社会活动以及自己与周围事物的关系的认知，包括自我观察、自我体验、自我评价等。

职业生涯规划中的自我认识主要包括四个方面的因素：价值观、兴趣、性格和能力。只有充分了解自己能干什么，弄清自己的知识、能力、个性、特长、价值观等，才能公正、客观地评价和认识自己，确立科学的职业生涯规划。

通过本主题的学习和训练，你将能够：

1. 通过职业兴趣探索，知道自己喜欢的工作。
2. 通过职业能力测评，了解自己擅长的工作。

认知：激发职业兴趣、培养职业能力

一、职业兴趣探索：你喜欢什么工作？

微课：

职业与兴趣

罗曼·罗兰说过："在不适合自己的路上奔波，就如同穿了一双不合适的鞋子，会令你十分痛苦。"兴趣是力求认识、掌握某种事物，并经常参与该种活动的心理倾向。兴趣是在一定需要的基础上，在社会实践中形成和发展起来的。兴趣对人生事业的发展至关重要，所以兴趣自然是职业选择应考虑的重要因素之一。

职业兴趣是一个人对自己所从事的职业的一种积极的态度。许多研究表明，凡是在事业上有突出贡献的人，大都对自己所从事的职业有着浓厚的兴趣，可见职业兴趣在职业活动中起着重要的作用。职业兴趣对人的行为有强大的驱动作用，因此要了解自己的职业兴趣，并尽可能从事自己感兴趣的职业。

（一）职业兴趣探索的意义

1. 兴趣可以影响人们对未来职业的选择

在求职过程中，人们常常会考虑自己对某方面的工作是否感兴趣，并把其作为参考条件。一旦对某种职业有浓厚的兴趣，人们就会坚定地追求这一职业，尽心尽力地工作。

2. 兴趣可以提高人的工作效率

当一个人对某种工作感兴趣时，枯燥的事情也会变得丰富多彩、趣味无穷。在职业活动中，兴趣能发挥个体的主动性和创造性，开发个体的能力，使个体取得新发现、新成果，促进个人和社会的发展。

3. 兴趣可以促进人的成功

兴趣是行动的动力。许多成功人士都有一个惊人的相似之处，那就是对自己感兴趣的事情非常执着，一旦认定，很难改变，会全身心投入其中。一个人如果选择了自己不感兴趣的职业，不仅会压抑其才能的发挥，还会产生深刻的痛苦感。可以说，谁找到了自己最有兴趣的职业，谁就等于踏上了成功的大道。

（二）职业兴趣类型

美国心理学家、职业指导专家霍兰德认为，职业选择是人格的一种表现，工作兴趣类型即人格类型。大多数人的人格特质可以归纳为六种类型（图1-1）：即现实型、研究型、社会型、常规型、企业型、艺术型，职业环境也可以分成相应名称的六大类。

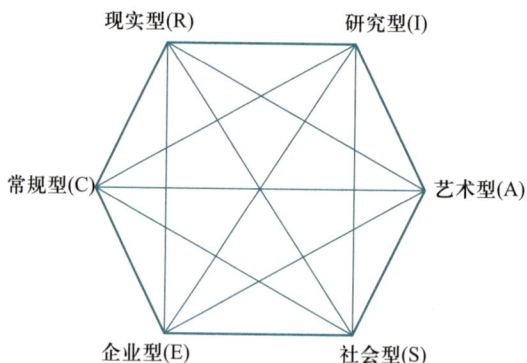

图1-1 霍兰德职业类型六边形模型

大多数人都属于六种职业类型中的一种或两种以上类型的不同组合，某种人格（兴趣）类型或类型组合的个体在与之相对应的职业类型或类型组合中最能满足其职业需求，表现出职业兴趣，发挥职业能力。霍兰德的六边形模型提供和个人兴趣相近且内容互有关联的一群职业，而不是仅仅冒险地去建议个人选择一种特殊的职业或工作。

霍兰德认为，职业造就了人格，反过来人格又影响着个体对职业环境的选择与适应；人们总是寻找能够施展其能力与技能，表现其态度与价值观的职业；职业满意度、稳定性和职业成就取决于个体人格类型和职业环境的匹配与融合。

二、职业能力探索：你擅长什么工作？

能力是人们成功完成某种活动所必需的主观条件，人的能力是与活动密切联系的，只有在活动中才能了解和发展人的能力。在社会生活中，要成功地完成任何一项活动，都需要多种能力的综合，而人的各种能力的综合，就是人的才能。职业能力就是在职业活动中人们顺利完成工作所需的能力。

（一）能力类型

人的职业能力结构如同人的专业知识结构，专业知识结构有三个互相支持的层次：即基础知识、专业基础知识和专业知识，人的职业能力结构也有三个互相支持的层次：职业核心能力、行业通用能力和岗位特定能力。这三者之间的关系可通过冰山模型（图1-2）来解读，进而把握其本质。

在这个模型里，水面上的显露的层次是职业特定能力，在水面下直接支持这个特定能力的层次是通用能力，通用能力的层次我们还可以比较容易地观察到，然而在其之下更深层次的能力，我们就不太容易注意到，它就是核心能力。核心能力是隐性的，然而它最宽厚，它承载着整个能力体系，是所有能力结构的基础，水下基础层次越宽厚，水面上显露的层次就越强大。

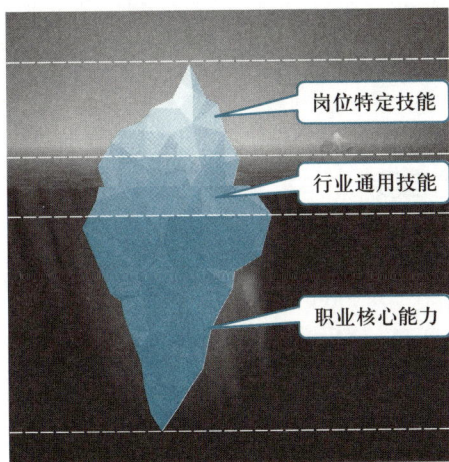

图1-2 冰山层次模型示意图

当今时代，现代人在职场中的竞争力既包括"硬实力"，又包括"软实力"。很多拥有傲人学历的人士之所以没有获得职场上的成功，并非"硬件"出了问题，而是"软件"出了问题。那么何谓"硬实力"？何谓"软实力"？

一般而言，"硬实力"包括：学历、资格证书、专业技能、办公自动化运用能力、外语能力等。"软实力"包括：态度、经验、人脉、个人形象、获取情报能力等。

（二）影响能力的因素

影响一个人能力的形成和发展的因素很多，但主要的因素有以下几方面：

1. 遗传因素

人的遗传因素是能力赖以形成的自然物质基础，但不是人的能力本身。现代心理学的研究证实，人的遗传因素对个人能力的形成会产生一定的影响，特别是对某些特殊能力的形成有较大的影响，如音乐家的孩子往往会有较好的乐感，而美术家的后代子承父业的现象也很普遍。

2. 社会因素

人的能力不是先天就有的，而是后天通过学习和在社会实践中逐步形成的，各种社会因素是造就一个人能力大小的重要原因，这主要包括家庭、教育、经济、社会环境等方面的内容。

3. 个人因素

人能力的大小，不仅和各种客观因素有关，而且还与个人的素质、经历和心理特征有密切的关系，个人的努力和勤奋对一个人能力的培养和发展具有重要的意义，通过努力，能够让人在实践中形成较强的能力。

4. 历史制约因素

人的能力不仅要受自身的努力和客观条件的影响，而且还会受到社会历史条件的制约。人的能力是在一定的社会条件下形成的，并且人的能力随着社会历史的前进而发展，能力的发展是社会发展和进步的结果。同时，现代人的各种能力也是继承和接受了人类社会历史成就的结果，是在前人所获得的知识基础上取得的。

行动：探索真实的自我

活动一：画出你的生命线——探索真实的自我

一、活动目标

通过画出自己的生命线，标注出影响自己的事件，更加清晰深入地了解自我。

二、活动内容

1. 画出生命线。请在一张空白纸的中央画一条水平线，这条直线的长度代表了你生命的长度。思考一下，你期待自己活到多少岁？将直线的一端视为你生命的开始，另一端写上你期待可以活到的年龄。

2. 标注时间点。在这条生命线中找到你现在的年龄点，并标记出来，写下现在的年龄。左边表示你的过去，右边表示你的未来。

3. 列出重要事件。回顾生命历程中发生的重大事件，在直线的上方写出两到三件对你有积极影响的事件，并在相应位置标明年龄，在直线下方写出两到三件对你有消极影响的事件，并在相应位置标明年龄。

4. 思考分析。思考一下这些事件对你的影响，即它们如何使你成为今天的你。这时，你便能看到生命故事的起伏跌宕，而当下只是其中的一个点。当我们拿出这条线中的任何一个点，你都可以讲一段生命的故事，所不同的是：你是站在主导者的角度还是被支配者的角度。不同的角度会讲出不一样的故事，并影响未来的建构。再来看右边的那一段，它指向未来，站在当下的这一点展望你未来的生命，标注出你未来人生的大致目标或规划。

积极事件及年份

0 ———•——•——•———————————•——————————— ＞ 岁

消极事件及年份　　　　　　　　　　　　现在年龄

📺 微案例：

于晓的生命线

活动二：我的岛屿计划

一、活动目标

通过轻松的游戏，了解职业兴趣及发展优势。

二、活动内容

1. 阅读下列材料并思考问题。

如果有机会让你到六个岛屿旅游，不用考虑费用等其他问题，你最想去的是哪个地方？唯一的要求是你必须在岛上待满至少半年时间。请你凭自己的兴趣依次挑出你最想前往的三个岛屿，并写下来。

R岛——自然岛：自然原始的岛屿，岛上保留有热带的原始植物林，自然生态保护得很好，也有相当规模的动物园、植物园、水族馆。岛上居民动手能力很强，以手工见长，自己种植花果蔬菜、修理房屋、打造器物，制作各种工具。

I岛——冥想岛：深思冥想的岛屿，岛上人迹较少，建筑物多偏处一隅，平川绿野，适合夜观星象，也有助于思考。岛上有多处天文馆、科博馆，以及科学图书馆等。岛上居民喜好沉思、追求真知，喜欢和来自各地的科学家、哲学家、心理学家等交换心得。

A岛——浪漫岛：美丽浪漫的岛屿，岛上充满了美术馆、音乐厅，弥漫着浓厚的艺术文化气息。同时，当地的原住民还保留了传统的舞蹈、音乐与绘画，许多艺术和文艺界的朋友都喜欢在这里找寻灵感。

S岛——友善岛：温暖友善的岛屿，岛上居民个性温和、十分友善、乐于助人，社区自成一个密切互动的服务网络，人们互助合作，重视教育，充满人文气息。

E岛——富庶岛：显赫富足的岛屿，岛上居民热情豪爽，善于经营和贸易。岛上的经济高度发展，处处是高级饭店、俱乐部、高尔夫球场。来往者多是企业家、经理人、政治家、律师等。

C岛——井然岛：现代井然的岛屿，岛上建筑十分现代化，是进步的都市形态，以完善的户政管理、地政管理、金融管理见长。岛民个性冷静保守，处事有条不紊，善于组织规则。

请根据兴趣依次列出你最想前往的三个岛屿：

＿＿＿＿＿、＿＿＿＿＿、＿＿＿＿＿

2. 小组讨论。按每个人第一选择的岛屿进行分组，如果同一小组的人数太多，可分为两组。与选择岛屿相同的人进行交流：自己为什么选择这个岛屿。看看大家有什么共同的兴趣爱好，归纳为关键词。根据大家的交流给自己的小组命名并选取一个标志物（logo），在大白纸上制作一张小组的宣传图。每组请一位代表用3分钟时间展示自己小组的图，并在班级内分享一下自己小组成员的共同特点。

我们的岛屿名称：_____

岛屿标志物及其含义：_____

岛屿关键：_____

三、讨论和总结

这6个岛屿实际上代表着霍兰德提出的6种类型。做完这个活动，你应当能得出符合自己兴趣的前3个类型，并得出你的霍兰德代码，并对6种类型的基本特征有所了解。

需要注意的是，这只是你对兴趣类型的一个初步判断。因为霍兰德理论比较复杂，初学者对霍兰德类型的掌握不深入，再加上社会期望和缺乏自我认识等原因，个人不易准确地判断自己的职业兴趣类型，因此最好通过职业兴趣测试来加以确认。

反思：通过测评自我诊断

微测试：

霍兰德职业
倾向测量表

一、自我评估1：霍兰德职业倾向测验量表

请扫描二维码，进行霍兰德职业倾向测试

现在，将你测验得分居第一位的职业类型找出来，对照表1-6，判断一下自己适合的职业类型。

表1-6 劳动者类型与职业类型对应表

类型	劳动者	职业
现实型 R	① 愿意使用工具，从事操作性工作； ② 动手能力强，做事手脚灵活，动作协调； ③ 不善言辞，不善交际	主要是指各类工程技术工作、农业工作。通常需要一定体力，需要运用工具或操作机器。 主要职业有：工程师、技术员；机械操作员、维修工人、安装工人，矿工、木工、电工、鞋匠；测绘员、描图员；农民、牧民、渔民等
研究型 I	① 抽象思维能力强，求知欲强，肯动脑，善思考，不愿动手； ② 喜欢独立和富有创造性的工作； ③ 知识渊博，有学识才能，不善于领导他人	主要是指科学研究和科学实验工作。 主要职业：自然科学和社会科学方面的研究人员、专家；化学、冶金、电子、无线电、电视、飞机等方面的工程师、技术人员；飞机驾驶员、计算机操作员等
艺术型 A	① 喜欢以各种艺术形式的创作来表现自己的才能，实现自身的价值； ② 具有特殊艺术才能和个性； ③ 乐于创造新颖的、与众不同的艺术成果，渴望表现自己的个性	主要是指各类艺术创作工作。 主要职业：音乐、舞蹈、戏剧等方面的演员、艺术家、编导、教师；文学、艺术方面的评论员；广播节目的主持人、编辑、作家；画家、书法家、摄影家；艺术、家具、珠宝、房屋装饰等行业的设计师等

续表

类型	劳动者	职业
社会型 S	① 喜欢从事为他人服务和教育他人的工作； ② 喜欢参与解决人们共同关心的社会问题，渴望发挥自己的社会作用； ③ 比较看重社会义务和社会道德	主要是指各种直接为他人服务的工作，如医疗服务、教育服务、生活服务等。 主要职业：教师、保育员、行政人员；医护人员；衣食住行服务行业的经理、管理人员和服务人员；福利人员等
企业型 E	① 精力充沛、自信、善交际，具有领导才能； ② 喜欢竞争，敢冒风险； ③ 喜爱权力、地位和物质财富	主要是指那些组织与影响他人共同完成组织目标的工作。 主要职业：经理企业家、政府官员、商人、行业部门和单位的领导者、管理者等
常规型 C	① 喜欢按计划办事，习惯接受他人指挥和领导，自己不谋求领导职务； ② 不喜欢冒险和竞争； ③ 工作踏实，忠诚可靠，遵守纪律	主要是指各类与文件档案、图书资料、统计报表之类相关的各类科室工作。 主要职业：会计、出纳、统计人员；打字员；办公室人员；秘书和文书；图书管理员；外贸职员、保管员、邮递员、审计人员、人事专员等

二、自我评估2：职业能力倾向的自我测评

请扫描二维码，进行职业能力倾向自我测评。

三、反思提高

（一）反思分析

对照霍兰德代码中的职业类型，测试结果符合你自己心里的职业兴趣吗？如果符合，根据自己的现实条件，你将怎样去实现它？如果不太符合，请找一找，问题出在哪里？

我们知道，理想是美好的，但是为了实现自己的理想，落实自己的职业规划，除了外部条件外，自己的能力是走向成功的本钱。请反思一下，自己的潜能、能力与自己的职业规划匹配吗？如果有差距，怎样弥补差距？

（二）思考方法

根据职业兴趣及职业能力倾向测评结果，调整努力方向，培养职业能力，为走好职业生涯发展之路打好基础。

微测试：

职业能力倾向的自我测评

主题二　气质与性格

问题：如何了解你的气质类型与性格特征？

职业气质是指人典型的、稳定的心理特征，突出表现为人在心理活动方面的过程，它能反映出一个人心理活动的速度、强度以及稳定性和指向性。它是个性的生理基础，直接影响着人的性格、兴趣、能力和活动效果。不同气质类型的人，对待同一件事情的态度和处理方法会迥然不同。

有的人对待工作总是一丝不苟，踏实认真；在待人接物过程中总是表现出高度的原则性、果断、热情、负责；在对待自己的态度上总是表现为谦虚、自信，严于律己等，所有这些特征的总和就是一个人的职业性格。

通过本主题的学习和训练，你将能够：

1. 通过气质类型测评，知道自己的动力特征。
2. 通过性格特征测评，了解自己待人处世、处理事情的方式与风格。

认知：了解你的气质类型与性格特征

一、气质类型探索

气质是人的个性心理特征之一，它是指在人的认识、情感、言语、行动中，心理活动发生时力量的强弱、变化的快慢和均衡程度等稳定的动力特征。气质主要表现在情绪体验的快慢、强弱、表现的隐显以及动作的灵敏或迟钝方面，因而它为人的全部心理活动表现染上了一层浓厚的色彩。气质与日常生活中人们所说的"脾气""性情"等含义相近，我们经常看到，有的人总是活泼好动，反应迅速：有的人总是安静稳重，反应缓慢；有的人不论做什么事情总是显得十分急躁，有的人感情总是那么细腻深刻。人与人在这些心理特征等方面的差异，就是气质的不同。

（一）气质的类型

气质主要是由先天遗传因素和后天影响形成的，根据感受性、耐受性、反应的敏捷性、可塑性、情绪兴奋性和指向性的不同组合，一般可以把气质划分为4种类型，即胆汁质、多血质、黏液质和抑郁质。俄国著名生理学家巴甫洛夫对这4种气质作了如下解释。

微课：

职业能力测评

1. 胆汁质

胆汁质即神经活动强而不均衡型。这种气质的人兴奋性很高，脾气暴躁，性情直率，精力旺盛，能以很高的热情埋头事业，兴奋时，决心克服一切困难，精力耗尽时，情绪又一落千丈。

2. 多血质

多血质即神经活动强而均衡的灵活型，这种气质的人热情、有能力，适应性强，喜欢交际，精神愉快，机智灵活，注意力易转移，情绪易改变。但是办事重兴趣，富于幻想，不愿意做耐心细致的工作。

3. 黏液质

黏液质即神经活动强而均衡的安静型，这种气质的人平静，善于克制忍让，生活有规律，不为无关事情分心，埋头苦干，有耐久力，态度持重，不卑不亢，不爱空谈，严肃认真。但不够灵活，注意力不易转移，因循守旧，对事业缺乏热情。

4. 抑郁质

抑郁质即神经活动衰弱型，兴奋和抑制过程都弱。这种气质的人沉静，含蓄，易相处，人缘好，办事稳妥可靠，做事坚定，能克服困难。但比较敏感，易受挫折，孤僻、寡断，疲劳不易恢复，反应缓慢，不思进取。

应当注意，在现实中，并不是每个人都能归入某一种气质类型。除了极少数人具有某种类型的典型特征外，绝大多数人均属于中间型或混合型，即较多地具有某一类型的特点，同时又具有其他类型的一些特征。尽管气质没有好坏之分，但气质却能影响一个人的工作效率，特别是在一些需要经受高度身心紧张的职业中，气质不仅关系到工作的效率，而且关系到事业的成败。

（二）气质与职业

胆汁质的人精力旺盛，易激动暴躁，神经活动具有很高的兴奋性，他们能以极大的热情去工作，主动克服工作中的困难，但如果对工作失去信心，情绪就马上会低沉下来。他们对外界事物反应敏感，善于交际，因此适合那些工作方式较灵活的职业，如咨询员、公关、运动员和冒险家等。

多血质的人感受性低而耐受性高，具有较强的可塑性和外倾性，他们反应迅速而灵活，工作能力较强，情绪易兴奋，并且表现明显，他们极易适应环境，但注意力不稳定，兴趣易转移。他们不适宜从事单调机械的工作和要求细致的工作，而管理、导游、外交员、公安、军官等职业更适合他们。

黏液质的人具有较强的自我克制能力，能埋头苦干，态度持重不易分心，由于灵活性相对较差，他们可能有因循守旧的倾向。黏液质的人适宜的工作有会计、法官、调解人员、管理人员、外科医生等。

抑郁质的人感受性高而耐受性低，他们情感细腻，做事谨慎小心，观察力敏锐，善于觉察别人不易察觉的细小事物，但工作的耐受性差，容易感到疲劳，并且容易产生惊慌失措的情绪。他们所适宜承担的工作与胆汁质的人正好相反，打字员、校对员、检查员、化验员、数据登记人员、文字排版人员、机要秘书等职业适合他们。

人的气质具有互补作用，心理学的研究表明，社会上的种种职业要求人们应具有相应的某些气质特点，如果这些气质特点在他身上表现得较弱，那么他就会依靠自己其他的气质特点及受这些特点所制约的工作加以补偿。气质具有可塑性，人的气质虽然是比较稳定的心理特点，但人的气质是在社会环境、教育及生活条件等因素的影响下形成和发展的，也可以在一定的主观因素的影响下发生变化，因此我们可以克服自己气质特征带来的消极影响，充分发挥自己气质中的积极因素，使自己逐步适应职业和工作岗位的要求。

二、职业性格探索

性格是表现一个人对现实比较稳定的态度和与之相适应的、习惯性的行为方式上的个性心理特征，性格在人的社会生活中具有重要的意义。在日常生活中，我们经常说某人的性格活泼开朗，某人的性格温和善良，某人的性格孤僻怪异，等等。和气质相比，性格具有很大的后天性，是人在社会活动中通过与环境相互作用而逐步形成的，在很大程度上反映了人的社会特征。性格在一定的程度上能够掩盖和改造气质，还对能力的形成和发展起制约作用。

（一）职业性格的内涵

职业性格是指人们在长期特定的职业生活中所形成的与职业相联系的、稳定的心理特征。

职业心理学的研究表明，不同的职业有不同的性格要求，虽然每个人的性格都不能完全适合某项职业，但可以根据自己的职业倾向来培养、发展相应的职业性格。不同性格特征的人，对企业而言，决定了每个员工的工作岗位和工作业绩；对个人而言，决定着自己的事业能否顺利。瑞士心理学家荣格把人的性格分为内向型与外向型两种，它们分别与心理的功能（思维、情感、感觉和直觉）结合起来，构成了各种不同的类型，外向型的人，心理能量流向客观的外部世界的表象之中，容易把自己投入对客观对象、人与物、周围环境条件的知觉，思维和情感之中。内向型的人喜欢探索和分析自己的内心世界，他们通常是内向的，一般来说略为孤僻，容易过分地全神贯注于自己的内心体验，在别人看来，他们可能显得沉默寡言，不喜欢社交，而外向型的人，则把注意力集中在与他人交往之中，总是显得活跃和开朗，对周围的一切都很感兴趣。

（二）职业性格的类型

1. 变化型

这种性格类型的人能够在新的或意外的工作情境中感到愉快，喜欢工作内容经常有些变化，在有压力的情况下工作完成得很出色，追求并且能够适应多样化的工作环境，善于将注意力从一件事转移到另一件事情上去。

2. 重复型

这种性格类型的人适合并喜欢连续不断地从事同一种工作，喜欢按照一个固定的模式或遵循别人安排好的计划工作，爱好重复的、有规则的、标准化的职业。

3. 服从型

这种性格类型的人喜欢配合别人或按照别人的指示去办事，愿意让别人对自己的工作负责而不愿意自己担负责任，不愿意自己独立作出决策。

4. 独立型

这种性格类型的人喜欢计划自己的活动并指导别人的活动，会从独立的、负有责任的工作中获得快感，喜欢对将要发生的事情作出计划。

5. 协作型

这种性格类型的人会对与人协同的工作感到愉快，善于引导别人按客观规律办事，希望自己能得到同事的喜欢。

6. 劝服型

这种性格类型的人乐于设法使别人同意自己的观点，并能够通过交谈或书面文字达到自己的目的，对别人的反应具有较强的判断能力，并善于影响他人的态度、观点和判断。

7. 机智型

这种性格类型的人在紧张、危险的情况下能很好地执行任务，在意外的情况下能够自我控制、镇定自若，工作出色。在出差错时不会惊慌，应变能力强。

8. 自我表现型

这种性格类型的人喜欢表现自己，通过自己的工作和情感来表达自己的思想。

9. 严谨型

这种性格类型的人注重细节的精确度，愿意在工作过程的各个环节中，按照一套规则、步骤将工作过程做得尽善尽美，工作严格、努力、自觉、认真，保质保量，喜欢看到自己出色完成工作后的效果。

10. 公关型

这种性格类型的人对周围的人和事物观察得相当透彻，能够洞察现在和将来。随时可以发现事物的深层含义和意义，并能看到他人看不到的事物的内在抽象联系。

职业性格特征测评（表1-7），以瑞士心理学家荣格的心理类型理论为基础，它通过了解人们在做事、获取信息、决策等方面的偏好从4个角度对人进行分析。

表 1-7 荣格的职业性格分析

精力支配	认识世界	判断事物	生活态度
外向E	感觉S	思维T	判断J
内向I	直觉N	情感F	感知P

每个角度都有1种性格倾向，然后4个角度组合，形成16种人格类型。每一种类型的人格表现出独特的行为与互动风格。因此在与人交往交流、选择工作、生活平衡方面，你都可以通过了解自己"内在"的特征，以明确可能的最佳做事方法与职业选择。

行动：了解你的职业气质与职业性格

活动一：我的自画像

一、活动内容

1. 每位同学发放带有个性特征表（表1-8）的小纸条5张（数量与每小组成员数相同）。

表1-8　个性特征表

沉稳老练	冲动	谦逊	大胆	宽容	软弱
善解人意	果断	专横	冷漠	知足	友善
小心谨慎	耐心	忠诚	老实	倔强	勇敢
通情达理	文雅	羞怯	热情	慷慨	坦率
夸大其词	固执	活泼	自私	自信	有同情心
反应敏捷	乐于助人	重视物质	善于表现	安静镇定	斤斤计较

2. 从36个形容词中找出你认为符合你自己个性的词，把它圈出来。
3. 从36个形容词中找出你认为符合其他人个性的词，把它圈出来。
4. 组员之间互相交换，拿回属于自己的性格画像。

二、讨论和总结

对照自己和其他学员圈的个性特征，回答下面8个问题：

1. 我圈了哪些特征？
2. 别人为我圈了哪些特征？
3. 共同圈的特征有哪些？
4. 我圈别人没圈的特征有哪些？
5. 别人圈我没圈的特征有哪些？
6. 我的发现是什么？原来我是怎样的一个人？
7. 今后我希望继续保持的特征有哪些？为什么？
8. 今后我要改变的特征有哪些？为什么？

活动二：说出你的成功故事

一、活动目的

引导大家了解自己的优势和潜力。

二、活动内容

1. 以集体的方式进行，两个人一组。

2. 相互说出自己认为过去自己做过的最成功的一件事情，然后分析自己能把这件事做成的原因，以及做这件事所需要的知识、能力、经验和个人特质。

三、讨论和总结

通过对关键事件的回顾，进一步了解自己的气质类型与性格特征在其中的作用，并且提出完善计划。

反思：如何让气质、性格与职业选择相匹配

一、自我评估1：职业气质测评

请扫描二维码，进行职业气质测评。

计算每种气质类型的总分数，如果某种气质的得分数高于其他三种气质得分数4分，则可定为该气质类型的人。此外，该气质的得分数超过20分，则为典型型，如果得分超过10分但小于20分，为一般型，若两种气质的得分数差小于3分，又明显高于其他两种4分以上，可判定为两种类型的混合型，同样，如果三种气质的得分高于第四种，而且很接近，则为三种气质的混合型。

微测试：

职业气质
测评

二、自我评估2：职业性格测评

请扫描二维码，进行职业性格测评。

三、反思提高

（一）反思分析

沉静下来，认真回顾自己过去的生活和学习经历，了解和分析自己的个性、兴趣和能力，然后思考一下自己的未来，聆听自己的心声，发现自己内在的需求。这样的沉思可以通过向自己提一些问题来探索自己。回忆那些对你人生有重要影响的关键事件并进行反思与分析，比如高考的成与败、对专业与学校的选择，等等，将这些你生活、工作中实际已经发生过的关键事件提取出来加以分析，分析成功是为什么、失败是为什么，这将有助于你了解自我。

微测试：

职业性格
测评

认真思考以下问题，想清楚、想透彻，每个回答都需要列出三项具体的关键事件作为验证。

1. 我究竟有什么才干和天赋？什么东西我能做得最出色？与我所认识的人相比，我的长处、胜人一筹的是什么？

2. 我的激情在哪一方面？有什么东西特别使我内心激动向往，使我分外有冲劲去完成，而且干起来不仅不觉得累，反而感到其乐无穷？

3. 我的经历有什么与众不同之处？能给我什么特别的洞察力、经验和能力？运用它我能作出什么与众不同的事？

4. 我最明显的缺陷和劣势是什么？

5. 时间和环境有什么特别之处（地理、政治气候、历史经济、文化背景等因

素）？其中有什么东西能对我的机遇产生影响？

6. 我与什么杰出人物有往来？他们有哪些杰出的才干、天赋与激情？与之合作（或跟随他们）能找到什么样的机遇？

7. 我期望能取得哪些成就？我将完成什么事？我想在工作中得到什么特定的东西？

8. 我真正需要的是什么？做什么工作我会感到快乐？我下一步朝哪个职位（或工作）发展为好？具体描述我下一步最希望从事的工作，如何去实现这个目标？

（二）思考方法

古人云："以铜为镜，可以正衣冠；以史为镜，可以知兴替；以人为镜，可以明得失。"这里的"以人为镜"，就是听取别人评价的过程。他人的评价就如同一面镜子，可以真实地观测到自己在生活中的表现，了解自己的各项特质，这好比我们出门前照一下镜子，就是确定自己的服饰是否得体，搭配是否协调。

他人评价是可以方便利用的一种自我探索方式，比如我们解决了一个难题，他人就会投来敬佩的目光，周围人的眼中也充满了赞许，那么凭借他人的评价就有理由相信自己是有能力的。同时，这种正面的评价也会融入自我概念和日常行为中。请你收集他人的评价并进行记录（表1-9）。

表1-9　收集他人评价

	兴趣	能力	气质	性格	价值观	其他
家人						
朋友						
同学						
老师						
其他人						

这个练习可以帮助我们发现一些自己以前没有认识到的特质。做完之后，要认真思考：我的哪些行为让他人产生了这样的评价？这些评价和自我评价有何异同？他人评价之间有何异同？一般而言，对大多数人较为一致的评价我们要特别重视，如果确实是对自己特质的评价还好，如果不是，就要结合其他方法对这种偏差予以验证和纠正了。

（三）职业实践

职业实践是指历时较长，较为系统的体验职场实地操作。临时工作或者与未来的职业方向没有直接联系的活动，就不属于职业实践的范畴。职业实践不仅使大学毕业生对职场有深入细致的了解，而且可以对自我职业心理特质的评估结果进行验证。如以前认为自己的职业兴趣是与人打交道，可是真正到了职场却发现并非如此。职业实践还可以发现自己平时未曾意识到的职业心理特质，因为平时没有机会实践，它一直是潜在的特质而没被发现。因此，职业实践可以说是大学毕业生自我探索最为直接的方法，是将理论付诸实践的关键环节。

　　对于大学毕业生而言，重要的是运用多种方法不停地自我探索，自我探索重在自己的信念和理念，不能说哪种方法更好，多途径探索才能保证探索的全面性，每个人都有适合自己的方式方法，所谓运用之妙，存乎人心。

主题三　职业价值观

问题：如何找到适当的工作与生活方式？

价值观就是我们生活和工作中所看重的原则、标准或品质。职业价值观指人生目标和人生态度在职业选择方面的具体表现，也就是一个人对职业的认识和态度，以及他对职业目标的追求和向往。

俗话说："人各有志。"这个"志"表现在职业选择上就是职业价值观，它是一种具有明确的目的性、自觉性和坚定性的职业选择的态度和行为，对一个人的职业目标和择业动机起着决定性的作用。

通过本主题的学习和训练，你将能够：

1. 了解职业价值观的科学内涵及对职业选择的价值。
2. 学会职业价值观测评方法。
3. 学会依据职业价值观选择适当的职业方向。

认知：学会准确了解你的职业价值观

一、职业价值观探索

微课：

职业价值观

若问什么是好工作，对这个问题的回答通常是仁者见仁，智者见智。有人看重高薪，有人追求稳定，有人乐于竞争，有人安于清闲。什么样的工作因素会特别打动你，让你毅然决然地作出选择？在你作出选择时，你最重视的又是什么？这些可能左右你的判断的因素，就是职业价值观。

（一）价值观的含义

价值涉及两个方面，一方面是主体的需要，另一方面是客体的某种结构、属性，二者缺一不可。客体及其属性是价值的载体，如果没有这种载体，也就失去了价值的源头。但如果这种载体不和人发生功能联系，也只能是纯粹的自然之物，只能是事实，而不表现为价值。只有当主体以自身的需要为基础，对它们的意义进行鉴定时，才表现为价值。

价值观是指个人对客观事物和对自身行为结果的意义、作用、效果和重要性的总体评价，是对什么是好的、什么是应该的总的看法，是推动并指引一个人作出决定、采取行动的原则与标准，是个性心理结构的核心因素之一。价值观就是我们在生活和工作中所看重的原则、标准或品质，它指向我们一生中最重要的目标，因此它也是一套自我激励机制。

（二）职业价值观

根据相关研究，大学毕业生在求职之际常秉持以下职业价值观，对工作作出选择。

1. 重视才能的发挥

随着就业难度的增加，大学毕业生对经济收入的预期也降低了不少，这一方面反映了大学毕业生的择业心理日趋现实，不再一味地追求物质利益；另一方面也说明大学毕业生更加注重工作给自己带来的成长，更愿意去那些能够展现自身能力的单位。

2. 强调工作地点

研究发现，大学毕业生在择业地点的选择上，通常优先考虑经济发达地区。和小城市相比，大城市虽然竞争激烈，生活压力更大，但是大城市所提供的择业机会是小城市无法提供的，所以在现实的择业过程中，即使小城市提供了比较优厚的工作条件，往往也很难招聘到单位想要的员工。

3. 倾向于自我决策

时代的发展使得大学毕业生在择业时更多地依赖自己，从收集信息到参加招聘会，而后笔试和面试，基本都是自己在准备，老师和父母的意见也只是自己决策时的参考，最终的选择一般是自己决定。

此外，其他职业价值观也会在很大程度上左右大学毕业生的选择，如公平、自由、责任等。

（三）职业价值观探索的意义

职业价值观为职业生涯规划提供了发展方向，"劳动光荣""奉献社会"的职业价值观引领了工匠精神的培育。崇尚劳动，在平凡的岗位上通过劳动奉献社会实现自身的价值，是新时代职业道德与工匠精神所倡导的职业价值观。当今社会，实业界急需有理想、懂技术、会创造、敢担当的产业工人大军，打造"中国智造""中国服务"等品牌，满足人民群众对美好生活的向往。

1. 职业价值观关联着职业选择

职业价值观通常都是与某种工作相互关联。如果我们看重的是创造性，那么艺术设计、策划管理等工作就是适合我们的，可以说，职业价值观推动着职业发展。

1912年，沈阳东关小学一位老师问他的学生："你们读书的目的是什么？"有的说为了当官发财，有的说为了光宗耀祖。年仅14岁的周恩来却说："为中华之崛起而读书！"周恩来的一生都在践行这一价值观。

2. 职业价值观能让我们在面临困境时仍保持斗志

当工作与个人价值观互相违背时，工作就会变成痛苦的来源。但如果工作与个人价值观相符，即使其他的条件并不如意，人们往往也能乐在其中。一个清楚自己职业价值观的人，对工作的目标和意义是肯定的，能够弄清楚自己在工作中真正想要的是什么，能够将自己最强烈的需要与不同的工作性质联系在一起，面对许多职业决定，较易作出明智的选择，最终找到适合自己的职业。

二、职业锚探索

（一）职业锚

锚，是使船只停泊定位用的铁制器具。职业锚，实际就是人们选择和发展自己的职业时所围绕的中心，是指当一个人不得不作出选择的时候，他无论如何都不会放弃的、职业中的那种至关重要的东西或价值观。职业锚测评由此应运而生，成为一种职业生涯规划咨询、自我了解的工具。通过职业锚，能够协助组织或个人进行更理想的职业生涯发展规划。

职业锚强调个人能力、动机和价值观三方面的相互作用与整合。职业锚是我们内心深层次价值观、能力和动力的整合体，它是职业决策时最稳定的因素，一般情况下一旦确定就很难改变。

（二）职业锚测评的作用

1. 职业锚测评可以帮助我们思考自己的职业决策与价值观之间的关系。

如果缺乏对职业锚的清醒认识，在外界因素的影响下，人们可能会作出错误的职业选择。许多人对自己职业不满意，频繁跳槽，有很大一部分原因是他们的职业选择没有基于真实的自我作出，而职业锚就是真实自我的体现。

2. 在面临职业抉择时，职业锚测评可以帮助我们作出与自己价值观、内心真我相匹配的职业决策。

行动：通过测评明确自己的职业价值观

活动一：提升幸福感的方法

一、活动要求

用以下三个关键问题来问自己（注意顺序）：

什么带给我意义？

什么带给我快乐？

我的优势是什么？

二、活动内容

（一）案例分析：小王的幸福频率

小王是一家公司的管理人员，为了更好地平衡家庭、工作与生活的关系，更幸福地生活，他花了一周的时间记录并回顾了一周的生活，他想通过回顾和反思，重新找到生活的快乐和意义。他将一周中在主要活动上花费的时间做了统计（表1-10）。

表 1-10　小王一周统计表

活动	意义	快乐	时间
和家人相处	5	4	2.2小时，++
工作上的会议	4	2	11小时，=
看电视	2	3	8.5小时，-

说明：在"意义"和"快乐"项中，评分"-5"代表最低，评分"+5"代表最高，在"时间"项中，希望更多的时间则打"+"，减少则打"-"，维持现状则打"="。

（二）使用MPS（图1-3）——找准人生定位

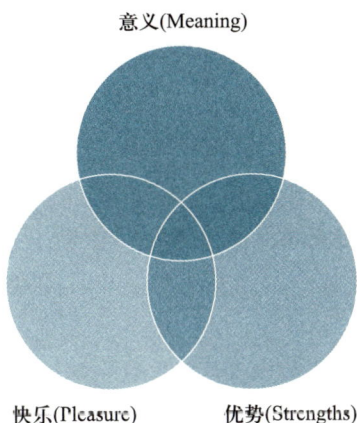

意义(Meaning)

快乐(Pleasure)　　　　优势(Strengths)

图 1-3　MPS 图

（三）找准你的幸福频率

比照小王的幸福频率，回顾最近一周的时间，并对进行的活动进行记录（表1-11）。"活动"项可以是专业学习、课外阅读、体育锻炼、社团活动、看电视、上网、朋友聊天等。"意义"和"快乐"项中，评分"-5"代表最低，评分"+5"代表最高，在"时间"项中，希望更多的时间则打"+"，减少则打"-"，维持现状则打"="。

表 1-11　自我一周记录表

活动	意义	快乐	时间
专业学习			
课外阅读			
体育锻炼			
社团活动			
上网……			

三、活动提示

人们总是仰望和美慕着别人的幸福，但当他们一回头，就会发现自己正被仰望和美慕着。其实，每个人都是幸福的。只是，我们常常忽略自己的幸福，转而在他人那里寻求幸福的答案。

活动二：随心而动

一、活动目标

1. 学会树立目标意识，让目标引领自己的行为。

2. 澄清并明确自己近期的目标，懂得分清主次。

二、活动要求

活动形式：以小组为单位，各个小组合作完成。

所需时间：约15分钟。

所需材料：每人一张白纸、一支笔。

三、活动内容

1. 请同学们在纸上写出近期内要完成的五件重要事情。如学习、交友、旅游、练字、买衣服、读完某一本书或参加某方面活动等等。

2. 假如你现在有特殊事情，必须在五件事中抹掉两项，体验一下你现在的心情如何？你会抹掉哪两项？

3. 现在又有特殊情况发生，你必须再抹掉一项，你的心情又如何呢？你又会抹掉哪一项呢？如果还要再抹掉一项，你又作出怎样的决定呢？

4. 剩下的那件事是近期内你最想做的、对你来说最重要的一件大事吗？如果是，那这就是你当前的奋斗目标。

四、总结和讨论

1. 和大家谈一谈你的奋斗目标是什么。

2. 思考并回答以下问题：

（1）你是不是想要并且一定要实现这个奋斗目标？

（2）你有没有实现目标的条件呢？应该怎样利用这些条件呢？

（3）实现目标的困难障碍难以克服吗？怎么才能克服？

五、活动提示

"有了目标，内心的力量才会找到方向，漫无目标地飘荡终归会迷路，你内心那座无价的金矿，也终因不开采而与平凡的尘土一样"。一个人无论他现在多大年龄，真正的人生是从设定目标开始的，以前只不过在绕圈子而已。

反思：评估你的职业价值观倾向

一、自我评估：职业价值观测评

请扫描二维码，进行职业价值观测评。

通过职业价值观测试，你可以大致了解自己的职业价值观倾向。了解自己的价值观，你就可以理解在有些问题上，为什么和其他同学或同事的看法不同。同时，以此为基础来考虑一些问题，或对一些问题作出抉择，可能会让未来职业更符合你自己的心愿，也可以使你在处理问题上更加趋于成熟、理智和客观。

二、反思提高

通过本模块的学习，检视一下自己是否掌握了自我认知的方法，对教材介绍的自我评估的测量工具，是否能灵活运用？如果可能，建议对自己的职业兴趣、职业能力、职业气质、职业性格、职业价值观进行比较整理，找出其中属于你的特质来，由此建立自信，锚定目标，坚定方向，不断努力。

🖥 微测试：

职业价值观
测评

生涯设计：为什么说方向比努力更重要？

小邱学的是工商管理专业，专业知识多而杂，缺乏准确就业方向。小邱只想当管理层，但是听毕业后的学长学姐们说，刚毕业的学生不可能一工作就做管理层，必须要从基层做起。但是这个基层范围太广，很多人做了基层岗位工作还是升不到管理层。自己现在已经大三了，一眨眼就毕业了，很多同学都开始找实习单位了。那么自己该怎么选择呢？自己希望往专业相关方向发展，但是就业范围广，自己根本不知道哪个起点是自己适合的、有发展的。而且又该怎样去发展？发展路线是怎样的？

不少大学生在校期间没有确定职业规划，毕业时拿着求职简历与求职书到处求职，希望找到好工作。但是结果是求职困难，就算入职了，也觉得好像和自己想象的不一样，往往做不长久，浪费了大量的时间、精力与资金，却一直未探索出自己适合的职业发展之路。实际上磨刀不误砍柴工，做好职业生涯规划，明确职业目标，对自我以及职场有更清晰的认识，并做好前期准备工作，这对于未来成功就业会更科学、更经济也更实际。

"生涯设计"能力要求：

1. 探索自身职业兴趣、职业人格、职业价值观对职业发展的影响。
2. 通过自我认知评估，明确自身的优势与劣势。
3. 通过职业环境评估，分析现实的职业环境和职业资源，明确机会与挑战。
4. 通过职业机会评估，选择生涯决策工具，设定自己的职业生涯目标。
5. 评估职业目标的可实现性，选择适当工具，进行职业生涯决策。
6. 了解职业生涯规划的方法和具体步骤。
7. 掌握生涯人物访谈的方法和技巧。
8. 能够设计合理的职业生涯规划，并及时进行评估调整。

本模块训练重点：

1. 学会职业机会评估，选择并使用生涯决策工具，设定自己的职业生涯目标。
2. 学会评估职业目标的可实现性。
3. 能熟练运用生涯人物访谈的方法和技巧，主动进行职业探索。
4. 能够设计合理的职业生涯规划，并及时进行评估调整。

案例示范：职业规划咨询为迷茫高职生带来转机

高朋，男，19岁，某高职院校数控专业一年级学生。因为对专业缺乏兴趣，对未来的职业选择感到迷茫，于是选择了一家专门的职业咨询机构进行生涯咨询。

在咨询老师的鼓励下，高朋说出了自己的苦恼："我是一名高职生。填专业时，根本不知道自己喜欢什么，也没有人告诉我该如何选，所以凭感觉草率地选了个数控机床操作。一个学期过去了，我发现这个专业太枯燥了，现在很想学计算机专业。目前我很迷茫，以前的高中同学一个个都比我混得好，有的保送进入名校学习，有的准备出国，有的兼职赚钱，人与人的差距真的太可怕了，不用等到毕业我就直接被他们甩得很远很远。我内心不甘永远这样，想更好地发展，想做一个有作为、有价值的人，我很害怕自己的人生会就此荒废掉。我看新闻上说现在名牌大学生找工作都难，像我这样的高职专科生还能找到工作吗？什么才是适合我的工作？班上的同学和我一样都觉得非常迷茫，我们还有未来吗？我该怎么办呀？"

咨询师听了他的自述和困惑，感受到高朋改变现状的强烈愿望，她之前为数十位高职院校的学生做过咨询，知道这个群体对未来担忧的最大的问题出自自卑，只要建立了自信心，设定好学习方向及目标，就不会再感到迷茫。

于是，咨询师帮助他从最基本的处理职业心态开始，建立起"未来是有奔头的"的信念。让高朋耐心填写资料，写出自己的优势，并做相关的职业测评，把自身潜能找出来，有针对性地做好规划，找到的优势是他自己能够感受到的，这样不仅可以有效地帮助他提高自信，更能够引导他将优势发挥到最大化。

咨询师通过MBTI性格类型分析及职业价值观分析发现，高朋的MBTI测试为INFJ类型，SDS职业倾向测试结果为艺术型＋社会型。考虑到高朋希望充分满足自己对计算机专业的兴趣，同时也能充分发挥其富于创意的优势，最后咨询师评估出他的最佳职业发展方向是平面设计师，高朋认为这个发展方向与自己的性格特质和职业兴趣吻合度很高，于是他进一步向老师咨询接下来的行动计划。

从高朋的职业兴趣以及两次一对一的沟通中，咨询师发现，高朋的独立性强，善于思考，热心并愿意帮助他人，在向他人展示自己成果的过程中容易找到快乐与成就感。这与其从事数控机床操作的工作性质不相符，数控机床操作是社会上较紧缺的专业，但工作性质偏机械化，而高朋则喜欢独立进行创造性思考，想法颇多，富有创意，如果今后选择做数控机床操作，与其内在的职业倾向不匹配，也很难发挥他善于思考富有创意的优势及天赋。咨询师提出她和其他专家探讨思索后建议的两个方案：

方案A：如果学校可以换专业，那么高朋可以直接选修平面设计或计算机专业，利用余下的两年半时间加强专业学习，同时结合职业目标不断提高绘画、设计的能力，学习创意方面的知识、技能、经验，发掘自身潜力，对个人能力进行打造与提升。

方案B：如果学校不能换专业，那么高朋则只能在学好数控机床操作专业的基础上，利用更多的课余时间来加强自己在计算机方面的学习，争取在毕业时不仅学到了数控机床操作的专业知识，同时也能够掌握平面设计的知识。

高朋接受了咨询师的建议。临走前，手中的那份详备的《职业咨询报告》沉甸甸的，高朋坚定地表示，现在他已经知道自己今后的职业发展方向在哪里，在校时紧紧围绕着这个目标学习，一定会比其他同学更有动力，也更加会有学习效果。

高朋在咨询结束后回校协商换专业之事，校方站在有利于学生职业生涯长远发展的角度，本着尊重学生更好地实现自我职业选择的原则，帮其从原先的专业调换至平面设计专业。如今，高朋已经学习了半年多的平面设计专业的理论知识学习，在和咨询师的电话里，他说："现在最振奋的事，就是每天都可以在课堂上学到平面设计的新知识，我发现平面设计真的太有意思了，一想到今后我可以把自己的想法统统在电脑上画出来，心里就感到无比开心和自信。"这时候，高朋的自卑和面对未来时的困惑早已消失得无影无踪。

分析：案例中高朋的自卑心理是目前高职生存在的典型心理特征。高朋在遇到生涯困惑的问题时并没有选择逃避，破罐子破摔，而是求助于专业的咨询机构，这不失为一种明智的选择。咨询师倾听并了解高朋的情况后，首先帮助他建立良好的心态，然后引导他通过一系列职业测评对自我进行分析，帮助他了解自己的性格、职业兴趣和职业倾向，挖掘自身的优势和潜力，并给出有效的建议和方案。高朋在咨询师的指导下，认清了发展的目标和方向，勇敢行动，向所在学校寻求帮助，终于在自己喜欢和适合的领域找到了目标和动力。在求学过程中的你，如果碰到类似的问题，可以向身边的职业咨询师或者相关老师求助，尽快走出迷茫，恢复信心，投身于努力学习、快乐生活之中。

主题一　职业机会评估

问题：如何进行自我认知、职业环境评估？

从小到大一直都听父母安排的易欣就读于某职业院校的护理专业。高考填报志愿的时候，父母问她喜欢干什么，她说喜欢当文秘，认为文秘工作轻松，整天坐在办公室里，很悠闲自在。父母觉得文秘专业现在相对处于饱和状态，一个女孩子将来做护士比较好，于是就帮她选择了护理这个专业。易欣没怎么反对，因为她也怕将来不好找工作。毕业后，父母帮她找了一个三甲医院，这时才发现，当护士很累，压力大，易欣自己也不适应倒班工作。父母看着女儿每天疲惫的样子，又不忍心了，于是又帮女儿找了一个单位从事文职工作。易欣刚开始还高兴得不得了，干了一段时间发现文秘也不好干，又不喜欢干了。虽说整天坐在办公室里，但是整天安排会议、写稿子、下发通知……工作内容琐碎得不得了。现在，易欣和父母都不知道该怎么办了。

案例中的易欣遇到了自我认知与职业环境不匹配的问题，她没有经过对个人的优势与劣势分析、环境的机遇与挑战的比较，就盲目地进入职场，在没有明确的职业目标的状态下工作，逐渐失去了工作的动力。

通过本主题的学习和训练，你将能够：

1. 通过自我认知评估，明确自身的优势与劣势。
2. 通过职业环境评估，分析现实的职业环境和职业资源，明确机会与挑战。
3. 通过职业机会评估，选择生涯决策工具，设定自己的职业生涯目标。

认知：掌握职业机会评估的方法

职业机会的评估包含两个内在方面：一是对自我认知的评估，解决的是我是否有能力完成工作任务。二是对职业环境的评估，解决的是市场提供了怎样的工作任务。简而言之，职业机会，就是在人力资源市场中，个人的能力与职场的任务实现了人—职匹配的对接。

一、自我认知评估的方法

古人云："知人者智，自知者明"。大学生进行职业规划最重要的一步就是对自我有清晰的认知。无论是确定未来要走怎样的路，还是规划大学生活如何度过，一个重点问题就是要先知道"我是谁"。自我认知是职业生涯规划与管理过程中比较重要的一个环节，它包括：职业能力评估、职业价值观评估、职业兴趣评估和职业人格评估。充分、客观的自我认知是选择职业时的依据。要通过科学认知的方法和手段，对自己进行全面认识，清楚自己的优势与特长、劣势与不足。在进行自我分析时，要客观冷静，既要看到自己的优点，又要面对自己的缺点。只有这样，才能避免职业规划中的盲目性，有效地促进职业发展。

1. 自我评价法

通过生活中的个人行为方式和过往经验，观察和总结自身的知识水平、能力、智力、性格、兴趣、劣势、价值观等。

2. 橱窗分析法

所谓橱窗分析法（图1-4），是一种借助直角坐标不同象限来表示人的不同部分的分析方法，它以别人知道或不知道为横坐标，以自己知道或不知道为纵坐标，清晰展现出完整的自我人格，是进行自我认知的一种常用方法。

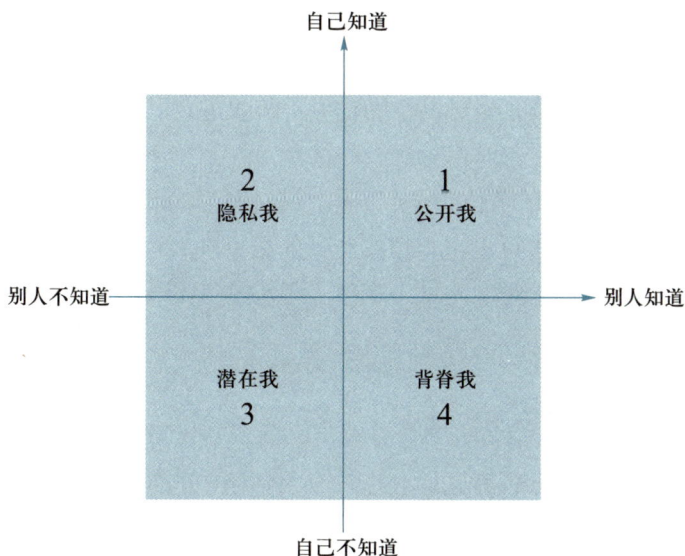

图 1-4　橱窗分析法

我们每个人都有四个不同层面的"自我"：公开的我（自知他知）、隐藏的我（自知他不知）、背脊的我（自不知他知）、潜在的我（自不知他不知）。

（1）"公开的我"是你展现出来的、愿意让别人看到的部分，是公开的透明的信息。比如你的学历、你的职业、你的能力、你在人前表现出来的性格爱好等等。

（2）"隐藏的我"是一些我不愿意告诉别人的、关于我的隐私，但并不代表别人不知道。

（3）"背脊的我"是别人能够看到，自己看不到的部分。比如有些人认为自己很乐观，每次遇到什么事情都只会难过一小会儿，很快又能恢复到正常情绪，但别人看到的，也许是这个人遇到问题后的发怒与抓狂，所以别人并不认为他们是乐观的。

（4）"潜在的我"是自己不知道，别人也看不出来的部分，是有待开发的部分。它通常表现为一些潜意识的心理行为或隐形习惯，它可以指导你的语言、思维和行动，让你无意识地作出一些事情。比如有些人，一思考问题就会不由自主地转动手中的笔；有些人，一和别人聊天就会无意识地托起下巴；有些人，一看到小狗就会跑过去逗玩。

因此，你可以通过寻求他人的反馈，开放"背脊的我"；通过坦诚面对自己的内心，开放"隐藏的我"；通过学习、实践、反思和领悟，开放"潜在的我"。当你对自己了解得足够深入透彻的时候，就能够清晰地预测和规划你的未来。

3. 360度评估

这种评估方法是通过自我评价以及与自己联系密切的人员的评价，来充分认识和了解自己的优点和缺点。通过家人、老师、亲密朋友评价，同学以及其他社会关系的反馈，清楚地知道自己的不足、长处与发展需求，使以后的发展更为顺畅。360度评估可以帮助我们提高对自我的洞察力，更加清楚自己的强项和需要改进的地方，进而制订下一步的能力发展计划，也可以激励我们不断改进自己的行为。

4. 职业测评法

职业测评是客观的评价自己的重要工具。通过科学的职业测评量表，可以对个体的职业倾向、综合能力等进行测试，根据测试的结果加深对自己的探索与了解。常见的工具量表有：MBTI职业性格测试、霍兰德职业兴趣量表，霍兰德职业能力量表，职业锚测试等。

二、职业环境评估的方法

职业环境评估，就是分析有关职业在社会大环境中的发展状况、技术含量、社会地位、未来的发展趋势等。职业环境评估包括家庭环境评估、学校环境评估、社会环境评估、行业环境评估、组织（企业）环境评估和职位环境评估等内容。通过职业环境评估，弄清职业环境对职业发展的要求、影响及作用，对各种影响因素加以衡量、评估并作出反应。同时对有关问题作出回应：当前的热点职业有哪些？发展前景怎样？社会发展趋势对所选职业有什么影响？要求如何？

1. 家庭环境评估

对家庭环境的了解和分析主要包括家庭社会关系、家庭生活环境、家庭经济状况、家庭所处的地域和家庭成员的健康状况等方面。大学毕业生的"生源地"在很大程度上反映了大学毕业生的家庭背景和经济状况，也反映了大学毕业生成长的社会环境。就择业标准而言，来自大城市的大学毕业生对于地域的重视程度明显高于来自中小城市和农村的大学毕业生，来自大城市的大学毕业生对于薪酬的要求也普遍高于中小城市和农村的大学毕业生。就择业方式和途径而言，来自大城市的大学毕业生倾向于从社会关系网络方面寻找出路，而来自中小城市和农村的大学毕业生则重点依托于学校的推荐。

2. 学校环境评估

学校的校园文化能推动大学毕业生实现知识与能力的同步增长。高等院校作为向社会输送人才的重要场所，应为大学毕业生就业提供各种条件，如告知学生学校在国内外的整体实力、学校规模的变化趋势、学校的发展领域和专业设置、就业市场需求的发展趋势、学校较其他高校的地位和发展前景、学校能提供的各种教育培训机会等。进行学校环境评估时，尤其要关注在本校内提高职业素养、完成职业生涯准备阶段的可能性。

3. 社会环境评估

社会环境评估就是对我们所处的社会经济、政治、法制、科技、文化环境等宏观层面的职业环境进行分析。社会环境对我们的职业生涯乃至人生发展都有重大影响，在制订职业规划和选择职业时，通过对社会大环境的分析，来了解和认清国际、国内和自己所在地区的政治、经济、科技文化、法治建设、政策要求及发展方向，要注意分析社会环境的基本特点，了解社会环境的发展变化，还要认识在社会环境条件中，哪些是自己今后走向职业岗位的有利条件，哪些是不利条件，以更好地寻求各种发展机会。

4. 组织环境评估

进行组织环境评估是我们"知彼"的核心，毕竟人们在未来可能与他们所选择评估的组织（企业）朝夕相处、荣辱与共。个体在选择组织（企业）时，有必要通过一切可能利用的渠道来了解该组织（企业）的声誉和形象如何，实力怎样，在行业中的地位、现状和发展前景如何，市场状况如何，产品和服务的市场前景怎样，能够提供哪些工作岗位，与自己是否适合，有无良好的培训，企业领导团队怎样，企业管理制度怎样，是否科学、合理，企业文化与自己是否契合，福利待遇是否完善，等等。

5. 职位环境评估

职位环境评估就是对职位本身和对与职位发展有关的因素进行调查与分析，职位环境分析一般包括以下几方面。

（1）职位描述

对职位的定义、工作内容和需要具备的素质进行描述，是了解一个职位最直观、最简捷的方法。主要内容包括职位的一般定义（这个职位是什么）、典型的一天的工作内容（这个职位做什么）、职位胜任素质（这个职位要具备什么条件）和过来人的看法（谁做过和谁正在做着）。

（2）职位晋升通道

职位是在职能的基础上根据需要而设立的，因此，了解这个职位能为自己的职位轮换、工作转换、升职等带来诸多益处。主要包括拓展发展方向以及轮岗、转换工作的方向（和这个职位相关的职位是什么），职位的晋升方向（这个职位的职业发展通道是什么）。

（3）一定背景下的职位要求

主要包括行业背景下的职位要求（不同行业对这个职位的理解是什么）、企业背景下的职位要求（不同类型的企业及企业所处的发展阶段，对这个职位的理解是什么）、领导背景下的职位要求（不同的领导和上司对这个职位的理解和要求是什么）。

（4）自己与职位的差距

在全面地了解职位要求后，就可以进行差距量化和差距补充了，如提升自己的组织能力，提高自己的英语、普通话水平等。

行动：职业机会评估训练

活动一：通过网络检索，学会职业分析

一、活动要求

结合自己的专业，通过搜索引擎，访问专业资源库及专题网站，查询、整理有关本专业对应的职业发展趋势、对人才的要求、发展机会等信息，完成职业分析，并对未来职业有初步的理解。

二、活动内容

1. 职业简介

2. 工作内容

3. 工作环境

4. 薪酬待遇

5. 社会需求

6. 职业晋升

7. 教育背景

8. 核心课程

活动二：通过头脑风暴，列举未来职业

一、活动要求

形式：运用头脑风暴法集体完成。

时间：10分钟。

场地：教室。

材料：每人准备白纸一张，笔一支。

二、活动内容

1. 老师根据学生所学专业，让学生列举出与自己专业相关的职业。类型要尽可能多，并将所想到的写在一张纸上。

2. 大家一起讨论在这个活动中获得了什么。

三、总结和讨论

1. 同学们可以了解到专业和职业、岗位的概念并对概念进行区分。

2. 同一个专业的同学可以从事多种不同的职业。

3. 外部职业世界是在时时刻刻变化的，现在的热门可能过几年之后就饱和，所以要保持时刻学习和充电的状态。

反思：怎样提高职业机会评估的能力

一、自我评估

学完了本主题的内容，回答以下问题，检查一下自己，看看是否掌握了其中的要点。

1. 能否通过自我认知评估，明确自身的优势与劣势？

2. 能否通过职业环境评估，分析现实的职业环境和职业资源？

3. 能否搜索引擎，查询、整理出本专业的职业分析？

二、反思提高

按照职业生涯规划步骤，完成对个人因素，即优势与劣势的分析；完成对环境因素，即机遇与挑战的比较，结合个人实际，进一步认知自我及环境，为职业目标的选择准备条件。

主题二　职业生涯决策

问题：如何利用职业生涯决策工具确定职业生涯目标？

通过职业机会评估，我们对影响职业选择的个人因素、客观因素进行了分析，明确了个人的优势与劣势，环境的机遇与挑战，为我们确定职业生涯目标提供了前提。

职业生涯目标是指个人在选定的职业领域内，在未来所要达到的具体目标，包括短期目标、中期目标和长期目标。步入职场后，职业生涯目标一般都是在个人评估、组织评估和环境评估的基础上，由组织里的部门负责人或人力资源部负责人与员工个人共同商量设定。注意生涯目标要具体明确、高低适度、留有余地，并与组织目标相一致。

通过本主题的学习和训练，你将能够：

1. 熟悉职业岗位需求，了解本专业职业岗位需要具备的职业能力。
2. 能够运用职业决策的方法与策略进行正确的职业决策。
3. 养成良好的规划意识和主动就业意识，树立正确的就业观与择业观。

认知：利用职业生涯决策工具确定职业生涯目标

一、利用卡茨模式进行职业生涯决策

利用卡茨模式进行职业生涯决策一般有以下几个步骤：

1. 选择供决策的2~3个职业。

2. 对每个职业的回报进行优、良、中、差的评价：评价依据包括价值满足程度（精神与物质两方面）、兴趣一致程度（喜欢程度）、擅长技能的施展空间（用武之地）三个方面。

3. 对每个职业的成功机会进行优、良、中、差的评价，评价依据包括工作能力、必需的准备、职业展望三个方面。

4. 将每个职业在"回报"和"机会"两个维度的结果填写在"决策方块"的纵轴和横轴上。

5. 赋予优4分、良3分、中2分、差1分，用回报等级乘以机会等级，计算出决策

结果，得分最高的方案是最好的职业选择。

案例

李静利用卡茨模式进行职业决策

李静，女，23岁，企业管理专业大三学生。她乐观、外向、健谈、热情、喜欢结识新朋友，人缘好，比较敏感，对人和事通常都有细致的洞察力。她喜欢独立做决定，很有责任感，擅长写作，学业成绩优秀，多次获得奖学金。李静最大的生活梦想就是周游世界，最大的职业梦想是成为白领精英。她填写过霍兰德职业兴趣测评量表，测试结果是社会型，价值观量表中显示她看中的是职业中的社会交往，认为工作的目的和价值在于能和各种人交往，建立比较广泛的社会联系和关系，甚至能和知名人物结识。因此，她想从事跟人打交道的工作，最好能运用自己的中文写作特长。经过考虑后，她觉得中学教师、行政秘书和人力资源专员这三种工作都可以作为自己的考虑方向，而她父母的意见是女孩子做中学教师工作稳定，也更有精力照顾家庭，希望她做这种稳定的工作。究竟哪一种职业更适合自己的发展和保持生活的平衡，她难以做决定。

于是李静利用卡茨模式（图1-5），将三种职业用X、Y、Z标在了图中，X表示中学教师，Y表示行政文秘，Z表示人力资源专员。经计算，Z回报与机会乘积最大，具有最大的期望价值，这表示人力资源专员较其他两种职业更好。

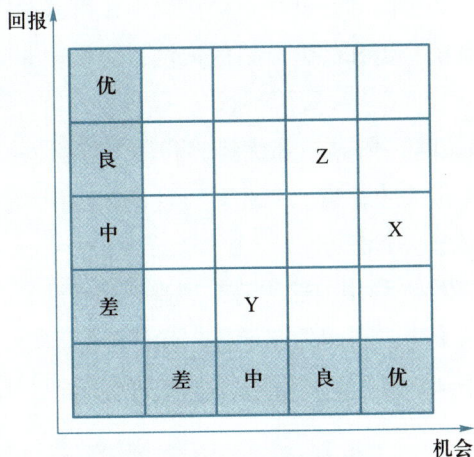

图 1-5 李静决策矩阵

二、利用SWOT分析法进行职业生涯决策

SWOT分析是检查技能、能力、职业、喜好和职业机会的有用工具。SWOT分别是四个英文单词的第一个字母，即优势（Strength）、劣势（Weakness）、机会（Opportunity）、威胁（Threat）。SWOT分析法是通过一个坐标轴的四个方向来代表内部的优势和劣势、外部的机会和威胁，并以此来分析和决策的

微课：

SWOT分析法

过程。

1. 构建SWOT矩阵

优势分析。在自己的职业生涯设计中，如果你能根据自身长处选择职业，并"顺势而为"地将自己的优势发挥得淋漓尽致，就会事半功倍，如鱼得水。职业生涯设计的前提是知道自身优势是什么，并将自己的生活、工作和事业发展都建立在这个优势之上。

劣势分析。找到自己的短处，可以努力去改正自己常犯的错误，提高自己的技能，放弃那些对不擅长的技能要求很高的职业。

机遇分析。环境为每个人提供了活动的空间，发展的条件和成功的机遇。社会的快速变化，科技的高速发展，市场的竞争加剧，对个人的发展产生很大的影响。在这种情况下，个人如果能很好地利用外部环境，就会有助于个人发展的成功。否则，就会处处碰壁，寸步难行。

威胁分析。除了机遇，外部环境中还存在很多威胁和挑战，这些因素是我们难以改变的，但是我们可以弱化或者规避它的影响。比如所学专业是个冷门，我们不能一味采取回避态度，自怨自艾，只有不断改造自己，趋利避害，才能脱颖而出，寻求成功与发展。

2. 制定策略

在完成个人SWOT矩阵的构建后，便可以制订出相应的策略。制订策略的基本思路是：发挥优势因素，克服弱势因素，利用机会因素，化解威胁因素；考虑过去，立足当前，着眼未来。运用系统分析和综合分析的方法，分析出一套适用于自己的、可实际操作的解决对策。

SO策略，即优势机遇策略，依靠内部优势，利用外部机遇，使这两个因素发挥最大作用。比如专业领域急需人才，自己专业对口且专业知识和技能过硬，在参与竞争和实现规划的过程中要突出这个优势。

ST策略，即优势威胁策略，利用内部优势，规避外部威胁。

WO策略，即劣势机遇策略，利用外部优势，弥补内部劣势。如自己的管理能力不佳，现有机会担任班级干部，利用这个机会多组织班级活动，在锻炼中提高自己的管理能力。

WT策略，即减少内部劣势，规避外部威胁，使这两个因素都趋于最小。比如外语水平薄弱，可参加培训努力提高外语水平；与人交际能力欠缺，通过参加社团、社会实践来提高。

SWOT分析是一种比较全面的分析工具，每个人都可以通过自身优势、劣势以及周围的机会和威胁，建立自己的SWOT矩阵。通过它我们可以清楚地看到自己的优势和竞争力，从而确定自身发展的方向，同时我们也可以找到不足之处，为提升自己找到依据。

　　但是SWOT分析法是基于某个时间段的静态分析，它不能够结合过去、现在和未来的发展趋势作出综合评估。我们在使用分析法时，要重视动态信息的及时反馈，并对原有的分析进行及时的修正和调整，从而作出更加准确的职业选择。

案例

某汽车服务工程专业学生SWOT矩阵（表1-12）和策略分析（表1-13）

表1-12　某汽车服务工程专业学生 SWOT 矩阵

	内部优势S	内部劣势W
内部环境分析	（1）做事比较认真，有浓厚的学习兴趣和一定的实力，尤其在本专业（技术和经济）方面有着浓厚的兴趣。 （2）乐观积极的生活态度，善于发现事物和环境乐观积极的一面。 （3）富有极强的责任心，并且喜欢做相关的工作，能够有计划地安排工作内容。 （4）对感兴趣的问题，一定要将事情想清楚，并且喜欢思考问题，分析能力强，有创新思维。 （5）做事情雷厉风行，一气呵成。 （6）有一定的书面表达能力，逻辑思维性和条理性较强	（1）新鲜感总是起到主导作用，思考面较宽，不深入。 （2）在与人沟通的过程中，表达语气太平缓，有重点但是由于表达方式而吸引力不足。 （3）面临选择时，有时比较纠结，作出最佳选择前的分析能力有待提高。 （4）组织能力和管理人员的经验欠缺。 （5）竞争意识不强，对环境资源的利用不够主动，也就是与环境的交互能力不够。 （6）尽管在校期间有所锻炼，但实践经验仍有待丰富
	外部机遇O	外部挑战T
外部环境分析	（1）我国汽车行业尤其是新能源汽车行业现处于发展阶段，发展的同时对人才的需求也大为增长。所以我对大学生的就业前景是乐观的。 （2）截至2023年年底，全国机动车保有量达4.35亿辆，其中汽车3.36亿辆，新能源汽车2 041万辆。 （3）在学校还有很多的学习机会，比如身边有很多优秀的同学和朋友，有很多向他们学习的机会，并且有构建良好的人际关系的条件。 （4）就专业知识方面来说，现在是一个信息爆炸的时代，这个专业方向很有发展前景	（1）距离毕业还有一年的时间，而距离找工作只有半年的时间，并且找工作的时候并不是用人单位用人高峰期，就业的机会不是很多。 （2）对专业技术人才需求增加，但同时对技术的专业性要求更加严格。行业竞争更加专业化，投资大，收益风险并存。 （3）在校时，该专业主要偏重理论知识，但该行业更需要有经验人才。而刚毕业的我没有任何工作和实践的经验。 （4）当今比我优秀的人才很多，而且机会不一定是均等的，这时能否脱颖而出，就不单单是知识的比拼，更是对个人发现机会、展示自己并把握机会能力的考验

表 1-13 某汽车服务工程专业学生 SWOT 策略分析

SO 战略	WO 战略
（1）在现阶段，在校内继续努力学习，掌握更多的专业知识，努力提高自己的竞争力。 （2）多认识行业中人和有志之人，为自己的就业创造更多的机会，积累更多的经验	（1）积极参加一些就业的培训会和招聘企业的宣讲会，锻炼自己职业能力，提高自己的自信心。 （2）利用自己乐观积极勇于创新的工作态度，去尝试更多的不同的相关工作，增加就业机会
ST 战略	**WT 战略**
现阶段多学习专业知识，特别是自己感兴趣的汽车电路和美容方面的专业知识，将来可以在此方面有所发展	多参加集体和社交活动，增强与他人的交往和沟通能力，提高自己的自信心，构建良好的人际关系网络

确定职业目标的方法还有很多，比如，利用平衡单，可以帮助我们具体地分析每一个可能的选择，考虑各种方案实施后的利弊得失，最后排出优先顺序，确定选择方案；利用职业锚，可以帮助我们锚定方向，根据职业价值观进行职业决策。

行动：学习职业决策的方法

活动一：制定行动计划，调整自己的生涯规划

一、活动要求

在完成自己的SWOT分析后，我们现在开始制订我们的行动计划（表1-14）。制订计划的基本思路是：发挥优势，克服劣势，利用机会，化解威胁。根据前面学会的系统分析方法，针对各种因素相互匹配起来的组合条件，选择你的对策。

二、活动内容

表 1-14 我的 SWOT 行动计划

类型	分析原则	我的现状	我的对策
WT对策	考虑劣势和威胁因素，使这些因素都趋于最小	我的劣势是：_____ 我面临的威胁有：_____	
WO对策	考虑劣势和机会因素，使劣势趋于最小，机会趋于最大	我的劣势是：_____ 我的机会是：_____	
ST对策	考虑优势和威胁因素，努力使优势趋于最大，威胁趋于最小	我的优势是：_____ 我面临的威胁有：_____	
SO对策	考虑优势和机会因素，努力使这些因素都趋于最大	我的优势是：_____ 我的机会是：_____	

活动二：生涯目标卡茨模式分析

一、活动要求

运用卡茨模式分析工具（图1-6），对自己意向中的职业（2~3个）进行职业生涯决策，从而确定自身发展的方向，作出正确的职业抉择。

二、活动内容

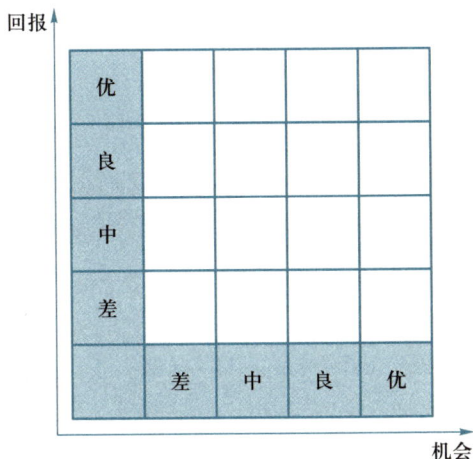

图 1-6　卡茨模式

反思：你掌握职业决策的方法了吗？

反思一下，你平常在决策时，是果断决策，还是自我感觉或者被别人评价为优柔寡断？在决策时，你常常纠结的是什么？今天我们学习训练了决策的2种方法，你收获如何？你能果断决策了吗？如果对于一般的问题，都常常扯不断，理还乱，拎不清，你可以掌握一些基本的方法策略，以提高自己解决问题的能力。

决策的能力是一个人综合素质的表现，是长期历练的结果。但"工欲善其事，必先利其器"，掌握了好的方法，可以使我们事半功倍，管控风险，达到自己理想的解决效果。

主题三　职业生涯管理

问题：如何设计和调整职业生涯规划？

　　一个人的职业发展就像一棵大树，过多的旁枝很可能阻碍大树主干的生长，从而使大树失去足够的向上生长的能量。职业生涯也是如此，如果各种各样的兴趣、知识、证书过多，反而削弱了本来的核心竞争力，容易导致个人职业目标的模糊。在别人眼中，容易产生"啥都想干，但没有特点，或没有一样能做到最好"的印象。

　　大学生职业生涯管理是指大学生通过大学职业指导人员的协助，在自我认识和了解社会的基础上，确立职业生涯发展目标和人生发展方向，选择实现既定目标的职业，制订自我发展的总体目标和阶段人生目标，并进行执行、评估、反馈和调整的动态过程。其具备管理过程的连续性、管理内容的多样性、管理措施的可行性、管理阶段的适时性、管理计划与方案的前瞻性等特征。

通过本主题的学习和训练，你将能够：

1. 了解职业生涯规划的方法和具体步骤。
2. 掌握生涯人物访谈的方法和技巧。
3. 能够设计合理的职业生涯规划，并及时进行评估调整。

认知：学会职业生涯规划的设计和调整

一、职业生涯规划的设计

微课：

选择职业发展
路径

　　职业生涯，是指个体职业发展的历程，一般是指一个人终生经历的所有职业发展的历程。职业生涯是贯穿一生职业历程的漫长过程。

　　职业生涯规划，是指个人发展与组织发展相结合，对决定一个人职业生涯的主客观因素进行分析、总结和测定，确定一个人的事业奋斗目标，并选择实现这一事业目标的职业，制定相应的工作、教育和培训的行动计划，对每一步骤的时间、顺序和方向作出合理的安排。

（一）职业生涯发展阶段

美国的职业指导专家舒伯把人的职业发展过程分为五个阶段：

（1）成长阶段（出生~14岁），以幻想、兴趣为中心，对自己所理解的职业进行

选择与评价;

（2）探索阶段（15~24岁），逐步对自身的兴趣、能力以及对职业的社会价值、就业机会进行考虑，开始进入劳动力市场或开始从事某种职业;

（3）确立阶段（25~44岁），对选定的职业进行尝试，变换工作，到逐步稳定;

（4）维持阶段（45~64岁），劳动者在工作中已经取得了一定的成绩，维持现状，提升自己的社会地位;

（5）衰退阶段（60岁以后），职业生涯接近尾声或退出工作领域。

（二）职业生涯规划的步骤

设计职业生涯规划的基本步骤包括：职业机会评估；职业生涯目标确定；制订行动计划；行动计划的实施、评估与调整。

（三）职业生涯规划的撰写

职业生涯规划书是对职业生涯规划的书面化呈现。它不仅能呈现大学生的宏观职业规划，还能对具体的学习和工作起到指导和鞭策作用。大学生职业生涯规划书格式多样，常见的有表格式、条列式、复合式和论文式。复合式（表1-15）是表格式与条列式的综合。

表 1-15　职业规划设计作品模板

微课：

设计职业生涯
规划

第一部分"知己"——认识自我
结合相关的人才测评报告对自己进行全方位、多角度的分析。
1. 职业兴趣喜欢做什么
在我的人才素质测评报告中，职业兴趣前三项是××型（×分）、××型（×分）和××型（×分）。我的具体情况是……
2. 职业能力能够干什么
我的人才素质测评报告结果显示，××能力得分较高（×分），××能力得分较低（×分）。我的具体情况是……
3. 职业性格适合干什么
我的人才素质测评报告结果显示……我的具体情况是……
4. 职业价值观最看重什么
我的人才素质测评报告结果显示前三项是××取向（×分）、××取向（×分）和××取向（×分）。我的具体情况是……
5. 自我分析小结
第二部分"知彼"——环境分析
参考人才素质测评报告建议，我对影响职业选择的相关外部环境进行了较为系统的分析。
1. 家庭环境分析
经济状况、家庭期望、家族文化等对本人的影响。
2. 学校环境分析
学校特色、专业学习、实践经验等。
3. 社会环境分析
就业形势、就业政策、竞争对手等。
4. 职业环境分析
（1）行业分析：××行业现状及发展趋势，人业匹配情况。
（2）职业分析：××职业的工作内容、工作要求、发展前景、人岗匹配分析。
（3）单位分析：××单位的发展前景、组织机构等。
（4）地域分析：工作单位所在城市的文化特点、气候水土、人际关系等。
5. 职业生涯条件分析小结

续表

第三部分"决策"——目标确定
1. 职业目标的确定
综合第一部分（自我分析）及第二部分（职业生涯条件分析）的主要内容，运用职业生涯决策平衡表确定职业目标。
（1）结论：职业目标，将来从事（××行业的）××职业。
（2）职业发展策略：进入××类型的组织（到××地区发展）。
（3）职业发展路径：走专家路线（管理路线等）。
2. 对本人职业定位进行SWOT分析
3. 确定行动计划
第四部分"行动"——目标细化
把职业目标分成三个规划期，即近期规划、中期规划和长期规划，并对各个规划期及其要实现的目标进行分解。具体路径为××员—初级××—中级××—高级××。
第五部分"调整"——评估修正
职业生涯规划是一个动态的过程，必须根据实施结果的情况以及变化情况进行及时地评估与修正。
1. 评估的内容
（1）职业目标评估：是否需要重新选择职业？（假如一直……那么我将……）
（2）职业路径评估：是否需要调整发展方向？（当出现……的时候，我就……）
（3）实施策略评估：是否需要改变行动策略？（如果……我就……）
（4）其他因素评估：身体、家庭、经济状况以及机遇、意外情况的及时评估。
2. 评估的时间
在一般情况下，定期（半年或一年）进行评估规划。当出现特殊情况时，要随时评估并进行相应的调整。
3. 规划调整的原则
因时而动、随机应变。
结束语

二、职业生涯规划的调整

职业生涯规划的调整，就是为了保持职业生涯规划的有效性，在实施职业规划过程中，不断进行评估、反馈、修正的过程。

评估与反馈是指在实现职业生涯目标的过程中，根据实际情况自觉地总结经验和教训，修正对自我的认知，确定最终职业目标。在职业发展的过程中，往往需要不断对职业发展计划进行调整。这种调整可能是调整具体的行动计划，也可能是对职业发展路线的调整，甚至是对职业目标的调整。修订的内容主要包括：职业的重新选择，生涯路线的选择、人生目标的修正、实施措施与计划的变更等等。

（一）评估的程序

1. 重温生涯目标

（1）保证经常回顾你的构想和行动规划，有的人虽有计划，但总不将计划放在心上。只要有事做，就不知道自己努力的方向在哪里，经常忘记自己的规划。

（2）把你的构想和任务方案存入电脑文件，或贴在床头等可经常看见的地方，时刻提醒自己。

（3）当你作出一个对生活和工作极其重要的决定时，请考虑一下你的构想和行动规划，并确保你正在仔细考虑的决策与你的本意相符。

（4）常常问一问：你正在做的是最想做的事吗？你真的适合做这个职业吗？你能如期完成既定目标吗？是否将重心放在了最重要的地方？

2. 分析当前的实际情况与当初目标的吻合状态

（1）确定精确的位置，判断实际行为效果与期望值的偏差。

（2）探究导致失败的根本原因。

3. 检查结果，修正完善目标

（1）采取及时、适当的纠正措施。

（2）调整策略，改变行动。

经常自省是必要的，过程监督也十分重要。保证至少每三个月检查一次你的工作进度。有意识地回顾得失，检查验证前期战略措施执行效果，可以有针对性地提出解决方案，纠正分阶段目标中出现的偏差。

（二）反馈要点

反馈可以参照各类短期、中期预定目标和实际结果进行。一般来说，任何形式的评估都可以归结为自我素质和现实环境的适应性判断，分析自己现状，特别是针对变化的环境，找出偏差所在，并作出修正。

1. 抓住最重要的内容

2. 分离出最新的需求

针对变化了的内外环境，要善于发掘最新的趋势和影响。我们要"跟上形势"，根据新的变化和需求，确定怎样的策略才是最有效而且最有智慧的。

3. 找到突破方向

有时候，在某一点上取得突破性的进展将使整个局面发生意想不到的改变。想一想，先前规划中的策略方案，哪一条对于目标的达成应该有突破性的影响？这个目标达到了吗？为什么没达到？如何寻求新的突破？

4. 关注最弱点

管理学中有个著名的木桶理论，即一只沿口不齐的木桶，其容量的大小，不取决于最长的那块木板，而取决于最短的那块木板。在反馈评估过程中，当然要肯定自己取得的成绩与长处，但更重要的是根据变化的环境，发现自己的素质与策略的"短木板"，然后想办法修正，或者把这块短木板换掉，或者接补。唯有如此，你的职业生涯才能有更大的"容量"。

一般来说，短木板可能存在于下列方面：

（1）观念差距

观念陈旧往往会造成策略的失误，导致行动失败。

（2）知识差距

按照实施策略所积累的知识仍然不够？还是学错方向了？

（3）能力差距

环境在变化，对人的能力的要求也是不断变化的。前一阶段你通过种种努力提高了某些能力，现在可能又会出现新差距。另外，前一阶段是否坚持按计划措施来提高能力？提高了多少？遇到过什么困难？这对后一阶段都有重要的启发。

（4）心理素质差距

很多时候，我们没有取得预期的进步，并不是规划得不够好，或者措施不够得当，而是心理素质不够。一个人职业生涯的发展，最先关注的是心理素质的成长过程。

（三）修正内容

接下来就要根据反馈的结果进行目标和策略方案的修订。修订的内容包括：职业的重新选择、职业生涯路线的选择、阶段目标的修正，实施措施与行动计划的变更等。通过反馈评估和修正，应该达到下列目的：

1. 对自己的强项充满自信（我知道我的强项是什么）；

2. 对自己的发展机会有清晰的认知（我知道自己什么地方还有待改进）；

3. 找出关键的有待改进之处；

4. 为这些有待改进之处制订详细的行为改变计划；

5. 以合适的方式答复那些给予反馈的人，并表示感谢；

6. 实施你的行动计划，确保你能取得显著的进步和成就。

总之，职业生涯规划是一个持续动态的过程，有效的职业生涯规划需要不断地修正职业生涯目标，反省策略方案是否恰当，是否能适应环境的改变，同时可以作为下一轮规划的参考依据。

行动：设计和调整自己的职业生涯规划

活动一：职业生涯人物访谈

一、活动目标

生涯人物访谈是帮助大学生在校期间开展职业探索，完成职业生涯规划的重要环节和途径，目的在于使大学生更多地了解和认识职业需要、职业环境。

二、活动要求

1. 访谈对象：

（1）访谈相关单位人力资源部门负责人或者相关工作人员；

（2）访谈目前从事你规划职业的工作人员；

（3）访谈学校就业创业指导老师或在某一领域内工作了两三年的校友。

2. 访谈问题：

（1）你认为从事这项工作需要具备哪些职业素质和职业技能？

（2）你对应聘这一岗位的应届大学生有哪些具体要求？

（3）在从业过程中，可能遇到的困难和问题有哪些？

（4）你对大学生职业规划有何建议？

三、总结和讨论

撰写"职业访谈报告"并与其他同学交流。

活动二：设计你的职业生涯规划

一、活动目的

通过撰写职业生涯规划书，加深对自己的职业兴趣、自我认知、职业环境与发展前景的认识，学会综合考虑资源的利用、时间的分配、人职匹配、职业发展，学会寻求专业老师、辅导员或职业指导师的帮助。

二、活动要求

按照"职业规划设计作品模板"，独立完成自己的职业生涯规划书，计划书中要体现确定目标的SMART原则、个人情况的SWOT分析、职业发展路线图等过程性证据。

反思：怎样提升职业规划意识与能力

一、自我评估

展示自己的职业生涯人物访谈结果：

1. 访谈的对象选择是否恰当，是否有借鉴意义？

2. 访谈的内容是否准确、具体，具有针对性？

3. 访谈后自己的收获是否实在，是否符合预期或有较大的价值？

二、反思提高

对自己撰写的职业生涯规划书，进行评估与调整：

1. 职业机会的评估是否全面、客观？

2. 职业生涯决策是否科学、合理，符合自身实际，具有可行性？

3. 职业生涯行动计划是否得到顺利实施，是否根据实际变化进行了动态调整？

/阅读清单/

[1] 布兰德.一生的计划：如何卓有成效地树立目标和制定计划［M］.理子，罗鲲，译.北京：新华出版社，2003.

导读：在这本充满活力的书里，你将有机会发现成功的秘诀。本书作者格莱恩·布兰德，在5年之内一手创建了美国最大的保险销售组织——美国联合财务集团，从而被视作美国保险界的传奇式人物。本书记录了布兰德成功的方法和经验，这个在世界上真正做到了这一切的人将告诉你：只要卓有成效地树立目标和制定计划，你也能获得成功。

这本书不仅传授目标设定和计划制定的技巧，还阐述了成功是一种平衡的状态的理念。因为作者是"做到了这一切的人"，他对读者的疑虑、胆怯、软弱、不自信等有亲身体会，所以，他所设计的方法十分人性化，具有操作性强的特点。本书能长期得到读者推崇的根本原因在于作者所阐述的成功原则不是作者发明的，而是作者从亲身经历的事件背后所发现的。作者认为：成功的方法和技巧会变，但成功的原则决不改变。真正成功了的人都是发现并遵循了自有人类以来就存在的普遍性的成功原则。正是这种基于对天道的追问，赋予了本书的深度，并经得起时间的检验。

[2] 徐小平.图穷对话录：人生可以再设计［M］.长沙：湖南文艺出版社，2012.

导读：这本书是"真格"天使投资基金创始人徐小平于2002年时写的，此时作者在新东方从事留学咨询与职业规划工作，工作期间作者遇到无数处于人生迷茫期的年轻人。作者通过辅导留学、读研技巧，职业规划等方式，指导这些年轻人走出困境，重新开始新的工作和生活。作者以这些人的案例为原型，写作了《图穷对话录：人生可以再设计》这本书。

这是一本人生指导书，为处在迷茫中的人们提供指导。在书中，徐老师像一个会"化骨绵掌"的高手，一扫来访者的自卑沮丧，调转他们的人生方向，帮助他们直接找到失败的病灶，对症下药，告诉他们下步应该怎么走。

[3] 程社明.你的船你的海——职业生涯规划（经典修订版）.北京：企业管理出版社，2023.

导读：人生是海，职业是船。当我们离开学校开始工作，我们就开始驾驶自己人生的船，谁不想做一个成功的船长？问题是：如何能做到？是否必须经历数百次的失败挫折、离散孤寂才能学会？也许等到学会的那一天，才发觉已经时过境迁，人生已不可逆转。做一个成功船长的学问，学校里没有教授，在工作中也没有传播。现有的渠道就是从体验中学习、借鉴他人走过的路。程社明老师在自己走过的人生路程中，不断地总结和提炼，并将那些可贵的经验元素注入他对职业生涯学问的研究上，这些人生精华是可行有效的、经得起考验的。书中大量的经验分享至为宝贵，证明他说的都是言之有物的真言。

该书的内容适合在校大学生、大学毕业生、刚开始工作的人、管理层以至企业领导者，特别是那些刚开始工作，想尽快被工作团队接受、被企业领导赏识、在工作中凭表现脱颖而出的朋友们，书里的"10条重要职场观念"和"12种有效的工作方法"就是非常难得的化繁杂为精简的成功秘诀。

第二篇
自我提高与职业发展力

　　青年强，则国家强。当代中国青年生逢其时，施展才干的舞台无比广阔，实现梦想的前景无比光明。全党要把青年工作作为战略性工作来抓，用党的科学理论武装青年，用党的初心使命感召青年，做青年朋友的知心人、青年工作的热心人、青年群众的引路人。广大青年要坚定不移听党话、跟党走，怀抱梦想又脚踏实地，敢想敢为又善作善成，立志做有理想、敢担当、能吃苦、肯奋斗的新时代好青年，让青春在全面建设社会主义现代化国家的火热实践中绽放绚丽之花。

——党的二十大报告

模块四

学习管理：能力比知识更重要

　　职业核心能力所包含的"自我提高""信息处理""创新创造"可归纳为"职业方法能力"。其中"自我提高"主要指在自主学习、时间效率管理、心理调适活动要素中，能根据职业和个人发展的需要，自主确定学习目标和计划，灵活运用各种有效的学习方法，不断提高自我综合素质；能有效利用时间，完成工作计划，提高工作效率；能在自我认知、情绪调控、压力平衡、意志力和社会交往中调适心理，管理情绪，平衡压力，提高工作和生活的幸福度。

　　可以说，在未来，我们无论是进入高等院校深造，还是在职场接受继续教育，自我学习、自主提高都是最基本的学习形态，也是我们获得职业竞争力，适应职业发展必需的常态。本质上讲，人一生的学习主要是自我学习、自我提高的过程。

"学习管理"能力要求：

1. 能明确学习动机和学习目标，充分认识自主学习的意义。
2. 能制订学习计划，明确列出行动要点，规定期限。
3. 能使用适合自己的方法学习，用碎片化学习方法时能系统整合学习成果。
4. 能选择与学习内容相适应的方法学习，运用现代网络媒体技术学习。
5. 能自我评估学习内容，循序渐进。
6. 通过行动要点的审核或考试，能自述实现的目标，展示自己的学习过程和学习成果。
7. 能了解自己的学习优势，分析影响学习效果的原因，能反思自我，自述自己的学习方法和成功经验，能提出进一步改进和提高的设想。

本模块训练重点：

1. 学会明确学习目标，培养学习兴趣。
2. 学会整合学习资源，进行创新学习。
3. 学会选择实现途径，掌握学习方法。

案例示范：兰特的长期学习计划

　　兰特中学毕业时，他的父亲就发现他具有特殊的商业天赋：机敏果敢，敢于创新。但兰特缺乏社会阅历，尤其缺乏知识。父亲与他长谈了一次，并和他一起制订了一个能帮助兰特成为商界精英的长期学习计划。这个计划将兰特的学习生涯分为四个阶段。

第一阶段：攻读理工科学士

通过在大学攻读最基础的机械制造专业，兰特具备了做商贸必备的专业知识，了解了产品性能、生产制造情况，培养了知识技能，建立了一套严谨的逻辑思维体系，还形成了脚踏实地的工作态度。

在这四年中，兰特还广泛选修了其他专业课程，如化学、建筑、电子等。这些知识为他后来的商业活动创造了难以估量的价值。

第二阶段：攻读经济学硕士

通过3年经济学专业的学习，他了解了影响商业活动的众多因素，懂得了商业的社会地位和作用，掌握了经济学的基本知识。在这3年硕士生涯中，他还认真学习了经济法，并将主要精力放在管理知识的学习上。

第三阶段：积累社会阅历

离开学校后，兰特并没有急着去经商，而是先做了5年政府的公务员。在环境的影响下，他树立起强烈的自我保护意识，并广泛结交各界人士，他善于利用人与人之间的关系来获得丰富的信息和便利条件。

第四阶段：掌握商情，熟悉业务

兰特辞去公务员的工作，应聘到了一家国际性的大公司。通过在公司两年的锻炼，他掌握了丰富的商务技巧，谢绝了公司的高薪挽留，自己开办了一家商贸公司，开始了梦寐以求的经商生涯。

兰特的四个学习阶段共用了14年的时间，每个阶段目标明确，任务具体。由于他在制订计划之前，对自己将来的发展目标定位准确，每个阶段的学习，都是以培养总的目标所需要具备的素质作为出发点，科学规划，合理安排。因此，当计划完成后，兰特已经具备了成功商人所应具备的所有条件。后来，他的公司经营得非常出色。他通过自己的努力，得到了自己想要的，实现了自己的价值。

（柯比著，金粒编译《学习力》，南方出版社，选取时有删改）

分析：从兰特的长期学习计划中，我们可以看到，通过制订长期的学习计划，自己每年、每月，甚至每天都有了可以遵循的行动轨道，这条轨道会激发你更加主动地去学习，实现自我价值，这也是我们的职业生涯规划中十分重要的内容——终身学习规划。

主题一　确定目标　拟定计划

问题：怎样做一个自主学习者？

放暑假了，紧张了一学期的同学们都准备好好放松一下自己，然而，叶秋却不这样想。叶秋出生于农村，他聪明好学，从小学到初中，学习成绩一直都很优秀，凭着优异的成绩，他考入了城里一所不错的高中。然而，由于农村教学条件的限制，他的英语成绩一直不好，尤其是到城里上学后，更感到自己的英语学起来非常吃力。于是，叶秋下决心要把自己的英语成绩赶上来。"现在放了暑假，正是可利用的大好时机"，叶秋想，"可我该从哪里入手呢？"

你是否也曾遇到过类似的情况？假如遇到这种情况，你该怎么办呢？

叶秋现在面临的就是一个"自学"的问题。自学，不同于有教师指导的学习，它要靠学习者自主安排自己的学习。离开了教师的指导，怎样才能获得满意的自学效果呢？这就是"叶秋们"所遇到的问题。要想获得满意的自学效果，你首先应当制订一个可行的自学计划；而在制订计划时，你必须明确以下问题：

——我的学习目标是什么？

——我要学习哪些内容？

——我如何分配学习时间？

——我应当采取哪些学习方法和措施？

马克思说："最蹩脚的建筑师从一开始就比最灵巧的蜜蜂高明的地方，是他在用蜂蜡建筑蜂房之前，就已经在头脑里把它建成了。"可见，确定明确的目标，并制订实现目标的具体计划，是做好任何工作的开端和基础。

通过本主题的学习和训练，你将能够：

1. 认识到自主学习的重要性，培养积极的学习态度。

2. 明确自主学习的目标，找准自己的发展方向。

3. 根据自学目标制订自学计划。

微课：

方向比努力更
重要

认知：确定目标 拟定计划

一、确定目标的价值

在现代社会，随着知识总量的迅速扩张，知识更新的加快，每个人一生中的知识量，只有10%左右是来自校园，而其余90%的知识是需要在工作、生活中通过自学获取的。个体的自主学习已成为现代社会职业生涯中一种生存的必备能力。在今天这个知识经济时代，要想在社会的竞争中，更加从容面对优胜劣汰的残酷现实，就必须不断学习，不断吸收新的知识和技术，不断发展自己的能力。

毛泽东同志曾经讲过一段意味深长的话：

我们队伍里边有种恐慌，不是经济恐慌，也不是政治恐慌，而是本领恐慌。过去学的本领只有一点点，今天用一些，明天用一些，渐渐告罄了。学习本领，这是我们许多干部所迫切需要的。

你现在有没有毛泽东主席所说的"本领恐慌"？从学校走向职场，你的本领是否适应用人单位的需要？你是否需要掌握新的本领？是否需要提升自己的学习能力，快速高效地获得竞争的本领、成功的本领？在我们的诸多能力中，自主学习的能力则是第一能力，是制胜的法宝，是未来社会发展中最具价值的能力。

目标是行动的航标，行动如果没有目标，就如同航海时没有灯塔，很容易迷失方向。确定明确的行动目标是行动获得成功的重要前提，没有明确的学习目标，就不会有好的学习效果。

所谓学习目标，是指"学习中学习者预期达到的学习结果和标准"。有了明确的学习目标，你就会精力集中，始终处于一种主动进取的积极状态，充分发挥主观能动作用，精神饱满地投入到学习中去。实践证明，学习目标具有导向、启动、激励、凝聚、调控、制约等心理作用。目标越鲜明、越具体，越有益于成功。正如高尔基所说："一个人追求的目标越高，他的才能就发展得越快，对社会就越有益"。

案例

比赛尔人凭借什么走出了沙漠？

比赛尔是西撒哈拉沙漠中的一颗明珠，每年有数以万计的旅游者来到这儿。可是，在肯·莱文1926年发现它之前，这里还是一个封闭而落后的地方。这里生活的人没有一个走出过大漠，据说不是他们不愿离开这块贫瘠的土地，而是尝试过很多次都没有走出去。

肯·莱文当然不相信这种说法。他用手语问人们原因，结果每个人的回答都一样：无论向哪个方向走，最后都还是转回出发的地方。

比赛尔人为什么走不出来呢？肯·莱文非常纳闷，最后他只得雇了一个叫阿古特尔的比赛尔人，让他带路，看看到底是为什么。他们带了半个月的水，牵了两头骆驼，肯·莱文收起指南针等现代设备，只拄一根木棍跟在后面。

10天过去了，他们走了大约800英里的路程，第11天的早晨，他们果然又回到了比赛尔。这一次肯·莱文终于明白了，比赛尔人之所以走不出大漠，是因为他们根本就不认识北斗星。

在一望无际的沙漠里，一个人如果只凭着感觉往前走，他会走出许多大小不一的圆圈，最后的足迹十有八九是一把卷尺的形状。比赛尔村处在浩瀚的沙漠中间，方圆上千里没有一点参照物，若不认识北斗星又没有指南针，想走出沙漠，确实是不可能的。

肯·莱文在离开比赛尔时，告诉阿古特尔，只要你白天休息，夜晚朝着北面那颗星走，就能走出沙漠。阿古特尔照着去做，三天之后果然来到了大漠的边缘。阿古特尔因此成为比赛尔的开拓者，他的铜像被竖在小城的中央。铜像的底座上刻着一行字：新生活是从选定方向开始的。

目标是行动的向导，有了明确的行动目标，才能克服盲目性，增强自觉性，从而取得良好的行动效果。在人生道路上，无论一个人现在年龄有多大，他真正的人生之旅是从设定目标的那一天开始的，以前的日子只不过是在绕圈子而已。为了求得生存，获得成功，我们必须在杂乱无章中建立秩序，确定一个目标。如果没有目标，就只能在人生的旅途上徘徊，永远到不了目的地。对一艘没有航向的船来说，任何方向的风都是多余的；对于没有目标的人而言，任何行动都是多余的。

生命的悲剧不在于目标没有达成，而在于没有目标可以达成！

二、如何确定自学目标

（一）明确确定自学目标的依据

自学是一种自主学习行为，它不同于教师指导下的学校学习。学校学习是按照学校统一的教学计划进行的，其学习目标根据学校的培养目标而确定，是既定的，而学习活动又有教师的指导，因而学生在一定程度上显得有些被动。自学则完全是学习者的自主学习，其学习目标要由自己来确定。那么我们要根据什么来确定自己的自学目标呢？那就是"需要"，即工作或生活的实际需要。如"叶秋"要利用假期提高英语学习成绩，自学英语，就要根据他英语成绩的实际情况来确定。

（二）掌握确定自学目标的原则

自学目标的确定，要考虑较多的因素并遵循一定的原则。确定自学目标与确定职业生涯目标一样，都应符合SMART原则，即目标的明确性（Specification）、可测量性（Measurable）、可实现性（Achievable）、相关性（Relevant）、时限性（Time-Bound）。如图2-1所示。

微课：

目标管理的
SMART原则

图 2-1　自学目标的设定原则示意图

1. 明确性

自学目标要做到明确具体，就要将目标细化，把学习的总目标层层分解成多级分目标，明确描述出每一个自学目标所需要完成的任务。

2. 可测量性

自学目标要有定量的数据，如学习数量的多少、学习质量的高低（达到什么水平或胜任什么工作任务）、学习时间的长短等，以使目标可以被测量（如完成什么任务、获得什么样的证书等）。

3. 可实现性

首先，自学目标必须是合理的，是在个人可控制的范围内；其次，目标必须是要经过一定的努力才可以实现的。因此，自学目标的确定一定要综合考虑各方面的因素，既要考虑主观因素，分析自身的条件；又要考虑客观因素，分析实际情况，这样才能确定出具有可行性的自学目标。

4. 相关性

确定自学目标时应当充分考虑该目标与其他相关目标的相互关系，不可顾此失彼。因为在一定时期内，要实现的自学目标可能不止一个，而这些目标之间往往又存在某种联系。因此，在确定一个自学目标时，还应当考虑它与其他相关目标的联系。

5. 时限性

自学目标的确定必须有明确的时间观念，合理分配时间、科学利用时间、规定明确时间期限都是尤为重要的。

案例

叶秋怎样确定自己的自学目标？

"从哪里入手呢？"叶秋想，"我应该首先确定自己具体的学习目标"。因为英语知识要学的有许多，哪些该学，哪些可不学？哪些必须先学，哪些可以以后再学？这些都是他必须首先解决的问题。那么叶秋到底应该怎么做呢？

叶秋首先应该做的就是按照目标确定的基本原则，确定自己的自学目标（图2-2）。

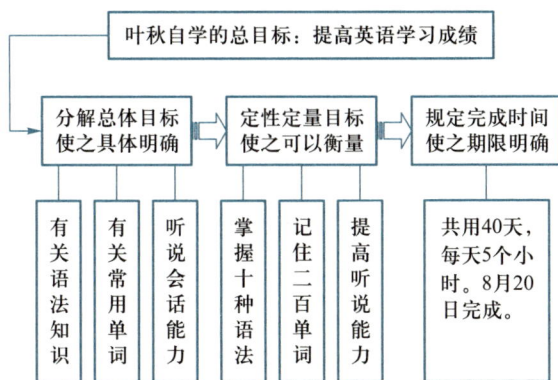

图 2-2 叶秋自学目标

这个例子表明，确定自学目标有两个要点：一是要以实际需要为依据；二是要掌握目标确定的基本原则。

当我们选定了一个明确的目标之后，我们的时间、精力、才能、智慧和优势，统统都会被集中到这个目标上。目标本身无形中形成了一种聚焦作用。这种聚焦效应类似于一面放大镜，将散射的阳光聚焦，使焦点之下的物体燃烧。人的目标意识也可以产生这么一种效应，使人的聪明才智发出光和热。

当一个人将自己的各种优势集中于某个特定的目标时，他就渴望在这个目标上作出惊人的成绩，获得巨大的效益。大多数的失败，往往就在于目标不明确，或工作分散、四处用力。

此外，我们现实的生活环境，有太多的事情需要我们去做，外界的烦扰常常让我们无法全神贯注地做一件事，而我们的专心致志的能力，可以防止与所专注的问题无关的刺激分散注意力。

三、如何明确自学计划

（一）计划的重要性

学习的计划性是人的主体性、意识性的体现。构建高楼大厦要有蓝图，学习计划便是实现学习目标的蓝图。具体讲，学习计划对于学习主要有以下四方面的作用：

1. 把学习任务分解量化，使每周、每日、每时都有压力、有动力，使学习目标更加明确具体。明确具体的目标可以调动起学习者的潜能和积极性，使之保持旺盛的学习精力，从而保证学习目标的顺利实现。

2. 学习计划的制订是学习者的一种自主行为，长期坚持形成习惯，就能培养一种很强的自我管理能力，使学习者成为一个主动的、自律的人，从而使学习由被动变为主动。

3. 学习计划的制订要考虑方方面面的关系，这有利于学习者的全面协调发展，

微课：

如何制订计划

85

有利于养成良好的学习习惯，使学习自然而然地成为生活的必要组成部分，成为乐趣。

4. 有利于科学地分配时间和投入精力，提高学习效率和学习质量。

计划的重要性主要体现在以下三个方面：

1. 提高效率，减少资源浪费

如果我们的学习、工作缺乏计划性，那么我们就没有明确的目标及具体行为措施。容易造成工作拖拉、办事草率、缺乏灵活性且无法有效的运用时间，还会导致我们工作的失败。有了计划，每一步行动都很明确，就不会总是花费心思考虑下一步该做什么。

2. 明确行动的方向

没有计划，做起事情来就会像无头苍蝇一样，到处乱撞，不知道事情做到哪里了，不知道做了多少，不知道接下来该做什么，只是想到了什么就做什么，到头来一事无成。有了计划，就可以协调行动，增强工作的主动性，减少盲目性，使工作、学习有条不紊地进行。

3. 养成良好的学习习惯

心理学家告诉我们，一种习惯的养成，一般需要三周左右有规律地、持续地锻炼与培养。采用计划学习，计划的连续性短则一学期，长则一学年，只要我们在执行计划过程中的前21天内坚持按计划学习，一个良好的学习习惯就可能变为自觉行动。学习的积极性、主动性也会随之增强。

（二）制订计划的方法

学习计划如此重要，那么，怎样才能制订出一份好的自学计划呢？

自学计划的制订主要应考虑三方面的问题：一是计划的基本内容；二是计划的基本形式；三是计划制订的基本程序。

1. 自学计划的基本内容

一份计划，应当明确回答三个问题，即做什么？怎么做？何时做？这就相应地形成了计划的三大基本内容：任务、措施、步骤。人们把这三大内容称为计划的三要素。在自学计划中，这三要素就是：自学的具体任务、自学的措施方法、自学的时间安排。

（1）确定自学的具体任务。自学任务也就是自学的具体内容，它与自学目标有着密切的联系。可以说，自学任务就是自学目标的具体化。离开了具体的自学内容，自学的目标就会被架空。因此，制订自学计划，必须确定具体的自学内容。这样，才有助于自学目标的顺利实现。

（2）选择自学的措施方法。措施方法是自学任务得以顺利完成的重要保证。因此，制订自学计划，必须要有可行的措施方法，只有任务没有方法，任务也就成了一句空话，自学目标也就难以实现。

（3）安排自学的时间步骤。任何学习活动都要在一定的时间内开展，因此，制订自学计划，必须充分考虑时间因素，要科学地利用时间，合理地分配时间。这样，你的学习活动才能够有条不紊地开展。因此，时间的科学利用和合理分配，是自学任务得以顺利完成的重要因素。

2. 自学计划的基本形式

由于自学任务的多少和自学时间的长短不同，自学活动也有大小之分。与此相应的，自学计划也就有大小之分。大的如整个学习阶段或整年的自学计划，如徐特立制订的"十年读书计划"；小的如一天的自学安排、一篇文章的阅读、一道数学题的解答等。当然，还有一些介于二者之间的中型自学计划。因而，自学计划也就有了不同的形式，主要有如下三种：

（1）文本式。即把自学计划写成文章的形式。其内容包括：自学计划的名称（文章的标题）、制订计划的指导思想及总体目标、具体的自学任务与内容、时间的安排、自学的措施方法、自学具备的条件以及计划的检查与落实措施等等。制订这种计划，需要考虑较多的因素，因而也需要较长的时间。这是一种比较全面的计划，具有一定的指导性。这种形式的计划比较适合大的自学活动，比如年度或学期甚至更长时间的计划。

（2）条款式。即按照自学的具体任务，一条一条地罗列出来。这种计划以自学的任务为纲分条开列，每一条里都包括学习任务的量，完成的时间，注意事项等。这种计划形式简单明了，适用范围广，比较适合于中型的自学计划。

（3）表格式。即以表格的形式规定自学的任务和内容。一般把一天的时间分成若干段，比如上午、中午、下午，或者从几点到几点，然后规定每个时间单位的学习任务和内容。这种形式适合时间、内容都比较稳定的情况。它形式简单，一目了然，有助于形成良好的学习习惯。学校的课表就属于这种形式。

以上三种形式的计划都是基于文字形成的计划，事实上，在具体学习活动中，有些计划往往只在头脑中想想，并不形成文字，这种计划可称为"脑中决策式"，即在头脑中制订学习计划。这种形式的计划比较适合时间短暂而又非常具体的学习活动。

3. 制订自学计划的基本步骤

自学计划由于有大有小，所以制订的步骤也就不太一样，一般制订大计划的步骤较复杂一些，而制订小计划的步骤较简单一些。以制订较大的计划为例，一般分为以下几个步骤：

第一步：情况分析，包括你的理想与目标，你的长处与不足，对自己有利的条件和不利的条件等。这些情况是你制订学习计划的前提条件。

识别机会是计划的起点。为了使目标切合实际，在计划之前需要对外部环境和自身条件进行全面细致地分析，认清自己的优势和劣势，辨别可能出现的机会和威胁，从而明确要解决问题的原因及要达到的结果。只有对机会进行全面地识别，才能着手拟定正确的目标。

第二步：确定学习任务与内容，并进行时间安排，使两方面的情况相平衡，即任务量不能超出时间的可能性。

第三步：制订完成学习任务的条件、策略、方法和具体措施。

📖 微案例

叶秋的自学
计划

87

行动：学会制订学习目标和计划

活动一：帮李丽制订一份自我提高的计划

一、活动资料

李丽在一家大型的物流公司应聘到了总裁秘书的工作。刚进入公司，李丽感到非常兴奋，每一位同事都仪表得体、精神焕发，她和同事们的交流也很融洽。但一周以后，李丽的上司——总裁办主任找她进行了一次严肃的谈话，他说，李丽文字处理能力不错，工作也很认真，但欠缺对网络营销方面的知识，如果这种状况不能很快改善的话，她可能试用期都过不了。李丽听完主任的谈话后，顿时陷入了一片茫然之中。仔细想一想，她觉得这里工作环境不错，自己也很喜欢这份工作，应该竭尽全力提高自己，改善这种对自己不利的局面。

二、活动要求

请你帮助李丽走出困境：

帮助她确定学习的目标和具体任务；

帮助她制订一份行之有效的学习计划。

活动二：做自己职业规划中的学习目标蓝图

一、活动要求

请你从自己的发展"目标""能力""机会"三个维度，针对自己的实际，参考下图（图2-3）的提示，设计一下自己的学习目标。

二、参考图示

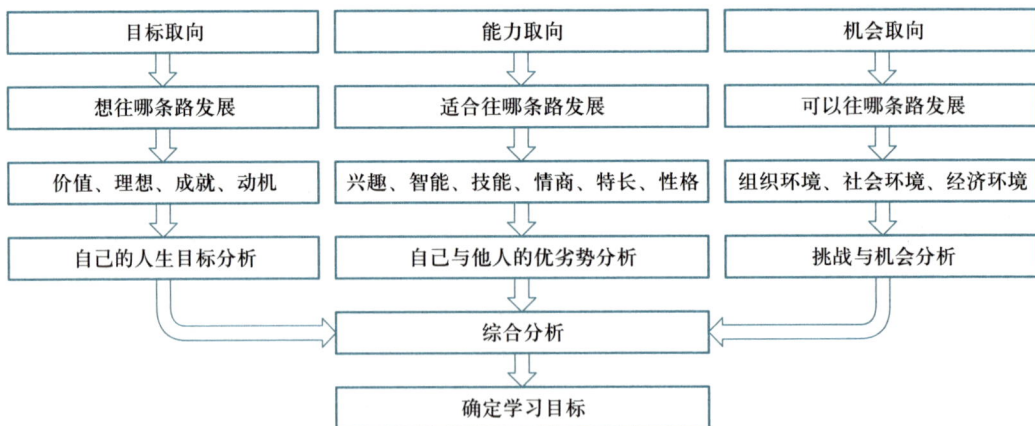

图 2-3　学习目标规划图

反思：我的学习目标是否明确

一、自我评估

学完了本主题内容，现在请你通过下面的问题检查一下自己，看看你是否掌握了明确学习目标的要点，是否培养了自己的学习兴趣。

如果你想通过书本阅读或网上学习来扩充自己的知识面，你应该怎么做？是否考虑过下列问题：

1. 我的学习动机是什么？

2. 我要实现什么样的学习目标？

3. 在实现学习目标的过程中，我需要注意哪些问题？

二、反思提高

（一）反思分析

在你自己的学习计划执行过程中，是否经常会遇到一些典型的学习障碍，你是否有过如下的行为？下次遇到同样类型的障碍，你将怎样对待，有没有办法克服？

1. 缺少时间或太忙。工作太忙，缺少时间，往往成为自己不按时落实任务的借口。

2. 好奇心减退或失去学习兴趣。随着年龄的增长，自己的好奇心可能逐渐减退，对学习失去兴趣，学习能力也可能随之下降，很多学习计划往往沦落成摆设而缺乏动力去执行。

3. 消极情绪影响。易受外界环境的影响，产生焦虑、悲哀、气馁、绝望或担忧等消极情绪，从而严重影响学习的效率，导致任务无法按时完成。例如，如果曾经参加过或经历过类似的学习过程，而且学习效果又不好，就很可能对本次的学习产生疑虑，导致无法按时落实学习任务。

4. 缺乏自信心。缺失自信心会导致自卑心理，从而对自己学习能力产生怀疑，甚至觉得自己根本没有能力实现学习目标，最终导致学习半途而废。

（二）思考方法

结合你目前的学习，反思你自己是否有明确的学习目标方向和阶段性的学习任务。

根据你以后的就业目标和发展方向，规划一个自己的学习计划，并思考怎样尽快实现自己的学习目标。

主题二　培养兴趣　创新学习

问题：怎样培养兴趣，进行创新性学习？

爱因斯坦有句名言："兴趣是最好的老师。"古人亦云："知之者不如好之者，好之者不如乐之者。"由此可以看出，兴趣是学习的"原动力"。

我国研究创造性学习的专家刘道玉说，在21世纪，过去以记忆为基础的学习方法，已不再适应创造性的学习需要了。

通过本主题的学习和训练，你将能够：

1. 培养积极的学习态度，增加学习动力，培养学习的兴趣。
2. 学会创新性学习，提高学习效率。

认知：培养学习兴趣，进行创新性学习

一、怎样培养自己的学习兴趣

留意一下周围的人，你可能会时常听到这样的疑问：我是想干点事，想有自己的事业，但对学习就是没有太大的兴趣，怎么办？

（一）学习的动机决定了学习的兴趣

目标是动机的具体表现，是由实际需要决定的，学习的兴趣来源于学习动机。人们的学习需要多种多样，美国教育心理学家奥苏贝尔认为，人的学习动机是为了满足三种需要：

1. 认知需要

奥苏贝尔称认知需要为"认知内驱力"，是指获得知识的欲望与动机，与通常所说的好奇心、求知欲大致同义。这种内驱力产生的原因，是学习者从求知活动本身得到满足，所以是一种内在的学习动机。由于有意义的学习结果就是对学习者的一种激励，所以奥苏贝尔认为，认知需要是"有意义学习中的一种最重要的动机"。

2. 自我提高需要

奥苏贝尔称自我提高需要为"自我提高内驱力"，是指学习者希望通过获得好成绩、取得好成就来提高自己在家庭乃至社会中的地位而产生的学习动机。学习者希望在家庭或者集体乃至社会中受到尊重，这种愿望可以推动学习者努力学习，争取好成

绩，取得成就，以赢得与其成绩相当的地位，从而获得成就感。自我提高内驱力强的学习者，所追求的不是知识本身，而是知识之外的地位满足感（受人敬重、有社会地位等），所以这是一种外在的学习动机。

3. 获得赞许需要

奥苏贝尔称获得赞许需要为"附属内驱力"，是指学习者为了获得上司、同事的赞许与认可而努力学习，从而获得派生地位的一种动机。这种动机既不是追求知识本身，也不是追求成就与地位，而是追求知识与成就以外的一种自尊与满足。他人的赞许不同于实实在在的成就与地位，但与成就和地位有一定的关系，因而被称为派生的地位。

每个人都可能具备上述三种不同的需要，但会因年龄、性别、文化、社会地位和人格特征等因素的不同而有所不同。仅就年龄而论，在童年时期，获得赞许的需要是获得良好学业成绩的主要动力；童年后期和少年期，获得赞许的需要降低，而且从追求家长认可转向追求同龄伙伴的认可；到了青年期和成人期，自我提高的需要则逐渐成为主要动力，特别是在个人的学术生涯和职业生涯中，自我提高的需要是一种可以长期起作用的强大动力。这是因为，与其他需要相比，这种需要包含更为强烈的情感因素：既有对伴随着成功而来的声名鹊起的期盼、渴望与激动，又有伴随着失败而来的地位、自尊丧失而来的焦虑、不安与恐惧。至于认知的需要，则贯穿于人的一生，无论是儿童、少年，还是青年、成人，"求知欲"始终是一种强大的学习内动力。

这三种动机需要，正是学习兴趣的内在来源，是学习前进的动力。形成和发现自己的学习动机，自然会促进自己学习兴趣的养成。

（二）学习兴趣培养的几个阶段

兴趣不是天生的特质，而是环境的产物，是由动机激发形成的心理表现。兴趣是培养起来的，兴趣的形成和培养一般要经历"有趣——乐趣——志趣"三个过程，或"情景兴趣——稳定兴趣——志向兴趣"三个层次。

案例

"粥天粥地"的成功

在上海书画界和餐饮业同时具有知名度的人恐怕不多，上海"粥天粥地"美食有限公司的总经理史湧华算一个。除了文化人、商人的标签之外，史湧华更是一名退役军人。1987年，史湧华从部队退伍，来到房地产部门工作，工作稳定，收入可观，但不久后，他就被当时悄然兴起的"下海潮"所吸引。他将创业目标锁定在了他所感兴趣的餐饮领域，同时，由于他本人长期从事文化工作，一直对书画等艺术作品情有独钟，于是他创新性地将粥文化和书画艺术相结合，使得粥店充满着高雅的文化气息。也正是因为这一举措，让"粥天粥地"这一餐饮品牌一炮而红，如今已开出多家连锁店。

很显然，史湧华最早的兴趣在于书画的学习和创作，而餐饮领域的创业、粥文化的学习和发展，是他后来产生的兴趣。

（三）怎样培养和提升自己的学习兴趣

1. 自寻学习乐趣

一般来说，睁开眼睛、打开耳朵就是在接收信息，我们有方向、有目标，系统专注地吸收信息，逐步加深理解和运用，就构成了我们平常所说的学习。

学习也许是人的本能，一般层面的了解性学习，没有压力，不会完全无趣。但是，锁定自己的理想目标后，要想学好，学深入，学扎实，特别是吸收抽象的理论知识信息，就不可避免地会碰到困难，甚至会有痛苦，古人讲的"学海无涯苦作舟""悬梁刺股"等等，讲的都是在困难或是痛苦的境况中怎样学习。

遇到困难的情况，我们可以通过以下方法进行自我激励，增强自己的学习兴趣：

（1）在学习前激励自己，连说几遍类似"我喜爱学习××技术，××技术奇妙无比"等话语，给自己一种积极的学习暗示。

（2）在不想学、不感兴趣时，回忆自己学习上的优点，增强自信。例如"我的思路是正确的""我对知识的理解能力是比较强的""我的记忆力是好的""我曾是班上的最强大脑"等等，避免沉浸在自己的缺点中，从而丧失自信，时刻积极地暗示自己，提升学习信心。

（3）加大精力投入，争取好的收获，不断体验成功喜悦。在学习中，多作过程小结，体验阶段收获，尽可能多使自己获得成功的愉悦，不断增强自己对学习的兴趣，提升学习效果。

2. 培养好奇心

学习兴趣就是在不断地探究之中变得越来越浓厚的。因此，平时要留心观察一切事物，多问问自己"为什么"，并且经常与职场前辈、同事、专家一起讨论研究学习中的问题，感受知识的魅力。学业上的长进往往是循着"好奇—有疑—思考—释疑—有所得—产生兴趣"的轨迹发展的。

3. 把学习兴趣与理想和奋斗目标结合起来

学习兴趣要想保持持久的动力和永恒的活力，就需要把兴趣之花深深扎根于理想的土地之中。一方面要让自己的理想中有明确的近期目标，从而脚踏实地地完成目前各项学习任务；另一方面要使自己的理想具有远大目标，从而执着地追求人生的理想未来。这样你的学习兴趣就会越来越浓，进而发展成为你的志趣，实现从"苦学"到"乐学"的转变。

其实，我们从一些成功人士的案例中可以看到，有些人开始从事某项事情往往是兴趣使然，而一旦学习兴趣产生了，就会不由自主地产生动力，不断发展，从"有趣"开始，产生"兴趣"，稳定"兴趣"，最后成为自己的"志趣"。

二、怎样进行创造性学习

下面是一个富有挑战性的经典趣味问题，它会带给你思考的乐趣，请你好好享受一下吧！

两位俄罗斯数学家在飞机上相遇。

"如果我没记错的话，你有3个儿子。"伊凡说，"他们现在多大了？"

"他们年龄的乘积是36，"艾格说，"他们年龄的和恰是今天的日期。"

"对不起，艾格，"一分钟后，伊凡开口道，"你并没有告诉我你儿子的年龄。"

"哦，忘记告诉你了，我的儿子是红头发的。"

"啊，那就很清楚了，"伊凡说，"我现在知道你的3个儿子各是多大了。"

伊凡是怎么知道他们的年龄的？

你可能会一眼看出答案，也可能苦思冥想数日也毫无结果。其实，对这个问题而言，你能否找到答案并不重要。重要的是，你能否充分发挥自己的创造力，寻求到解决问题的种种方案。

在学习过程中的创新学习，不是单纯吸收已有的知识、文化，而是更注重培养创新精神、创新能力。如果我们改变了旧有的学习模式，掌握创造性学习的一些策略，就会使学习更加卓有成效，就会在创造性的培养上大见功效。

人们总结的创新学习主要有四种方式。

（一）问题学习

调查发现，90%的5岁孩子都有创造性，而到了20岁以上只有5%的人有创造性，为什么会出现受教育程度越高而创造性越差的现象呢？众所周知，小孩子喜爱提问，对周边一切都充满了永不衰竭的好奇心，成年人则不会如此，所以小孩比成人更具有创造精神。有的学校在教育中用"标准答案"束缚人，使学生变得不敢提问题、不愿提问题、不会提问题，严重扼杀了青少年的创造性。其实，提出问题，预示着新的发现、新的突破。没有提出问题，就永远不可能解决问题。

问题学习，不仅指提出问题，还包括解决问题。解决问题，能够很好地锻炼思维能力、创造能力。同时，通过解决问题的学习，还能激发人思维创新的积极性，学习者就会养成勤动脑、爱动脑的良好习惯。

（二）批判学习

批判思维是创造性思维的重要组成部分。进行批判学习，能够很好地发展批判能力，培养独立思考能力。批判学习不是把东西塞进你的脑袋中，而是让你的脑袋长在自己的肩膀上，自有主见。读书时，既要吸收，又要批判，绝不囫囵吞枣，死记硬背。古人云，"尽信书，则不如无书"。知识可以使人眼界开阔，变得博学。可是，倘若迷信书本知识，也许越"博学"，对自己的束缚也就越多。所以在学习过程中，我们要学会在批判中创新。

出20道题，学生能答出10题，且其中有富有见解的答案，可以打100分；20题都答对了，但是全部平平淡淡没有创见的给50分、60分。进行批判学习，发展批判思维，就可以避免现有知识带来的负面影响，使自己不受束缚、视野开阔，容易发现问题，产生富有新意的创造。

（三）探究学习

所谓探究学习，是从学科领域或现实社会中选择和确定研究主题，通过个体自主、独立地发现问题，通过实验、操作、调查、信息搜集与处理，表达与交流等，获取知识、技能，发展情感、树立态度，培养探索富有创新能力的学习方式和学习过程。人们总以为研究必须要经过十几年漫长的学习才能做到，甚至认为要两鬓斑白、学富五车的人才能干好研究。可实际上，几岁的孩子也有研究能力，在一项调查中，调查者发现小学生也能进行探究式学习——十岁的小学生竟然有胆量去研究《中国的昨天与今天》《我怎样看人类文化》之类的大课题，每个课题都能用计算机作出几十页的小册子，还能够熟练地在图书馆利用计算机和微胶片系统查找他所需要的各种文字和图像资料……从决定题目，到搜集资料，再到研究写作，从始至终都处于独立研究状态。

事实上，在这种独立研究过程中，可以很好地培养创造精神、创造能力。如果从小就展开创造性学习教育，将有利于创新能力的培养。

（四）自主学习

自主学习，概括地说，就是"自我导向、自我激励、自我监控"地学习，这是创造性学习的重要形式。自主学习能力是一种综合性极强的能力，它包括独立阅读能力、独立思考能力、自我组织能力、自我监督能力，体现出高度的主体精神、自主精神、自强精神。而这些都是创新所需要的，与创新有着内在的联系。

很多富有创新性的科学家，并非通过在学校学习而有所成就，他们有的是通过自主学习而成功的。例如，被斥为笨蛋而赶出学校的爱迪生；首次报考大学就名落孙山的科学巨人爱因斯坦等等。哈佛大学广为流传的案例教学法，实质上是案例学习，案例不是由老师来剖析、讲解，而是由学生自己去分析、讨论。这种独立作业、独立思考的自学方式，对哈佛学子的创造力培养有极大的帮助。

自主学习是一种很能锻炼人、提高人创造力的学习方式，要提高你的创造力，进行创造性学习，那就要重视、学会自主学习，善于自主学习。

行动：激发学习兴趣，进行创新性学习

活动一：帮助迷茫的小李

一、活动背景

小李是网络公司的信息编辑，但他的理想是做编程类的工作，只可惜他对程序语言一知半解。近来，他对编程的兴趣越来越浓，于是他暗下决心，准备明年接受一些正规的程序语言训练，然后去做一个程序员。

虽然他经常暗中鼓励自己，但又不知道到底如何一步步地去实现这个目标。因而，近来他觉得非常迷茫。

请帮助小李走出困境。

二、活动提示

1. 小李的优势是什么？可以从他的兴趣、专业背景及现实条件等方面去分析。

2. 可以找程序员同事去了解程序员应该具备的条件和能力，并听听他们对小李职业选择的意见。

3. 小李应该做一个多长时间的计划比较合适？请根据"SMART"原则帮助小李做一个阶段学习计划。

活动二：请你来断案

一、活动资料

该故事选自冯梦龙《智囊》中西汉孙宝断案一则。案情如下：有一天，一个卖油炸馓子的小贩在城里被一个农民撞了一下。馓子掉在地上，全都摔碎了。农民认赔50个馓子的钱，可小贩坚持说总共有300个。馓子全碎了，已不可能再数清究竟有多少个。两个人相持不下，围观者也束手无策，孙宝听说这件事后迅速解决了。假设这个案子交给你来处理，你会如何解决？

二、活动提示

1. 计算馓子的数量，除了数数，还有其他方式吗？

2. 试着运用辨异求同的方法想一想。

反思：是否增强了学习动力，学会创新学习

一、自我评估：计划管理能力自测

1. 情景描述

在企业中，计划管理能力是指管理者为确定未来目标以及为实现目标而采取的执行方式和方法的能力。请通过下列问题对自己的该项能力进行测试。

（1）你通常以怎样的方式做事？

A. 制订计划并按计划行事

B. 依据事情的先后顺序

C. 想起一件就做一件

（2）在制订计划前你通常首先做的工作是什么？

A. 确定目标　　　　　　B. 认清现在　　　　　　C. 研究过去

（3）你的计划会详尽到什么程度？

A. 每日　　　　　　　　B. 每周　　　　　　　　C. 每月

（4）你如何制订计划？

A. 尽量把计划量化

B. 制订出主要计划的辅助计划

C. 只制订主要计划

（5）当计划的任务在执行过程中遇到困难时，你通常会如何做？

A. 想方设法提高执行效率

B. 对计划做一定程度的修改

C. 制订新的计划

（6）面对变化较快的未来环境时，你是否会坚持制订的计划？

A. 通常会　　　　　　　B. 有时会　　　　　　　C. 偶尔会

（7）你通常如何确保制订的计划尽善尽美？

A. 遵循科学的计划安排行动步骤

B. 边实施边修改

C. 多征询他人的意见

（8）作为管理者，你发现下属偏离了既定计划时，你该如何办？

A. 立即校正，保证计划被严格执行

B. 重申并明晰既定计划

C. 视偏差情况而定

（9）计划制订后，你是否能够严格按照计划行事？

A. 通常能　　　　　　　B. 有时能　　　　　　　C. 偶尔能

（10）你制订的计划通常能达到何种效果？

A. 能够有效实现预期目标

B. 行动不再盲目

C. 效果不明显

2. 评估标准及结果分析

选A得3分，选B得2分，选C得1分。

24分以上，说明你的计划执行能力很强，请继续保持和提升。

15~24分，说明你的计划管理能力一般，请努力提升。

15分以下，说明你的计划管理能力很差，急需提升。

二、反思提高

请你认真思考并尝试做一做这些题目，检查一下你的创造性学习能力。

1. 你有打破砂锅问到底的习惯吗？

2. 你能够从习以为常的现象中发现别人没有发现的问题吗？

3. 你每次思考问题时总是会想出多种不同的解决方案吗？

4. 你在学习中总是会把曾经学过的知识都联系起来吗？

5. 你非常喜欢参加辩论会吗？

6. 你有很强的预测能力吗？

7. 你总是会从一种思想延伸出许多新的思想吗？

主题三　选择途径　掌握方法

问题：如何选择途径、掌握方法？

在现实中，我们常常会发现，即使每个人开始学习的心态、起点相同，但最后的结果却有天壤之别，其根本原因在于：有的人会学，有的人不会学。

会学的人会因为学习得法而获得成就，这不但可以激发学习兴趣，更可以增强信心，使其更加想学。越想学，知识累积就越多，能力越提高，获得的成就也越大，从而形成良性循环。而不会学习的人，开始因学习不得法而暂居他人之后，但如能及时总结教训、改进学法，变不会学为会学，经过一番努力还是可以赶上去的。但如果任其发展，不思改进、不做努力，意志则会越来越消沉，当差距拉大到一定程度后，就不容易赶上了。那时就会对学习失去兴趣、不想学习，甚至在思想上产生一种对自我能力的怀疑，认为自己不适应社会的步伐，继而对生活失去了信心，也从而厌恶、害怕甚至拒绝学习。这种恶性循环一旦形成，必将成为事业上的失败者。

古人讲"工欲善其事，必先利其器"，当目标和任务明确以后，方法是否科学，是否有"利器"，会对结果产生至关重要的影响。

通过本主题的学习和训练，你将能够：

1. 学会选择适合自己的学习途径。
2. 学会运用有效方法高效学习。

认知：选择实现途径　利用有效方法

一、选择实现目标的有效途径

（一）怎样在实践中坚持学

毛泽东同志在《中国革命战争的战略问题》中提到"读书是学习，使用也是学习，而且是更重要的学习。"这里所说的"使用"就是社会实践。在实践中学习，把理论学习与实践相结合，历来是最好的学习方法。我们毕业后，可在创业中、在工作岗位上不断提高自己的专业水平和管理能力。

我们可以在工作中带着问题学，边干边学，只要有心提高自己，持之以恒，就能不断积累，不断提高，最终实现自己的人生目标。

（二）怎样借助网络随时学

目前网络已经联通了全世界，它覆盖面最大、信息资源最丰富，学会了利用网络，你就拥有了一个新的世界。

我们可以通过网络查询、检索和收集各种文字、图像、音频、视频资料；可以学习其他大学开放的慕课、微课程等学习资源；通过在线交互途径，可以与生活在世界各地的朋友随时进行交谈，可以与老师在线互动，可以与同学探讨学习和课题研究；借助多媒体技术还可以进行声音和图像同步传送，开展视频学习、远程指导等。可以说网络是学习的大课堂，地球的大学校。

网络所承载的知识信息量是任何书籍都无法比拟的，现在的智能手机，作为移动终端，也是我们学习的有效工具，是我们身边的"老师"，我们可以借助它，在自己设定的学习目标领域和根据工作中的任务需求，通过网络，随时随地泛在学习，有效提高自己。

（三）怎样利用机会系统学

如果能参加单位组织的系统学习和培训，集中学习一个专业技能，进修一门技术，获得一个技能证书或者专业文凭，这当然是极好的学习机会。我们必须抓住机会，利用集中的宝贵时间系统提高自己——有指导教师的贴身指导和同学同事的帮助，学习效果肯定比自己摸索学要快、要好。这时候，我们的学习规划必须十分明确，即明确学什么、学习的目标是什么、需要学多长时间、怎么学得更好、应该获得什么样的结果等等。相信各位同学只要不虚度时光，肯定会收获和进步，会使自己的职业发展前进一大步。

二、掌握有效的学习方法

（一）怎样让学的知识牢固记住，深入理解

自主学习是为了得到更多的知识、技能和经验，记忆则是将学到的知识、技能和经验储存在大脑中，为生活、工作做准备，这样的学习才能获得成功。如果没有记忆储存，人们的学习就会像竹篮打水——一场空。所以，记忆是学习的基石。但人的记忆力因个体差异而有所不同，那么该如何提高自己的记忆力呢？

1. 考考你自己

考考你自己就是采取自我提问的方法加强对所学内容的记忆，这是一种常用的促进理解记忆的方法。它是在学习之前或学习过程中，自己提出一些问题来引导学习过程或检查学习质量。通过不断的自我提问，可以及时了解什么内容已经掌握了，什么内容还不明白。

下面是一些帮助你提高理解记忆能力的自我提问的题目，你可以在学习中参照运用："解释为什么/如何……""……的主要观点是什么？""如何用……来做……""说明这一观点的例子是……""如果……你认为会发生什么事？""……和……之间的差异是什么？""……如何影响……""……的优点和不足是什么？""……与……是一种什么样的关系？""……的理由是……"等。

2. 同别人讨论

带着问题与朋友进行讨论交流，不仅可以开阔视野，提高解决问题的能力，还能促进自己记住很多有用的信息。由于一些内容是在与朋友讨论过程中解决的，也大大减轻了自己独立学习时大脑的记忆负担。

"三人行，必有我师焉。"经常与别人进行讨论，可以明确很多自己没能完全理解的知识，从而加深对知识的记忆。同时，还能学习别人的长处，不仅能学到知识和技能，也能提高自己的修养，这是自我提升的有效途径。

3. 给他人讲解

美国学者埃德加·戴尔1946年提出了"学习金字塔"的理论（图2-4）。在初次学习两个星期后，单纯地听能够记住学习内容的5%；阅读能够记住10%；视频聆听能够记住20%；看图、看演示能够记住30%；参与讨论，发言能够记住50%；亲身体验，动手做能够记住75%；自己做报告，给别人讲能够记住90%。

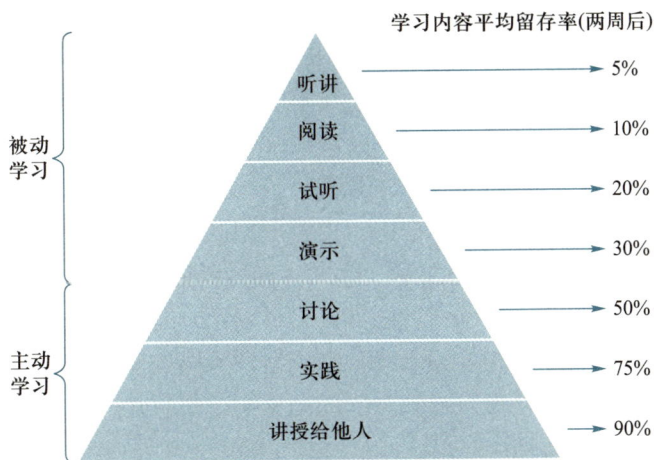

图 2-4　学习记忆金字塔

当你准备给别人讲解某些问题之前，你自己必须弄清楚问题的来龙去脉，同时还要将相关内容条理化，以便能让对方容易理解，在这一过程中，你实际上是在将已有的知识进一步扩充、完善和储存进入大脑。在给别人讲解时，自己对这个问题的理解也会有新的提高。因此，给别人讲解也是一种很有效的提高记忆效果的方式。

4. 利用笔记精加工

笔记精加工是通过给学习材料补充细节、进行比较、举出例子等方式增加相关信息，以加深记忆的学习策略。"记笔记"是精加工的一种重要技术，它不仅有助于知识的深度理解，也便于你的复习。

记笔记有一定的规范，通常你可采用如下步骤：

（1）用笔记本每页左边的3/4或2/3记下听课或读书的内容。注意"四记"，一记思路，二记纲要，三记要点，四记问题；

（2）整理笔记；

（3）在笔记右边的留出部分写边注或评语，帮助自己加深理解。

（二）怎样利用网络和智能手机，线上线下混合式学习

所谓"混合式学习"，是把传统学习方式的优势和网络化学习的优势结合起来，线上线下结合进行的学习。在线上网络课程和学习资源中，通过老师实时或非实时、同步或异步的讲授，网络课堂中组织的讨论学习、协作学习等学习方式，线下面授课堂老师组织的研讨、训练和实践等手段，打破传统课堂单一面授方式，实现多时空的自主学习。"翻转课堂"是混合式学习的典型模式，即知识学习在课外、在宿舍、在家里，而做作业及展示和讨论在课堂、在学校。

比如，想要学习职业核心能力，你可以利用课外时间先从中国大学MOOC网站，学习《职业规划与方法能力》《职场礼仪与社会能力》微课视频课程，在面授的课堂上，根据老师的安排，参加训练、研讨、实践以及测评，把线上学习与线下学习、课外学习与课内训练结合起来，这种学习就是混合式的学习。

1. 利用智能手机，泛在学习

在如今这个时代，几乎人人都有手机，人不离机，手机成为了我们通信交流、办事娱乐的工具，同时，手机也成为了我们学习的重要工具。怎样有效利用手机这种智能型的工具来服务自己的学习，是我们需要掌握的重要本领。

现在大量的微课、网课都是通过手机App实现的，手机是移动的网络，网络上的云课堂、云教材、微讲座，都可以在手机上实现阅读和教学。随着技术的发展，手机上不断开发的教学服务功能日益发达，比如：你可以通过教材的二维码，扫码听课、解题；你可以用手机将不会的题目拍照发到相关网站，即可找到题目完整内容、答案以及知识点解析；你可以在相关的学习网站获得针对性的训练指导；你可以通过相关的App直接向老师提问，老师会对问题进行在线辅导、解释、答疑等等。有的技能性课程还可以进行一对一个性化教学。我们要积极利用手机这个便捷的工具来学习。

2. 参加学习社群，交流分享

你可以通过参加智能手机形成的学习社群，把学习的所得、体会和疑问在社群交流，扩大学习的交流范围，督促自己的学习。这样的交流能帮助自己积累资源，激发更高层次的反思和思维活动，能让自我学习活动在现代技术的支持下上升到一个新的高度。

行动：选择学习捷径，高效学习

活动一：小组交流学习方式和有效方法

一、活动目标

通过交流分享，彼此借鉴好的学习路径，好的学习资源，提高学习的效率。

二、活动要求

1. 以小组为单位，互相交流自己职业生涯发展上的规划，交流自己解决"技能恐慌"的策略；

2. 交流自己曾经在知识记忆、内容理解和探索学习中的有效方法，分享一个成功的案例；

3. 小组互相点评，总结同学们分享的好经验。

活动二：编制自己生涯规划和专业领域知识框架

一、活动要求

1. 上网学习思维导图相关课程，搜索思维导图的软件，比如：MindManager、XMind、iMindMap 等，下载其中一个软件并进行应用；

2. 根据自己的职业生涯规划，做一个生涯发展的脑图；

3. 用思维导图把你所学的专业知识框架做出来。

二、总结和讨论

1. 在小组讲解自己做的思维导图，同学互评；

2. 小组发言，分享网络学习的体会。

三、活动提示

1. 网上的思维导图的软件很多。其中，iMindMap 是思维导图的发明者东尼·博赞所在机构的官方软件，接近手绘效果，特别适合工作中头脑风暴、策划和管理项目。而 MindManager 软件可以更方便地把图导出到 Word、PPT 中。

2. 你可以以软件为辅助，先画一个手绘草图，再用软件画图。

反思：在互联网时代，怎样更高效学习

一、自我评估

现在看看你是否能较熟练地运用互联网，是否能利用手机来学习，请你认真思考下面几个问题，进行自我评估。

1. 你每次学习完一部分内容后，多长时间再重温这些内容？

2. 你读书时，在书上做记号和批注吗？你有做读书笔记的习惯吗？

3. 你学过的知识在头脑中是零散的吗？你是否常常有意识地做一些系统地梳理？

4. 你听完别人的谈话之后，能否马上就明白其意思？

5. 听完一场报告，你能否马上总结出三点自己的认识？

6. 你知道网络上有哪些可让你学习的慕课吗？

7. 什么是混合式学习？什么是翻转课堂？你有哪些课程使用了混合式的学习方式？

8. 你可以利用哪些媒体进行学习？

二、反思提高

学习了自主学习的一些重要策略，相信你在自主学习的道路上又迈出了有效的一步。结合你目前的学习和进步，反思一下：

1. 你过去的学习途径选择是否正确，学习方法是否有效？

2. 如果还存在一些问题或困惑，你能找到指导老师给自己做指导吗？

3. 现在是信息化时代、知识经济时代，同时也是一个学习的时代，你是否能从你所熟悉的成功者身上，分析他们成功的主要原因，能否借鉴他们在百忙的工作中、在激烈的竞争中快速学习、高效学习、持续学习的经验，重新规划自己的职业发展计划，调整自己的学习方式？

模块五

时间管理：做时间的朋友

职业核心能力"自我提高"在"效率管理"方面的能力标准可以作为我们提升的目标：能有效利用时间，完成工作计划，提高工作效率。

所谓时间管理，就是指在日常事务中有目标地应用可靠的工作技巧，合理有效地利用可支配时间，从而在单位时间内进行更多有效的活动。简单地说，时间管理就是如何以最少的时间投入来获取最佳的结果。

有人说，人生要管好三样东西：感情、金钱、时间。管好感情，畅通无阻；管好金钱，一生无愁；管好时间，成功在手。时间管理是一种习惯，这种习惯的好坏决定了你生命的价值。如果你的时间管理得非常好，那么你的生活就会越来越丰富。

"时间管理"能力要求：

1. 能明确时间管理的意义。

2. 能明确工作的阶段目标，分析工作（项目）实施的有利条件和限制条件，制订具体可行的实施方案，明确实施步骤和时间节点，明确实现目标可衡量的指标。

3. 能分清事情的轻重缓急，合理利用时间，分配资源，排除干扰，坚持落实计划。

4. 能进行阶段进度反馈，克服拖延，能根据实际调整方案，有效利用有利条件，推进计划，按时完成任务。

5. 能评估工作（项目）完成的效果，作出完成结论。

本模块训练重点：

1. 了解时间管理的价值和方法，提升工作与学习效率。
2. 学会怎样做好工作（项目）计划，管控运行过程，提高效能。

案例示范：上海滩的第一的哥

上海滩的第一的哥臧勤具有独特而良好的时间管理方法，不同于其他司机将油费当成出租车的成本，臧勤早就发现，出租车的成本更重要地体现在时间成本上，因此，他总是用分钟作为单位来核算自己运行出租车的成本，也用时间花费的多少来判断乘客的价值。

某次，一位乘客打车去火车站，如果按照他的路线，需要花50分钟，而按照臧勤的路线，则只需要25分钟，但是，后一种路线需要多绕远4千米。臧勤告诉乘客，绕远的4千米不用付钱，这样，臧勤也就等于多付出了1元多的油钱，用这1元钱，他换来了25分钟的时间，而这25分钟，足够给他带来另一笔生意了。

臧勤的时间管理意识，还体现在他的和乘客"谈恋爱"理论上，一般的出租车司机在载客的时间段内，都会单纯地听音乐或者沉默，又或者偶尔随便聊上几句。但臧勤则非常精明地把这段和乘客共处的时间利用上，用来提供增值服务，留下良好印象。曾经有家法国公司让臧勤接一位从中国香港来的客人，一路上，臧勤主动给客人讲解上海的历史传统和风土人情，从如何挑选小吃，到怎样选择路线都介绍得面面俱到。客人感觉这样的司机很有意思，于是在下车之前，就和臧勤约定，之后的几天，请他专门负责接送，并做接待导游，费用是每小时100元。其实，这件在他人看来幸运的事情，臧勤已经习以为常，早在2006年时，就已经有5家外资企业将他列为长期接送客户的第一选择，不因为别的，就是看中了他的增值服务。

臧勤还将时间管理用到了生活中，他到菜市场买菜从不讲价，甚至比一般的价格高出一些也接受，但需要按他的要求做一些工作。例如买土豆要求刮好皮，这样就节约了回家去皮的时间。

分析：臧勤为什么能成为上海滩的第一的哥？他和其他出租车司机有何区别？其实，臧勤与其他司机最大的不同，就是他的时间观，他的时间管理技巧。

主题一　做时间的朋友

问题：如何认识时间，管控自我？

和身边很多朋友的感受一样，今年32岁的外企白领樊莹莹感觉自己越来越忙，像个陀螺，却没有多少的成就感。她经常抱怨："工作中时间不够用，生活中时间也不够用。"很多事情都没能安排好，无暇充电学习，想多陪陪父母也没能做到，闺蜜朋友更是很久没有相聚。时间都去哪儿了？她自问。"没有时间沉下心来思考，就算有，也想不出什么。"樊莹莹无奈地说。婚前，她有大量的时间可以投入在自己的工作和学习上，但是婚后，尤其是有了孩子后，她常常感觉时间的短缺。

你是否也曾遇到过类似的情况？假如遇到类似的情况，你会怎么办呢？

樊莹莹面临的正是"时间管理"的问题。时间是人生最宝贵的资源和资本，无论我们做什么事情，即使不花费任何精力，也都必须花费时间。因此，时间管理能力的高低决定着我们生命的质量。

通过本主题的学习和训练，你将能够：

1. 认识时间的特性及时间管理的重要性。

2. 了解时间管理的误区。

认知：如何做时间的朋友

一、时间及其特性

时间是物质运动的顺序性和持续性，其特点是一维性，是一种特殊的资源。要想真正了解时间并管理时间，我们必须要有对时间的本质有深刻的认识，首先让我们了解时间的四项独特性：

1. 供给毫无弹性。时间的供给量是固定不变的，每天都是24小时，在任何情况下不会增加，也不会减少。

2. 无法蓄积。时间不像人力、财力、物力和技术那样能被积蓄储藏。不论愿不愿意，时间都在流逝。

3. 无法取代。任何一项活动都有赖于时间的堆砌，这就是说，时间是任何活动所不可缺少的基本资源。因此，时间是无法取代的。

微课：

为何需要时间
管理

105

4. 无法失而复得。时间的丧失是永久性的，任何人都无力挽回。

与其他资源相比较，由于时间的独特性让其更容易被我们忽略。时间不可以缺少、替代、存储、增减，但时间可以管理。

二、认识时间管理

（一）时间管理的定义

时间管理学者杰克·弗纳认为：时间管理就是有效地运用时间这种资源，达成个人或组织的目标。

时间管理的关键是对事件的控制。简单来讲，就是能合理地利用可以支配的时间完成各种事务。而时间管理的核心是分清事情轻重缓急，排列它们的优先顺序。

（二）时间管理的六个概念

在时间管理中，以下六个概念是贯穿于时间管理中最核心的重要问题。

1. 消费与投资

消费与投资包含多个概念，时间如果用于工作、学习，就是一种投资，因为它是有回报的。如果用于无所事事、彻底放松，就属于消费，所以时间管理要多投资，少消费，达到投资和消费的平衡。

2. 机遇与选择

在时间管理中，要主动地选择，而不是被动地等待。主动可以获得机遇，等待则只能处于无奈状态，不能将人生时间使用的可能性发挥到极致。

3. 应变与制变

应变就是当问题发生时，去被动地作出反应；制变则是去控制住事情，能够主动地预先作出一些措施，让事情最大可能地朝着自己把握的方向发展。

4. 效率与成效

在时间管理中，要有很高的时间利用率，而且时间利用的结果是可见的、是优质的、是与奋斗目标相一致的，而不是与目标南辕北辙。

5. 紧急与重要

处理好紧急问题与重要问题的关系，具体做法如下：

（1）对于重要且紧急的问题立即处理；

（2）对于重要但不紧急的问题优先处理；

（3）对于紧急但不重要的问题稍后处理；

（4）对于不重要也不紧急的问题可适当延后处理。

6. 反应与预警

当问题发生后，能及时作出反应，采取必要的措施。对于未发生的问题，防患于未然，提前作出预防，使问题有良好的预警处理机制。

（三）时间管理误区

提高时间利用的效率，需要在实际工作生活中尽可能避免陷入时间管理的误区。

所谓时间管理误区，是指导致时间浪费的各种因素。下面是几种常见的时间管理的误区：

1. 工作缺乏计划

计划是对未来行动方案的一种说明，也是对未来行动纲领的一种先期决策。尽管计划的拟定能给我们带来诸多好处，但有一部分人从来不做或是不重视做计划。由于我们的工作缺乏计划，往往会导致如下恶果：

（1）目标不明确；

（2）没有进行工作归类的习惯；

（3）缺乏做事轻重缓急的顺序；

（4）没有时间分配的原则。

2. 组织工作不当

组织工作不当主要体现在以下几个方面：

（1）职责权限不清，工作内容重复；

（2）沟通不良；

（3）工作时断时续，方法不对。

对于管理者而言，他们容易犯下面的错误：

（1）担心下属做不好事，做错事，找不到合适的下属授权；

（2）担心下属表现太好；

（3）担心丧失对下属的控制；

（4）不愿意放弃得心应手的工作；

（5）与正确的方法背道而驰。

3. 不能拒绝请托

拒绝请托是保障自己工作、学习时间的有效手段。倘若勉强接受他人的请托，无疑会干扰自己的工作和学习。在现实生活中，很多人都会走入"不能拒绝请托"的时间管理误区中。

在诸多请托中，一类是职务所系责无旁贷的，另一类虽然也是职务所系，但请托本身却是不合时宜或是不合情理的。此外，还有一类请托属于无义务履行的。后两类请托通常会造成我们的困扰。

为什么很多人不能拒绝请托而去干那些浪费自己时间的事情呢？主要有以下几个方面原因：

（1）接受请托比拒绝请托更为容易；

（2）担心拒绝请托会导致请托人的疏离；

（3）想做一个受欢迎的人；

（4）不了解拒绝请托的重要性；

（5）不知道如何拒绝他人的请托。

4. 时间控制不够

我们通常在时间控制上容易落入下面的陷阱：

（1）习惯性拖延时间；

（2）不善于处理不速之客的打扰；

（3）不善于处理无端电话的打扰；

（4）泛滥的"会议病"困扰。

5. 整理整顿不足

杂乱的学习和工作环境除缺少视觉美感外，对人最直接的影响是将你的宝贵时间浪费在找东西上。很多时候你没有办法快速地在一堆杂乱的东西里面找出你需要的工作文件或其他物件。

研究表明，桌面杂乱的人平均每天要花一个半钟头找东西或因此走神。效率高的人，桌面和工作间一般是很整洁的，这样他们就能把精力集中到今天的工作重点上，不会被触目所及杂乱无章的东西分神，而且能很快找到所要的东西。

案例

小张的办公桌

一直以来，小张的办公桌都很杂乱无章，他自己也习以为常，并不觉得有什么大不了的。然而，最近发生了一件事情，让他改变了看法。

最近小张接到一个企划案，为了利用这次机会好好表现，小张对这个策划案进行了精心设计。很快就要在第二天的会议上进行展示了，这可是他熬了数个通宵改出来的策划案。就在快开会的时候，大家都在期待着他精彩的展示，小张却怎么也找不到他存放策划案的U盘了。桌子上是一大堆混乱的文件，他焦急如焚，但依然没办法找到那个策划案。最后，他只能硬着头皮，凭着自己的记忆，用口头报告的形式来应付。原本精彩的企划内容根本无法得到完整的展示，小张的心血和专业技能也大打折扣。

6. 进取意识不强

我们经常说"人最大的敌人就是自己"。有些人之所以让时间白白流逝而毫无悔痛之意，就是因为缺乏进取意识，缺乏对工作和生活的责任感和认真态度。主要表现在以下几个方面：

（1）个人的消极态度；

（2）做事拖拉，找借口不干工作；

（3）虚度时光，做白日梦；

（4）工作中闲聊。

如果我们一直处于迟钝的时间感觉中，也就是说觉得时间可有可无，不愿面对工作中的具体事务，沉溺于"天上随时掉下馅饼"的美梦，那就需要好好反省自己了，因为你随时在丧失宝贵的机会，随时可能被社会所淘汰。

行动：走出时间管理的误区

活动一：时间管理日志

一、活动内容

下面是一份简单易用的时间日志。请通过详细记录自己一天的活动，来分析和了解自己的时间使用状况，并总结归纳自己浪费时间的因素。

序号	时间	活动	有效或无效	无效的原因
1				
2				
3				
4				
5				
6				

二、讨论和总结

要对时间进行有效管理，首先必须对自己使用时间的现状和习惯有清晰的了解，客观地衡量自己运用时间的方式和状况。要了解自己的时间消耗状况，最简单便捷的方法就是列出时间日志。

所谓时间日志，就是把某一段时间内所有活动详细记录下来，进行简单分析，以随时了解自己时间管理的情况。时间日志的优点在于能及时掌握自己时间运用的模式及浪费时间的原因，提高自己时间管理的效率。

活动二：撕纸游戏

一、活动目标

体会时间的宝贵。生命是由分分秒秒的时间所组成，时间管理的实质就是生命管理。通过游戏，让学员体会如何把握眼前，有效管理时间的意义。

二、活动要求

1. 人数：不限。

2. 场地：不限。

3. 用具：长条纸、笔（每人一张纸和一支笔）。

时间 10 分钟

三、活动内容

培训师发指令，学员按照步骤操作。

1. 请每位将长条纸用笔划分成 10 等份，从左至右每一份代表人生的 10 年。

2. 请问你现在多少岁？请把相应的部分从前面撕掉。过去的生命是再也回不来了，请撕彻底、撕干净。

3. 请问你想活到多少岁？如果不想活到100岁的话，就从后面把那部分撕掉。

4. 请问你想多少岁退休？请把相应的退休以后的部分从后面撕下来，不用撕碎，放在桌子上。

5. 一天24小时，一般人通常是睡觉8小时占了1/3；吃饭、休息、聊天、看微信、电视、游玩等又占了1/3，真正可以工作的约8小时，只剩1/3。请将剩下来的折成三等份，并把2/3撕下来放在桌子上。

6. 请左手拿起剩下的1/3，用右手把退休那一段和刚才撕下的2/3加在一起。

四、总结和讨论

1. 请思考一下，你如何用左手的1/3工作赚钱，提供自己另外2/3的吃喝玩乐及退休后的生活提供保障；

2. 想想你要赚多少钱、存多少钱才能养活自己，这还不包括给父母、子女、配偶的费用；

3. 你珍惜生命吗？你想在有生之年有所作为吗？你能有效地进行时间管理吗？

反思：怎样做时间的朋友

一、自我评估：拖延商数测验

请据实选择以下每一个陈述，选择最切合你的答案：A非常同意 B略表同意 C略表不同意 D极不同意

（1）为了避免对棘手的难题采取行动，我常常寻找理由和借口。

（2）为了让困难的工作能被执行，对执行者施加压力是必要的。

（3）对我而言，采取折中办法以避免或延缓不愉快的事是困难的。

（4）我遭遇了太多足以妨碍完成重大任务的干扰与危机。

（5）当被迫从事一项不愉快的决策时，我避免直截了当地答复。

（6）我对重要的行动计划的追踪工作一般不予理会。

（7）试图令他人为我执行不愉快的工作。

（8）我经常将重要工作安排在下午处理，或者带回家里，以便在夜晚或周末处理它。

（9）我在过分疲劳，或紧张泄气、太受抑制时，无法处理所面对的困难任务。

（10）在着手处理一件艰难的任务之前，我喜欢清除桌上的每一个物件。

请将选择的答案分别写在每题序号的下方空格。然后根据公布的答案填写得分。

题目	答案	得分
1		
2		
3		

题目	答案	得分
4		
5		
6		
7		
8		
9		
10		

评分标准及结果分析

评分标准："非常同意"评4分，"略表同意"评3分，"略表不同意"评2分，"极不同意"评1分。

结果分析：总分小于20分，表示你不是拖延者，或偶尔有拖延的习惯。总分在21~30分，表示你有拖延的毛病，但不太严重。总分大于30分，表示你或许已患上严重的拖延症。

二、反思提高

我的青春我做主。有人说，反正现在很年轻，未来还很遥远。难得的大学时光，不妨先玩几年，再找工作就业，反正有的是时间。

你有这样的想法吗？如果有，该如何纠正？你的时间筹划攻略是什么？

主题二 有效利用时间

问题：如何科学合理地利用时间？

亚历山大·亚历山德罗维奇·柳比歇夫，是苏联的昆虫学专家。他从1916年元旦那一天开始，就坚持写日记。都记些什么呢？我们以一天为例：

乌里扬诺夫斯克。1964年4月8日。第一类工作：

分类昆虫学：鉴定袋蛾，结束——2小时20分。开始写关于袋蛾的报告——1小时5分。

附加工作：给达维托娃和布里亚赫尔写信，6页——3小时20分。

路途往返——1小时40分。

休息：剃胡子。《乌里扬诺夫斯克真理报》——15分，《消息报》——10分，《文学报》——20分；阿·托尔斯泰的《吸血鬼》，66页——1小时30分。听里姆斯基-柯萨科夫的《沙皇的未婚妻》——10分。

基本工作合计：6小时45分。

柳比歇夫去世以后，有一位叫格拉宁的苏联著名作家，为柳比歇夫写了一本传记《奇特的一生》。这本书里作家格拉宁总结出了给柳比歇夫创造奇特一生的"时间统计法"：柳比歇夫赢得了比其他人多一倍的时间。他一生发表了70来部学术著作，写了12 500张打字稿的论文和专著，内容涉及昆虫学、科学史、农业遗传学、植物保护、进化论、哲学等领域。他还懂得历史、宗教、复变函数理论、农业经济、社会达尔文主义等等，在许多方面都作出了卓越的贡献。

这个世界根本不存在"没时间"这回事。如果你跟很多人一样，也因为"太忙"而没时间做一些事情的话，那么请你一定记住，这个世界还有很多人，他们比你更忙，却完成了更多的工作。这些人并不比你拥有更多的时间，他们只是学会了如何更好地管理自己的时间。

可见，时间很容易被我们忽略。时间不会增加，也不会减少，不可以积蓄，也不可以替代，由于其独特性，对于它的管理显得尤为重要。

通过本主题的学习和训练，你将能够：

1. 掌握时间管理的方法和技巧。
2. 学会克服拖延症。

认知：学会时间管理

微课：

时间管理四象
限法则

一、确定任务优先权

有人说：时间管理就是在正确的时间里做正确的事。所谓正确的事，就是按照事情的重要性和紧迫性确定自己在一个时间段内做事的顺序。在自我学习中，所谓正确的时间管理则是根据你学习任务的轻重缓急，合理地安排学习的时间。确定任务优先权的两个步骤：

（一）列出任务清单

把自己要做的每一件事情写下来，列成一个清单，你必须知道你要做的事有哪些。

（二）确定任务的次序

要设定优先顺序，将事情按紧急、不紧急以及重要、不重要分为大类，一般人每天习惯于应付很多紧急且重要的事，接下来会去做些看来紧急其实不太重要的事，结果却不知道自己整天在忙什么。其实最重要的是要去做重要但是看起来不紧急的事，例如读书、进修等，如果你不优先去做，你人生远大的目标将不易达成。

美国著名管理学家史蒂芬·柯维将事情按照重要和紧急两个维度进行划分，分为"重要且紧急""重要但不紧急""紧急但不重要""不紧急也不重要"四个象限，这就是时间管理的"四象限法则"（图2-5）。"四象限法则"是一个重要的时间管理的工具，它能帮助人们简单便捷地分出事情的轻重缓急，是一种极为有效的时间管理方法。

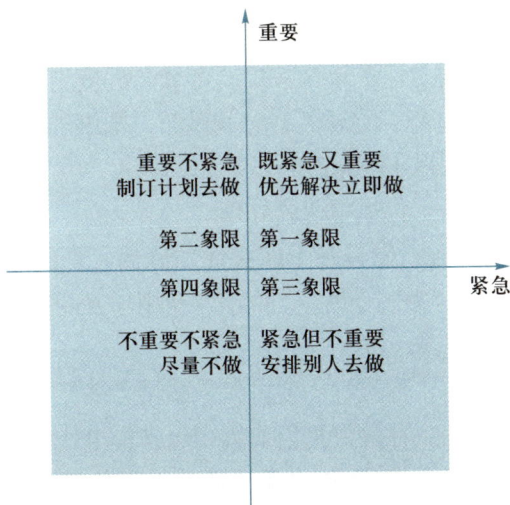

图 2-5 四象限法则图

第一象限：重要且紧急。这类事情具有两个特点：一是有明确的时间节点，过了这个"节点"就很难完成；二是这类事情对于我们的学习、工作成效有很重要的影响，不完成就达不到预订的目标。如招聘考试、重要客户的接待准备等。

第二象限：重要但不紧急。这类事情的特点就在于它的时间节点在未来的某个时间，相对现在来说，准备时间还是比较宽裕和充分的，所以就感受不到压力。但是这类事情在我们的学习、工作中都有很高的权重，是我们一定要完成的任务。如果不引起重视，就会转变成为"重要且紧急"的事情。如两个月以后的结业考试、产品交付的准备等。

第三象限：紧急但不重要。这类事情就是时间方面很赶，但是又不会成为工作亮点的事情，对工作绩效不会产生明显的作用。比如参加班组的周会、按月上报生产的统计数据等。

第四象限：不紧急也不重要。这类事情就比较可爱了，可能是我们用来打发无聊时间的一些爱好和兴趣。但这些事情，往往造成了某些"时间黑洞"，成为浪费时间的"陷阱"。当然也有一部分事情对于个人的能力、生活质量的提升很重要，但对于工作绩效并不会有影响。如在空余时间与朋友微信聊天、打电话、刷视频等等。

对于"重要且紧急"的事情，我们需要尽快去处理，毫无疑问这类事情需要给予最高的优先级。而对于"重要但不紧急"的事情，由于人天生有一种惰性，习惯拖延而不习惯立马去解决，对于这类事情不够重视，等到将来的某个时刻去处理的时候，你就会发现事情已经火烧眉毛了，也就从"重要但不紧急"转变为"重要且紧急"了。因此，柯维认为，时间管理的重点应该是把主要的精力和时间集中放在处理"重要但不紧急"的事情上，以使第一象限的"急"事无限变少，不再瞎"忙"，这就是"第二象限工作法"。

正像帕累托的80/20定律阐明的那样，在我们的日常工作中，往往80%的结果取决于20%的原因，80%的收获来源于20%的付出。这20%就是我们每天必须要确定为具有优先权的事情。

首先，就是要合理地将自己的事情按重要和紧急程度划分到不同的象限中去，再根据第二象限的事情制订计划，将80%的时间做第二象限的工作，20%的时间做其他象限的工作。对每种类型予以不同对待：

对第一象限的工作任务，你最好优先处理。

对第二象限的工作任务，你最好予以关注，确保它们能在各自截止日期之前完成。当你能成功地处理好这类工作时，你的第一象限的任务应该减少，通常情况下，这些任务将会使你受益。

对第三象限的工作任务，你最好不要投入过多精力来完成，但需及时处理。

对第四象限的工作任务，你最好把它们累积起来集中处理，或者每周处理一次。

对于"紧急但不重要"的事情和"既不紧急也不重要"的事情，是我们的兴奋点，是我们时间管理的机会领域，我们在工作中应该尽量避免这两类事情。

二、学会做时间规划

时间规划是按照前述的任务顺序，合理地安排时间，以使各项任务得到顺利完成的关键环节。前面我们讲到明确学习计划包含了时间规划。一份好的规划要注意如下几个方面的关键环节。

1. 确定任务目标

时间管理的目的是让你在最短时间内实现更多你想要实现的目标。你要列一张总清单，把今年所要做的每一件事情都列出来，并进行目标切割。要将年度目标切割成季度目标，列出清单，每一季度要做哪一些事情；将季度目标切割成月目标，并在每月初重新再列一遍，碰到因突发事件而更改目标的情形，要及时调整过来；每一个星期天，把下周要完成的每件事列出来；每天晚上把第二天要做的事情列出来。

2. 设计行动计划

依据任务目标和工作重点，确定应采取的行动步骤和时间安排，力争让自己能够在最有效的时间内达到目标。

3. 设定检视点

为了确保任务能够顺利完成，可以在执行计划的过程中设定一些检视点，以便对工作进展进行及时的检查、反馈。

4. 专注做一件事

专注，即集中精力，专心致志，它能把一个人的潜力发挥到极致。当人专注于某一项工作时，便能在最短的时间内完成最艰难的任务。古训言："欲多则心散，心散则志衰，志衰则思不达"。如果做事心思散漫，不能集中于所做的事情上，往往会等时间耗完了却发现事情毫无进展。例如，你手头正撰写着一篇策划文档，脑子却想着周末应该去哪里玩、该怎么玩、路线怎么走、怎么开心，完全没有去想策划方案的主要任务，这是不可能把手头上的工作做好的。

我们很多时候因为不能集中注意力，导致不能有效率地完成工作，或者在工作时，自己的思路却像一只跳来跳去的猴子，完全沉不下心来。如何克服这种现象，让注意力成为我们的"思考"的工具，是我们当前迫切需要解决的难题。

我们之所以不能专注于某一件事情上，往往是因为有一些外部和内部的干扰因素导致自己分心。然而，容易让人分心的因素除了环境因素外，胡思乱想和情绪好坏都会影响注意力的集中。综合起来，主要有以下两种因素导致我们分心：

外部因素：噪声、手机铃声、朋友圈信息、电视诱惑，不舒服的桌子和椅子、不适合的灯光、家务繁忙、天气变化等都可能成为自己分心的原因。

内部因素：饿了、累了、病了、烦了、没有兴趣、心情压抑以及因某事挫折而产生一些消极想法，甚至喜欢做白日梦（晋升、中彩票、意外之财、艳遇）等种种因素也是导致我们分心的原因。

对于以上两种因素，我们首先得主动杜绝外部干扰，如把门窗关好、桌椅调好，把家里事情处理好，给自己一个舒适的环境。然后调控自己情绪，每当自己处于消极的情绪时，应当运用适当的方法及时予以疏解，尽力排除这些内外因素的干扰。

三、对不重要的事情说"不"

1. 避开浪费时间的聚会或会议

有时你可能会被你的朋友邀请去参加他的朋友的聚会，而你跟你朋友的这些朋友根本没有共同的语言，这种聚会对你来说很无聊；在单位，你可能经常要去参加一些毫无意义的会议。这些无聊的聚会、无意义的会议常常浪费了你很多的时间。

时间管理专家建议：尽量避免浪费时间的会议、约会及社交活动。当然，如果是必须参加的经常性例行活动，则也许无法逃避。但是，你可以尽量想办法改善，而且只要自己可以不参加就尽可能请人代替。

2. 不要随便接手别人想给你的问题或责任

如果你珍惜你的时间，就不要随便接手任何别人想给你的问题或责任。如果你接受在你的工作职责范围之外所有找上门的问题，你的生活会变成一场噩梦。

哈佛大学有一句学习格言："如果一个人只满足于完成别人所要求的事情，那么，他只能是个奴隶，只有当他超越了这个限度，才能成为一个自由人"。

3. 懂得说"不"

假如朋友请你接手一个计划，但是你手头已经有很多任务，或是你对这个计划并不感兴趣，这时你可以作出如下回应："对不起，我现在没有办法帮你。"

有时候，你也许必须对你的领导、对你的老师说"不"，该怎么说呢？你需要记住，一个好的领导希望知道，你什么时候能完成他要求你做的事情。如果你对搁置他要求的事项感到忧虑，一个有效的表达技巧是，以轻重缓急的方式来措辞，比如利用下面的说法："我正在写一份我们讨论过的报告，我也很想去参加那个会议，您觉得先处理哪一个比较好？"

4. 掌握一些提醒时间的技巧

日常生活中，你经常需要暗示跟你谈话的人谈话还剩有多少时间。因此，学习利用一些简单的时间暗示，不仅可以节省你的时间，而且还可以减轻你的压力，并强化你的社交技巧、展现彬彬有礼的形象。以下就是一些最有效的方式：

（1）时间限制暗示。这个信息应该在交谈一开始就传递出来。有效的时间控制方式是在会谈一开始就要说出来："抱歉！我需要先告诉您，我已约好在4点钟的时候见一个重要的客户。"重点是要一开始就宣布，而不是3点55分时才说。

这种时间限制暗示有三种目的：一是告诉对方他们对你很重要，你非常想花点时间跟他们在一起，听听他们有什么话要说；二是给对方一个界限，他们可以事先知道你给他们多少时间；三是迫使对方切入主题，而不要浪费时间在不相关的细节上。

（2）肢体暗示。你可以开始收拾文件，好像正准备离开办公室一样；还可以在椅子上将身体往前倾，或将文件放在一起，就像你要离开一样，最明显的肢体语言就是站起来。

（3）停顿与沉默。持续拉长两次回答之间的沉默的时间。

（4）加速暗示。下面是一个你可以在交谈时运用的方法，特别是在通电话时：

"我知道您正在忙，但是我有一个简单的问题。"说对方很忙是一种说"我很忙"的礼貌方式，目的是使交谈的速度加快。另一个说法是："小王，在我去开会之前，我必须问你……"或是："在我们挂电话前，我想要弄清楚一点。"或是："小王，我应该去开一个5分钟前已经开始的会议。但是，我不想谈得太匆忙，我什么时候可以再打给你？"

（5）找东西。有的成功人士会全神贯注地注意对方一段时间。但过了一定的时间之后，他们会开始找桌上或办公室其他地方的东西，似乎有一点分心，甚至有一点不礼貌。访客得到了这样不太模糊的信息，了解他们即将受到注意的程度是多少后，就会结束会谈。

（6）提示小道具。有位图书营销员，在她的皮包里放了一个定时器，每过10分钟就会响起来，然后，她会说她必须去赴下一个约会或打一个电话；如果她觉得谈话需要继续，她就会关掉定时器。

（7）结束语。有些人不知道如何结束谈话，他们会说好几次再见，而且每一次都说得有点困难。结束谈话的方式应该快速而且有礼貌："好了，王先生，我会再跟您联络。多谢了。"然后你就可以离开。

四、改变拖延的习惯

拖延的常见原因或者是受个人生活习惯的影响，或者是拖延者认为工作太重，时间太少，因此无法完成工作等等。解决的方法是把任务分解成小块，如写一篇文章或经营报告，可以把它分成几个部分，包括背景工作、阅读、组织材料、起草、定稿等。这样可以让工作变得容易许多，同时也能充分利用大量零碎的时间。

五、利用好碎片化时间

信息化时代是一个碎片化的时代，我们每天很难安安静静地利用大块的时间学习或工作，每天的时间被发达的通信工具、多种诱惑碎片化了，我们常常被打扰。在这样的时代，我们应该精于"算计"，把一切可利用的时间都合理地利用起来。以下是利用零碎时间的一些做法：

1. 事分巨细，分别处理

有些事情适合用整块时间去做，如学习难度较大的、系统的课程或完成工作中的重要项目。有些事情无关紧要，但又必须要自己做的事情，如收拾用具、整理学习环境等，这些事情可以充分利用工作、学习之余的零星时间处理，以免影响正常的工作或学习时间。有些重要但非紧急，也不重大的事，则更适合在零星时间去做，如背诗词、记单词等。

2. 零存整取，形成系统

善于学习的人往往勤于积累资料，但只积累不整理依然不利于学习和工作。我们在碎片化时代学习的知识，工作目标需要的相关资料，可以用"概念图法"或"思维导图法"，不断积累、补充，渐渐形成自己的专业知识系统或者工作目标系统，零存整取。

3. 一心二用，抓紧碎片化的时间

现代多媒体技术有利于我们充分利用时间，一心二用，提高时间利用效率。在旅途中，我们可以利用候机、飞行途中、列车、汽车行驶中的大块时间，完成工作或学习的任务；有时候可能外出办事需要排队等候，或者坐在接待室等待单位领导接见，等等，此时，你可以事先做好预备，带上自己要看的书或资料抓紧阅读，或是插空打电话落实相关事项，以避免白白浪费时间。

4. 利用卡片，用好碎片时间

短小精悍、浓缩各类读物的摘记或学习卡片，可以帮助自己把零碎时间纳入学习之中，你可以利用纸片或在手机上备忘文件夹中写工作摘记和学习卡片，有效利用这些碎片的时间进行碎片化学习。

影响全世界数代人的著名作家杰克·伦敦，曾经是一名海上劳工，并没有受到系统、完整的教育，但他是善于使用摘记或卡片的人。在他的房间里，无论是窗帘上、衣架上、床头上、镜子上，到处都挂着一串串小纸片，纸片上写着生动的词汇、有用的资料和自己的灵感。在睡觉前、起床后、刮脸时，都不停地看、记忆和思考，使自己在常人并不关注的这些琐碎的时间里，积累了大量有益的知识，完成了自己的工作。

行动：体验愉快的时间运筹之旅

活动一：你该怎样完成这些任务

一、活动目的

下面是某企业招聘考试的试题，请你来做一做，检验一下你的时间管理能力。

二、活动内容

你早上上班后，有五件事摆在你面前：

1. 有三位客户来访，在接待室等待你接待；

2. 下午2点参加多部门的联合会议，两个小时；

3. 上午11点参加本部门的业务学习，1个小时；

4. 设计一个联合活动方案，明天交给部门领导；

5. 设计一个多部门联谊活动的方案，下个星期交给领导。

请问：你先做什么，后做什么？为什么？

三、活动提示

1. 可以参考四象限法则，区分任务的轻重缓急，其中关键在于如何判断重要性任务。

2. 你有什么时间管理的小妙招，不妨整理出来，同大家分享交流。

活动二：李明的时间被谁偷走了

一、活动资料

星期天，李明一大早就起床并制订好了一天的计划，想过一个充实而有意义的周末。他计划9点开始做家庭作业，然后写一篇日记，之后回复几个网友的邮件，下午准备提前返校预习明天的功课。

9点钟他准时坐在书桌前，但看到凌乱的桌面，他心想不如先整理一下，为自己的学习创造一个干净舒适的环境。半小时后书桌变整洁了，虽未能按计划开始学习，但他丝毫不后悔，因为自己的工作还是很有成效的。于是他满意地走进客厅，坐在柔软的沙发上想喝杯水休息一下。就在这时他又无意间看到了爸爸带来的一份画报，便情不自禁地顺手拿起来并津津有味地看了起来。不知不觉之中已10点多了，他为没有按计划学习而感到不自在，不过转念又想，看杂志也是学习呀，心也就安了。

好不容易做作业了，可一会儿，好朋友来电话与他闲聊了半小时。带着愉快的心情挂上电话，又看到弟弟在一旁玩游戏，就和他一起玩了起来，毕竟一周没和弟弟在一起玩了。结果很快就到了12点，他想想写日记也颇费脑筋，没有完整的时间怎能写好呢？倒不如下午再安心地写吧。

午饭后，他匆匆回到书桌旁，准备专心做作业，但刚坐下不一会儿，眼皮就开始打架，想想今天是星期天，不如好好休息一下，等养好了精神再集中精力学习吧。

一觉醒来，已经下午3点多了，他精神饱满地打开电脑回复邮件，做完之后已经快5点了。他想剩下的时间也不可能完成今天的计划了，反正作业要到明天晚上才交，倒不如周一再做吧。

二、总结和讨论

请你帮助李明分析一下：

1. 李明当前的主要目标是什么？
2. 李明没有完成计划的原因是什么？
3. 李明应该采取什么措施才能从这种拖延中解脱出来？

反思：如何提升时间管理的能力

一、自我评估

浪费时间有多种表现，请你对照下面的几种情况检视一下自己，看看自己是否也有同样的问题，并把下一步改正的办法写在后面（表2-1）。

表 2-1 问题改进行动表

序号	问题	表现	改进办法
1	对未来没有计划	没有目标，没有计划，漫无目的地游荡	
2	不愿离开舒适区	习惯待在舒服的环境里，害怕尝试新的东西	
3	满脑子都是消极想法	自认为已经精疲力尽、无法改变生活了	

续表

序号	问题	表现	改进办法
4	情绪不佳的时间浪费	事情不顺利或失败时生气、惋惜、愧疚、后悔，从而延长了做事的时间	
5	总是在抱怨中浪费时间	经常抱怨工作、老板、工资，甚至伴侣等	
6	花费太多时间在不该做的事情上	看电视、看微信朋友圈、夜宵摊上蹭饭聚餐、打麻将、玩牌、沉迷于酒精等	
7	沉迷于电子产品	打游戏、成天发短信、上网、抢红包等	
8	效率不彰的时间浪费	做事时间可缩短而实际未被缩短。如打电话或开会时，目的不清晰，或时常跑题，拖延时间	
9	不珍惜碎片化时间	用于等待的时间（等人、等车等等），因为时间短（少于半小时），以空等来度过	
10	学习、做事不专心	一直不能静心，易被琐事分散注意力，工作时喜欢用微信、电话闲聊	
11	包揽工作的时间浪费	自以为万能，常干涉或指导他人（别人并未向自己求助），或将他人的工作任务揽到自己身上	
12	随意出借时间	当他人请求帮忙时，担心说"不"会得罪人，只好任人掠夺自己的时间	

二、反思提高

学完了本主题内容，现在看看你是否掌握了运筹学习时间的要点。下面请你认真思考这样几个问题：

1. 今天有哪些事情是在适当的时间内完成的，哪些是在不适当的时间内做的？

2. 今天效率最高的是哪一段时间，效率最低的是哪一段时间，为什么？

3. 今天时间利用过程中最大的干扰是什么？

4. 今天做了哪些不必要做的事？

5. 今天花了多少时间做不重要的事？

6. 今天有没有由于安排不合理而浪费的时间？

7. 哪些方面要改进？

检查你是否掌握了时间管理的要点，其中包括列出任务清单、确定任务的优先级、排除外界干扰、克服拖延的习惯等。

主题三　提高工作效能

问题：如何进行项目管理，提高工作效能

每个单位、企业的产品订单、工作任务单、产品设计、年销售计划、五年规划等等，其发展都可以从不同的角度分成一个一个项目来操作、来执行落实的，我们个人的职业规划和具体的学习目标，我们的工作任务，也是一个个具体的项目。

项目管理是管理者在有限的资源约束下，运用系统的观点、方法和理论，对项目涉及的全部工作进行有效管理，即从项目的投资决策开始到项目结束，全程进行计划、组织、指挥、协调、控制和评价，以实现项目的目标。

项目管理效能提高的内涵很多，包括时间、成本、质量、沟通、风险、采购、集成、干系人（积极参与项目实施或完成的，其利益可能受积极或消极影响的个人或组织）等等，本节重点训练效能提高中的时间计划管理技巧。

通过本主题学习和训练，你将能够：

1. 掌握工作计划制订的方法。
2. 了解控制工作过程的工具，有效提升效能。

微课：

拖延的人生如
何自救

认知：学会项目管理，提高工作效能

项目的计划管理是为了确保项目最终按时完成的一系列管理过程。它包括具体活动界定、活动排序、时间估计、进度安排及时间控制等各项工作。计划的种类很多，从性质上说有工作计划、学习计划等；从时间上说有多年计划、年计划、季计划、月计划、周计划、日计划等；从时间长短上说有长期计划、中期计划和短期计划等等。

计划管理包括计划的制订、计划的实施、计划的检查、计划的处理与完善4个部分。计划制订好了，还要作好它的执行管理。

项目效能管理有多种有效的工具可以应用，这里介绍几种，你可以选择适合的工具应用在过程管理之中。

一、"PDCA"工作循环法

"PDCA"工作循环法是威廉·爱德华·戴明于20世纪50年代提出的，主要为企

业解决问题及计划管理工作过程提供一个科学又简便易行的方法，我们的学习项目计划、工作项目计划等都可以借鉴使用。

这个循环主要包括4个阶段：计划（Plan）、实施（Do）、检查（Check）处理与完善（Action），"PDCA循环"（图2-6）就是按照这样的顺序进行管理，并且反复循环下去的一种科学程序。

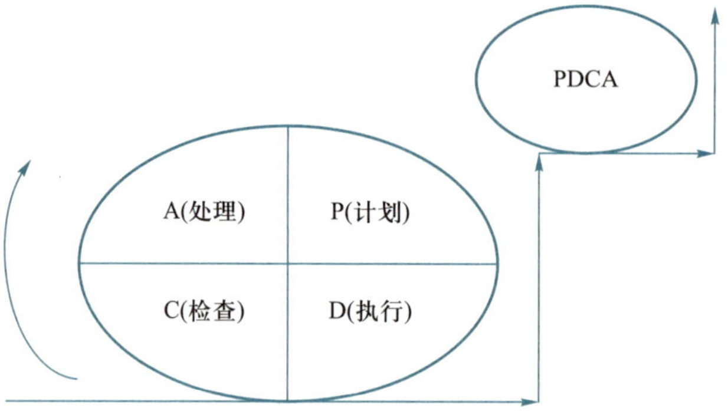

图 2-6　PDCA 循环图

PDCA之所以称为"循环"，是因为这4个步骤是周而复始、不断完善的。不断地计划、执行、检查、修正，从一个循环进入下一个循环，不断地实现计划中的目标，同时，又不断总结经验与教训，不断地积累成功，不断地创造新的成果。

PDCA法是一种十分有用的计划管理方法，人人都可以应用，该方法对提高计划的管理效能具有非常重要的价值。

二、海尔的"OEC"管理法

OEC管理法（Overall Every Control and Clear），意思为全方位优化管理法，是海尔集团于1989年创造的企业管理法。该法为海尔集团创造了巨大的经济效益和社会效益，获得国家企业管理创新"金马奖"、企业改革"风帆杯"，曾被批示在全国推广这种管理经验。

海尔提出的"日事日毕、日清日高"管理口号，即每天的工作每天完成，每天工作要清理并要每天有所提高。具体内容为：

O—Overall（全方位）；

E—Every one（每人）、Every day（每天）、Every thing（每件事）；

C—Control（控制）、Clear（清理）。

海尔没有将这句话停留在简单的意义层面上，而是从这句话出发，形成了一套以目标管理为基础的一种生产管理模式、管理方法，成为海尔文化的一个组成部分。

三、甘特图——任务进度跟踪法

甘特图又称为横道图、条状图，以提出者亨利·劳伦斯·甘特先生的名字命名。甘特图以图示活动列表和时间刻度表示出特定项目的顺序与持续时间。横轴表示时间，纵轴表示项目，线条表示期间计划和实际完成情况。甘特图可以直观表明计划何时进行，进展与要求的对比，便于管理者弄清项目的剩余任务，评估工作进度。

用"甘特图"直观地展现项目进度进展，轻松设置任务依赖关系，不同的项目阶段、任务、里程碑的时间节点都一目了然，无需费时督促进展、频繁开会，管理者就能轻松掌控项目。如下面的单位工程施工计划图（图2-7）：

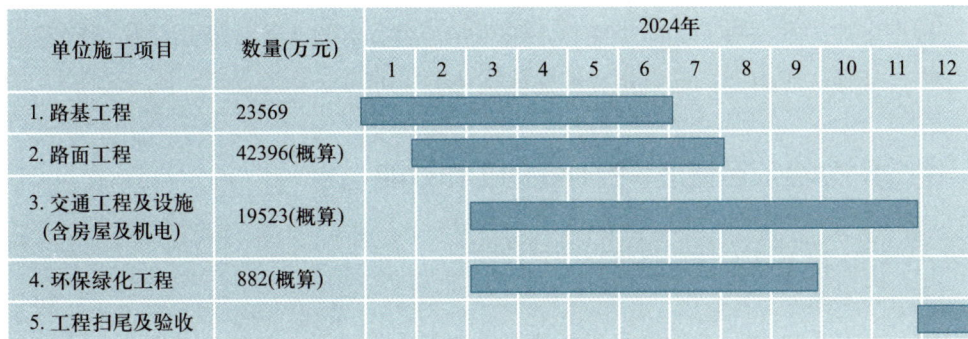

单位施工项目	数量(万元)	2024年											
		1	2	3	4	5	6	7	8	9	10	11	12
1. 路基工程	23569												
2. 路面工程	42396(概算)												
3. 交通工程及设施 (含房屋及机电)	19523(概算)												
4. 环保绿化工程	882(概算)												
5. 工程扫尾及验收													

图 2-7 单位工程施工计划图

四、"ECRS"流程优化分析法

对现有工作流程的梳理、完善和改进的过程，称为流程的优化。流程优化不仅仅指做正确的事，还包括如何正确地做这些事。对流程的优化，不仅是对流程整体的优化，还是对其中部分的改进，如减少环节、改变时序，对于某些效率低下的流程，也可以完全推翻原有计划的流程，运用重新设计的方法使流程进一步优化。流程优化在提高工作质量、提高工作效率、降低成本、降低劳动强度、节约能耗、保证安全生产等方面有着重要的作用。

工序流程的优化可以采取ECRS流程分析法，它是寻找工序流程的改善方向，构思新的工作方法，以取代现行的效率不高的工作方法。具体为：

（1）取消（Eliminate）。完成了什么？是否必要？为什么？有必要取消的工作，自然不必再花时间研究如何改进，这是最有效果的改善。某个处理、某道手续，首先要研究是否可以取消，这是改善工作程序、提高工作效率的最高原则。不必要的工序、流程、服务、产品、动作、配件、功能等，都应予以取消，如果不能全部取消，可考虑部分取消。

（2）合并（Combine）。如果工作或动作不能取消，则考虑能否与其他工作合并，能不能把几道工序合并，如工具的合并、人员的合并等，尤其在流水线生产上，合并的技巧能立竿见影地改善工序流程并提高效率。当工序之间的生产能力不平衡，出现人浮于事和忙闲不均时，就需要对这些工序进行调整和合并。

（3）重排（Rearrange）。对工作的顺序进行重新排列。取消和合并以后，还要将所有程序按照合理的逻辑重排顺序，或者在改变其他要素顺序后，重新安排工作顺序和步骤。在这一过程中，还可进一步发现可以取消和合并的内容，使作业更有条理，工作效率更高。对诸如工作流程、人员、时间等重新排列，调整下顺序，改变一下工艺就能提高效率。

（4）简化（Simplify）。即工作内容和步骤的简化，亦指动作的简化，能量的节省。对程序的改进，除去可取消和合并的部分之外，余下的还可进行必要的简化，这种简化是对工作内容和处理环节本身的简化。如果是局部范围的省略就是简化，如果整个范围的省略就是取消。

根据上述内容调整后，重新审核一遍工作流程，经过实操完善后，最后确定新的人、物、场等优化组合，这就是标准化流程化分析的方法和流程。

行动：学会项目管理，提升我的工作效能

活动一：作计划，绘制过程控制甘特图

一、活动要求

做一个自己手头的工作项目实施计划或未来五年的职业发展（或创业）计划，用甘特图绘制过程控制图，具体的项目由自己设计，包括：

1. 能力提升及多元职业发展方面，如获得技能资格证书、提升学历；
2. 工作业绩方面，如生产指标、期待获得的荣誉；
3. 职业晋升方面，如职务晋级计划等等。

二、活动提示

1. 要有时间规划，节点清晰；
2. 检查落实的指标要具体明确。

活动二：分析海尔集团的"日清体系"

一、活动资料

每年年终，海尔集团各产品部需要根据本年度的销售额完成情况，结合产品的发展趋势等综合信息，制订下一年度的销售计划。然后，把这一计划分解到全国的各个销售事业部，各销售事业部根据下属的各工贸公司上一年度的完成情况及市场分析再分解到各工贸公司，接着再进行分解……各部门有不同的职责及指标，都要按计划、按要求去执行。

各层的管理部门按计划与要求检查督促，随时找出差距及原因并及时纠偏，提出改进的措施，使后面的工作有较好的进展。到了年底，进行全面的总结，找出不足，肯定成绩，进一步完善经验，为下一年的计划做得更好而工作。

二、总结和讨论

1. 海尔集团的"日清体系"与PDCA循环法有何相似之处？
2. "日清体系"的优势有哪些？

反思：是否掌握了提高工作效能的方法

一、自我评估

学完了本主题的内容，现在请检验一下你的学习效果：你是否掌握了如何在工作或者在学习中作出计划，有效执行，提升效率的要点？请你认真思考下面几个问题：

1. 通过学习，你有什么收获？

2. 中国有句古话"凡事预则立，不预则废"，你对这句话有何感想？

3. "一年之计在于春"除了强调春天在一年四季中所占的重要位置，除在春天要播种，才有秋天的收获的含义外，这里的"计"还有什么含义？

4. 你是一位做事计划性很强的人吗？如果不是，该怎样改进？

5. 你用过本主题中学习的计划过程控制管理的工具吗？效果如何？

二、反思提高

根据以上的"行动"及"评估"结果，现在看看你是否掌握了实现工作效益最大化的要点和努力的方向，请认真思考并动手做一做：

1. 你认为影响工作效率的原因还有哪些？

2. 用学习到的方法，尽可能多地、详细地列出你最近工作中面临的问题，按自己的理解标出解决它们的顺序，作出改进的计划。

3. 尽可能多地列出你计划提高工作效能的各种途径，逐一落实，看看效果如何。

模块六

情绪管理：你的情绪谁做主

职业核心能力"自我提高"中的"心理调适"能力，要求我们能在面对压力和社会交往中调适心理、管理情绪、平衡压力，提高工作和生活的幸福度。它是从事各种职业和生活必备的一种方法能力。

"情绪管理"能力要求：

1. 能积极评估自己，了解自己的优点和弱点、兴趣和特长，有目的地克服自己的弱点，不断完善自己的人格。

2. 能识别、理解自己的积极和消极的情绪，面对悲、忧、哀、愁等消极体验，能主动调节，能有合理宣泄方法，保持良好心境。

3. 能正确认知、感受学习、工作和生活中的压力，了解自己压力的来源，能积极承受压力，寻找解决办法，自我缓解压力。

4. 能有自信心，不怕困难，正确对待学习生活工作中出现的困难和挫折。

5. 能主动与人交往，体验交往的快乐，有较好的社会交际能力。

本模块训练重点：

1. 积极评估自己，了解自己的优点和弱点。

2. 了解自我和情绪管理的要点。

3. 学会如何舒缓心理压力。

4. 提升平衡工作与生活的能力。

案例示范：情绪也是生产力

方明理，山西一家机械厂107数控加工中心组组长。有一次，小组承担了一项模具产品生产的加工任务，该产品不但进度要求急，而且精度难以控制，大伙一看都不由自主地摸起了后脑勺。

此时的方明理也感到压力很大。对着图纸沉思了良久，琢磨了半天，越想越是没有头绪，此时的他不禁心烦意乱起来。直到天黑了，别人都走了，他还一个人留在车间里。找不到方法，找不到出路，理不清头绪，不知道从何入手，这让方明理陷入了焦虑之中。

第二天，当方明理愁眉苦脸地出现在工作现场的时候，大家的情绪也低落了起来。而且，工友们心里面着急，因为认识上的不同，甚至吵起架来。这时，还是前来查看情况的领导对他说了一句话："你们这样下去不是办法，气氛就不对头，如何能解决问题啊！"

是啊，气氛不对头！大家垂头丧气、心浮气躁怎么能想出好方法？干脆，一不做二不休，方明理领着他的工友们骑着自行车郊游去了。在郊游的过程中，大家七嘴八舌，你一言我一语，山还没有爬完，办法已经出来了。这让方明理很是兴奋。第三天一上班，他和工友们一方面主动向技术人员请教，一方面参考了同类零件的加工方法，先是对工件的性能、结构与形状进行了仔细分析与研究，而后又对加工步骤进行了逐一分解，从加工程序的编制、到工件的装夹定位，从加工刀具的选择、到进给速度的确定，进行了反复的试验，最终凭借扎实的理论功底和丰富的实践经验，啃下了这块"硬骨头"，直到产品交验合格时，他的脸上才又露出笑容。

分析：这一次的任务完成过程让方明理和他的工友们受益匪浅。有时候，对待疑难问题，特别是创新攻关活动的过程中，不能硬来，要把情绪调整好才能有好创意。"你别说，搞技术攻关、开数控机床，不能光懂技术，还要研究研究心理学才好！"方明理深有感触地说。

主题一　了解自己　调控情绪

问题：我的情绪我能做主吗？

无论是找工作就业、创业起步、职业转换，还是生活环境改变等等，我们每天都可能遇到不如意之事，甚至遭受挫折。怎样控制自己的情绪，防止起伏不定、忧伤、焦虑等消极情绪反应，怎样自我激励，是我们要学习的一项重要的生存技能。

学会调适心理，保持良好的情绪，顺应各种应激源，在绝望中摆脱烦恼，在痛苦中抓住快乐，在压力下寻找解脱，在失败的时候找回希望，是事业成功、生活幸福的重要保障。在这个世界上，会有许多事情是难以预料的。我们不能控制际遇，无法预知未来，但我们能掌握自己，调控自我情绪，充满激情地面对生活和工作。

通过本主题的学习和训练，你将能够：
1. 学会正确识别并有效管理自我情绪。
2. 掌握有效激励自己的方法。

认知：情绪的识别与管理

一、怎样识别与调控自己的情绪

在日常生活中，人们每时每刻都处于一定的情绪状态下。很多人都有这样深切的情绪体验：当情绪高涨时，满怀信心，感觉世界上没有攻不下的难题，觉得干什么都得心应手，看什么都赏心悦目；当情绪低落时，对什么都不感兴趣，似乎任何事情都和自己过不去，觉得自己无能，干什么都不顺手，生活没有一点滋味。

准确识别自己的情绪，适当地调控情绪能够使人性得到充分发展，使人的价值得到充分体现。增强对情绪的自觉意识，控制情绪低潮，保持乐观心态，不断进行自我激励、自我完善，是快乐工作的重要源泉，是职业发展的重要力量。

（一）情商是什么

情商EQ，是情绪商数（Emotional Quotient）的简称。它代表一个人的情绪智力。简单来说，是一个人自我情绪管理以及管理他人情绪的能力指数。情商主要包括五个方面的能力：

微课：

情商比智商更
重要

1. 识别自我情绪的能力；

2. 调控自我情绪的能力；

3. 情绪的自我激励能力；

4. 识别他人情绪的能力；

5. 处理人际关系的能力。

围绕这五个方面的能力训练是我们情绪管理能力提升的重要内容。

（二）怎样识别自我情绪

认识自己的情绪还必须具有正确的态度，具体来说，我们可以从四个方面客观地面对自己的情绪。

第一，愿意观察自己的情绪。不要拒绝这样的行动，认为那是浪费时间的事，要相信，了解自己的情绪是重要的领导能力之一。

第二，愿意诚实面对自己的情绪。每个人都可以有情绪，接受这样的事实，才能了解内心真正的感觉，更适当地去处理正在发生的状况。

第三，问自己4个问题。我现在是什么情绪状态？假如是不良的情绪，原因是什么？这种情绪有什么消极后果？应该如何控制？

第四，给自己和别人应有的情绪空间。容许自己和旁人有停下来观察自己情绪的时间和空间，才不至于在冲动下作出不适当的决定。

1. 情绪记录法

有意识地留意自己的情绪变化，并将其详细记录下来。再回过头来看看记录，通过仔细分析思考，提高对情绪的识别力。可以用情绪记录表进行记录（表2-2）。

表 2-2 情绪记录表

情绪类型	时间	地点	发生过程	原因	影响	其他

2. 情绪反思法

不管处于什么样的情绪中，我们都可以先从目前的情绪中抽离出来，去细心感觉和体会自己内心的感受。比如，有时候觉得不舒服，"不舒服"的原因却说不上来。这个时候不妨问自己："是什么让我不舒服？是愤怒？挫折？还是羞耻？如果接近愤怒的感觉，是感到不平？敌意？还是愤恨？"每次情绪变化后，都可以判断一下自己当时的情绪反应是否得当，为什么会有这样的情绪？这种情绪给自己和他人带来了什么样的影响？我可以怎么做，将来才不会重蹈覆辙？经过这样理智的反复思考，情绪识别能力会越来越强。

3. 情绪恳谈法

可以求助家人、朋友、同学、上司、下属等，采用恳谈的方法征求他们对你情绪变化的看法和意见，从而客观真实地了解自己的情绪变化过程。

4. 情绪测试法

借助专业的情绪测试工具或咨询专业人员，获取自我情绪识别与管理方面的方法和建议。

（三）怎样调控自己的情绪

情绪的控制能力是指一个人如何有效地摆脱因为失败或不顺利而产生的焦虑、沮丧、愤怒或烦恼等消极情绪的能力。这种能力的高低，会影响一个人的工作、学习与生活的质量。当情绪的自我调控能力低下时，就会使自己总是处于痛苦的情绪旋涡中；反之，则可以从情感的挫折或失败中迅速调整、摆脱并且重整旗鼓。我们要做的就是不能让自己成为情绪的奴隶，不能让那些消极的情绪左右我们的行为。

每个人都需要找到一个最合适自己的情绪安定的方式，每个人都有不一样的途径调适自己的心理。下面主要介绍几种控制情绪的方法。

1. 改变认知角度

美国临床心理学家艾里森认为，情绪困扰并不一定是由诱发性事件直接引起的，常常是由经历者对事件的非理性的解释和评价所引起的。如果改变了非理性观念，调整了对诱发事件的认识和评价，领悟到理性观念，情绪困扰就消除了。实际生活中的许多情绪困扰的确如此，从非理性的角度去认识某一事物，通常会使我们愤恨不已；换个角度去认识，理性一些去认识，我们便会豁然开朗。正所谓"退一步海阔天空"，或者说的就是"换个角度天地宽"。

2. 自我暗示

曹操的部队在行军路上，由于天气炎热，士兵都口干舌燥，曹操见此情景，大声对士兵说："前面有梅林"。士兵一听精神大振，并且立刻口生唾液，加快了行进的步伐。这是曹操巧妙地运用了"望梅止渴"的暗示，来鼓舞士气。

自我暗示主要是通过语言引起或抑制人们的心理和行为。自我暗示对人的情绪乃至行为有着奇妙的作用，既可用来松弛过分紧张的情绪，也可用来激励自己。当遇到愤怒、忧愁、焦虑、困难、挫折时，不妨运用自我暗示默念提醒自己，如"不要对客户发火""别人能行，我也一定能行""一切都会过去"。这种积极的心理暗示在很多情况下能驱散忧郁和怯懦，使自己恢复快乐和自信。

语言是一个人情绪体验强有力的表现工具。通过语言可以引发或抑制情绪反应，即使不说出口也能起到调节作用。在松弛平静、排除杂念、专心致志的情况下进行这种自我暗示，对情绪的好转将大有益处。

3. 转移注意力

森田疗法创始人森田正马认为，情绪情感活动有一条规律：若将注意力集中于某种情绪情感，这种情绪情感会加剧。一般来说，对自身情绪产生强烈刺激的事，通常都与自身的利益密切相关，要很快遗忘是很困难的，特别是不好的事情。如果任由不良情绪侵蚀自己，还不如采用转移注意力的方法，让自己心有所系，忘却痛苦。如主动帮助别人做事、阅读有益的图书、看电影、参加文娱体育活动，打打球、跑跑步、KK歌等等，都有利于调适自己的情绪。

4. 合理宣泄

根据精神分析学派的理论，情绪的适当宣泄可以使情绪能量得到释放，有利于恢复自己身心机能的平衡和稳定。不良情绪长期积压，容易造成身心的紧张状态，如果不良情绪持续时间过长或强度过高，还可能造成身体的病变。人处于压抑状态时，合理的宣泄能调节机体的平衡，缓解不良情绪的困扰，恢复正常的情绪情感状态。如遇到挫折和失败，内心苦闷难忍时，可以找亲朋好友尽情倾诉，打开心灵的"阀门"，让自己的压力见见阳光，获得别人的情感支持；可以痛痛快快地哭一场，释放情感，倾诉不快，解除心理压力；可以用写日记的方式表达自己的心情；可以通过进行喜欢的运动释放内心的不良情绪。这些方式都对情绪压抑、焦虑等有较好的缓解作用。

案例

对着飞机放声吼叫

王明在公司里的人缘很好，他性情好、待人和善，几乎没人见他生气过。有一次同事经过王明家，顺道去看看他，却发现他正在顶楼上对着天上飞过来的飞机吼叫，便好奇地问他原因。

他说："我住的地方靠近机场，每当飞机起落时都会听到巨大的噪声。后来，当我心情不好或是受了委屈、遇到挫折，想要发脾气时，我就会跑上顶楼，等待飞机飞过，然后对着飞机放声大吼。等飞机飞走了，我的不快、怨气也被飞机一并带走了！"

回家的路上，同事不禁想着，怪不得他脾气这么好，原来他知道如何适时宣泄自己的情绪。

一味地压抑心中不快，并不能解决问题。在生活步调紧凑繁忙的现代社会中，人人都应学习如何疏解自己的精神压力，如此才能活出健康豁达的人生。

5. 幽默

幽默，是智慧的表现，是成熟的表现。高尚的幽默是精神的消毒剂，是消除不良情绪的有效工具。生活中总会遇到某些令人尴尬和窘迫的事情，应对不当会使自己陷入被动局面或应激状态。此时，如果你具有幽默感，使用诙谐幽默的语言，往往可以帮助你化解尴尬与窘迫，摆脱愤怒与不安。学会幽默，乐观地面对生活，是让自己真正快活起来的催化剂。

你可以单独使用这几种情绪控制的方法其中的一种，也可综合使用几种。除此之外，还有很多方式方法，你可以在工作中或学习中去细细领悟、体会，适合自己的方式才是最佳的情绪控制方法。

二、怎样认知他人情绪

认识他人的情感需求，并尽自己所能去满足他人的需求，是高情商的重要标志。在与别人交往中，给予他人尊重、理解、安慰、同情、帮助、赞美、激励和关怀等，在满足别人需要的同时，可以更好地处理自己的情绪，获得更好的人际关系。

（一）尊重他人

尊重他人是一种美德。敬人者，人恒敬之。每个人都希望得到别人的尊重，一个人的自尊心得到满足以后就会变得很愉快，做起事来就很顺心。

案例

漫画大师丰子恺先生有一次挥毫泼墨作了一幅画，画里面的情景是这样的：有一个人牵着两只羊，要将羊卖到羊肉馆。

一位农人看到了这幅《卖羊图》，却摇头摆手，说道："这画里多了东西，你画一条牵羊的绳子就够了。"

丰子恺不解，农人见状解释道："用两条绳子牵羊是没有必要的，只用一根绳子牵着头羊，其他羊就会跟上来。"

丰子恺叹服，并恍悟自己生活阅历太少。后来他又细心观察实际，发现农人的话是正确的。

丰子恺先生面对农人的质疑批评，不仅虚心接受，还在后来的观察中求证了这一生活常识。虚心向农人学习，这是对他人的尊重，也是对劳动的礼赞。

（二）认可和赞美他人

每个人都需要被认可和赞美，这是一条真理。马克·吐温说："一句美妙的赞语可以使我多活两个月，一句赞美的话能当我十天的口粮。"人难免会在某些时刻产生自卑情绪，认可和赞美对于一个人克服自卑从而建立自信心是极其重要的。认可是对别人的一种肯定，赞美是在肯定基础上的进一步激励。

发现别人的优点是赢得别人信赖的第一步，学会认可和赞美别人的优点是自信的表现，是心胸宽广的结果。认可和赞美有很多方法：

1. 不能太脱离现实，不要给人浮夸或者油嘴滑舌的不好感觉，认可和赞美应该是真诚的。

2. 可以利用积极评价，选择时机，用充满激情的语调说出来。例如：很好、可以、很棒、真行、不错。

3. 可以利用肯定的动作，果断地竖起你的大拇指，对老师的讲课点头表示认可，多吃父母专门为你准备的饭菜等等。

4. 可以通过比较有情调的方法，事后发一封邮件抒发一下自己的感受，阐明自己的收获，表示自己的感谢，所有这些都可以得到意想不到的效果。

只要我们学会认可和赞美，自己也能收到许多认可和赞美。也就是说，如果我们热爱生活，生活也会因为热爱变得更加丰富多彩。

赞美要善于把握别人的特征，否则适得其反。如面对一个身材丰满的女孩，你绝对不能夸赞她身材苗条，如果这样夸奖，别人会以为你在讽刺她。你可以赞美她的其他优点，如高雅的气质、得体的衣着等。

赞美是一个有力的激励工具，而具体的操作方式是一门艺术，如下这种操作方式可以使赞美更有力量：

第一步：告诉他做对了

说这句话的时候要看着对方的眼睛，因为目光接触表示真诚和关心。要具体描述对在哪里，而不要一般化。例如"你是一个不错的人"这种一般化的描述效果不大。同时，不要说得太多，否则没有效果。

第二步：告诉他为什么这样做重要

简要说明这样做的好处，要具体，告诉对方你很感激他。

第三步：停顿

停顿一下的目的是让对方感受一下赞美的冲击。如同渴了很长时间后得到了水喝，但是在喝的过程中是没有什么感觉的，只有喝到水后，停下来时最惬意，才感到渴感消失。这叫作"清新的暂停"。

第四步：鼓励重复这种行为

这是一种强化，鼓励这种行为重复发生。如果文化允许，可以拍拍对方的肩膀。拍肩膀是一个强有力的接触，但是必须小心使用。

赞美，绝不是阿谀奉承。阿谀奉承者，无仁无德，令人唾弃。尽管赞美是我们生活和社交中必不可少的东西，但赞美不能任意、毫无边际地夸大，而是需要一定的方法和技巧。首先，要善于观察别人，对别人要有准确的认识。必须细心地观察他人的情绪、性格、外表等的微小变化，并能及时作出适度反应，这样才能起到赞美的效果。如对方改变了性格中的某一点，针对此点加以赞扬，就可以博得对方的欢心。其次，赞美要适度，过分的赞美也会引起别人的反感，并且往往被认为是溜须拍马。具体，也是赞美的一项重要原则。模棱两可的赞美当然也不是完全无效，但效果不大，听者也无法从中学到什么。

案例

四块糖果的教育

育才小学校长陶行知在校园看到王友正用泥块砸自己班上的男生，当即斥止了他，并令他放学时到校长室里谈话。

放学后，陶行知来到校长室，王友已经等在门口准备挨训了。可一见面，陶行知却掏出一块糖果送给他，并说："这是奖给你的，因为你按时来到这里，而我却迟到了。"王友惊疑地接过糖果。随之，陶行知又掏出一块糖果放到他手里，说："这块糖也是奖给你的，因为当我不让你再打人时，你立即就住手了，这说明你很尊重我，我应该奖你。"王友更惊疑了，眼睛睁得大大的，不知道陶行知的用意。

陶行知又掏出第三块糖果塞到王友手里，说："我调查过了，你用泥块砸那些男生，是因为他们不守游戏规则，欺负女生；你砸他们，说明你很正直善良，有跟坏人作斗争的勇气，应该奖励你啊！"王友感动极了，他流着眼泪后悔地说道："陶……陶校长，你……你打我两下吧！我错了，我砸的不是坏人，而是自己的同学呀！"

陶行知满意地笑了，他随即掏出第四块糖果递过去，说："为你正确地认识错误，我再奖给你一块糖果，可惜我只有这一块糖了，我的糖给完了，我看我们的谈话也该完了吧！"说完，陶行知就走出了校长室。

人类本性中最殷切的需求就是渴望被肯定。每个人都有优缺点，我们要善于发现别人身上的闪光点，并给予真诚的赞美。陶行知先生就运用了赞美的艺术，让王友认识到自己的错误，并真心悔过，这远远比责骂、训斥更有效。

人人都希望得到别人的赞美与肯定，适时地赞美可以让一个人情绪高涨、信心十足地去工作。要学会赏识、赞美他人，努力去发现别人的闪光点。

（三）宽容他人

宽容和忍让是心理豁达的一种体现。在现实生活中，我们没有必要和别人斤斤计较，没有必要和别人争强斗胜，要学会宽容，学会忍让，这样会让自己和他人获得更加积极的力量。

优秀的性格才能成就优秀的事业，而优秀的性格需要出色的情商。情商是情绪管理方面的智力，它表现的范围很广泛，包括细微的小事情：大到大型谈判合作，小到与朋友间的闲聊。

人的每一个微小行为都可以反映出他的情商，正如爱默生所言，"不论我们在什么场合使用什么语言，你所说的都是对你自己的写照"。所以说，人的一言一行，一颦一笑，只字片言都是整个人内心的完全写照。要想打造自己的行为必须从头开始。所以，打造高情商的过程远不仅仅是读几本书、听几节讲座、记下几条行为准则这么简单，而应是通过这些有益的启示，自己反复领悟、实践并让这些思想通过每一个细小的实践过程逐渐感化自我的过程。

培养自己每一个行为习惯的过程又都是重塑一遍自我的过程，也就是说，在修炼我们某一个细微行为或是培养某个习惯的时候，就是在对我们整体情商、心态、观念进行调整。这就是修炼时应从小处着眼的道理所在。

高情商者能在日常生活中及时调整自己获得快乐，以下是五条通向快乐的途径：不用存有憎恨的念头，不要让忧虑沾染你的心，简单地生活，多分享，少欲求。

行动：学会判断合作障碍，激励他人

活动一：快乐动物园

一、活动内容

请你学一种动物的叫声或你认为最能代表这种动物的一个动作。你姓氏汉语拼音的第一字母，决定了你要学的是哪种动物：

规则一：现在选择一位不熟悉的同学作为伙伴。彼此盯着看，目光不能转移，同时用嘴大声学动物叫或用肢体模仿动作，至少10秒钟。

规则二：现在请挑一位你最熟悉的人作为伙伴，彼此盯着看，目光不能转移，同时用嘴大声学动物叫或用肢体模仿动作，至少10秒钟。

A–F　狮子　　　　G–L　企鹅

M–R　猴子　　　　S–Z　天鹅

二、讨论和总结

1. 游戏的两个阶段大家的表现有何不同？
2. 情绪对你或你身边的人产生了怎样的影响？

活动二：情绪雷达扫描

一、活动目标

当你意识到自己情绪的存在及其状态时，如果你能每隔一段时间记录一下情绪周记，你会发现，你对自己的情绪有了一个比较清晰的认识。接着可做增加积极情绪、减少消极情绪的调整练习。

二、活动内容

请做一个自己的情绪雷达扫描周记（表2-3），看看一周里，你有多少时间处在积极的情绪之中，有多少时间处在消极的情绪之中。

表2-3　情绪雷达扫描表

星期	积极情绪	消极情绪	备注
周一			
周二			
周三			

续表

星期	积极情绪	消极情绪	备注
周四			
周五			
周六			
周日			

三、活动要求

1. 晚上睡觉之前回忆当天的情绪状态，并把它们记录下来。积极与消极情绪的名称参考如下：

积极情绪：高兴、兴奋、感动、快乐、激情、惊喜、满足、安详、放松、充实、宽慰等，或者你认为属于积极的情绪；

消极情绪：抑郁、痛苦、恐惧、悲哀、嫉妒、愤怒、惊恐、焦虑、烦恼、空虚、怨恨、忧愁、无精打采等，或者你认为的消极情绪。

2. 记录情绪延续的大致时间长度；

3. 在备注栏目里写下当时的心情体验感受；

4. 一周完毕之后，统计总结一下，看看一周之内，自己处于积极情绪的时间有多少？处于消极情绪的时间有多少？为什么？

5. 如果消极情绪过多，再问一下为什么会出现这种情绪？原因在哪里？如何才能改善？

在情绪雷达扫描的基础上，可以针对常常出现的消极情绪，绘制一张图表（表2-4），每天都对引起消极情绪的事件和不合理的信念进行积极的调整训练，并尝试增加积极情绪。

表 2-4　情绪调整表

星期	事件	想法	消极情绪	调整
一				
二				
三				
四				
五				
六				
七				

反思：怎样提高情绪识别和情绪管控的能力

一、自我评估

微测试：

EQ测试

这是在许多大企业中流行的员工EQ（情商）测试题，可帮助员工了解自己的情商状况。该小测试共33题，测试时间为25分钟，最高分为174分。在进行测试时，不需要刻意地思考每一个答案的优劣和对情商结果的影响，只需要按照日常的状态来回答即可，这样才能测试出真实的结果，才能在未来有的放矢地训练情商。

请扫描二维码，进行EQ（情商）测试。

二、反思提高：我该如何进一步提高自己的情商

（一）反思总结

1. 请你总结过去一年的工作和学习效果，进行自我激励。

_____

_____

_____

_____

_____

2. 请你回顾过去一年的突出情绪表现，总结自我情绪控制的有效方法。

_____

_____

_____

_____

（二）自我提升

写下自己提升自己情商的计划，实践观察一段时间，看有什么收获。

1. _____

2. _____

3. _____

主题二　舒缓压力　快乐工作

问题：如何认识压力的积极和消极影响？

所谓压力，是指个体面对某些没有足够能力应对的重要情景而引起的情绪与生理的紧张反应。工作压力与工作环境（包括工作场所物理环境和组织环境等）、工作任务多寡、难易程度、工作完成时限长短、员工人际关系、工作岗位的变更等都有关系。

压力会对人们心理和生理健康状况产生积极或者消极的影响；有压力才有驱动力，当你有了欲望或出现紧迫感的时候，压力就随之而来，而这时潜能也会得到更大发挥，这就是压力的积极作用。但压力太大、太多时则会损害身心健康。现代医学研究证明：心理压力会削弱人体免疫系统功能，使外界致病因素乘虚而入，从而引发机体的疾病。

因此，舒缓过高的压力，平衡工作和生活带来的压力，会使我们高效工作、快乐地生活。

通过本主题的学习和训练，你将能够：
1. 了解压力的来源，主动避免产生负面的心理压力。
2. 掌握平衡舒缓压力的办法，快乐工作。

微课：

激励工作热情

认知：怎样舒缓压力　快乐工作

一、压力

压力所表现出的常见症状或信号有：

第一，生理方面：心悸和胸部疼痛、头痛、掌心冰冷或出汗、消化系统问题（如胃部不适、腹泻等）、恶心或呕吐、免疫力降低等；

第二，情绪方面：易怒、急躁、忧虑、紧张、冷漠、焦虑不安、崩溃等；

第三，行为方面：失眠、过度吸烟喝酒、拖延事情、迟到缺勤、停止娱乐、嗜吃或厌食、吃镇静药等；

第四，精神方面：注意力难集中，表达能力、记忆力、判断力下降，持续性地对自己及周围环境持消极态度，优柔寡断等。

压力有积极的，也有消极的，人的一生发展，在每个阶段都需要面对新的要求，没有压力，就没有成长。

二、压力源

压力的形成有外部的因素，也有个人自己的心理感知影响因素。

（一）外部的压力源

从形式上可分为工作压力源、生活压力源和社会压力源三种。

1. 工作压力源

引起工作压力的因素主要有：

（1）工作特性。如工作超载、工作欠载、工作条件恶劣、时间限制等；

（2）在组织中的角色。如角色冲突、角色模糊、个人职责不明等；

（3）职业生涯开发。如晋升迟缓、缺乏工作安全感、抱负受挫等；

（4）人际关系。与上司、同事、下属关系紧张等；

（5）组织变革。如并购、重组、裁员等使许多人不得不重新考虑自己的事业发展、学习新技能、适应新角色、结识新同事等。

这些都将引起很大的心理压力。

2. 生活压力源

美国著名精神病学家赫姆斯列出了43种生活危机事件，按对压力影响程度排序，主要压力源有：

配偶死亡、离婚、夫妻分居、拘禁、家庭成员死亡、外伤或生病、结婚、解雇、复婚、退休等。

可见，生活中的每一件事情都可能会成为生活压力源。

3. 社会压力源

每个人都是社会的一员，自然会感受到社会的压力。社会压力源主要有：社会地位、经济实力、生活条件等。

（二）内部的压力源

1. 自我知觉和他人评价

自我知觉指我们对自己的认识和评价，包括自我概念、自我形象和自尊三个方面。如果你是一个自我知觉良好的人，在面对困难和挫折的时候，就能冷静分析现象和本质，善于寻找解决问题的关键和突破口。反之，如果你的自我知觉不良，则容易丧失信心，面对别人的批评和指责，也容易失去冷静，进而加大自己的心理压力。

他人评价指别人对自己的认知。他人适时的赞美、鼓励和安慰都是你在遭遇工作压力时最大的精神支柱。

2. 社会支持体系

社会支持体系指一个人通过社会联系所获得，能减轻心理应激反应、缓解精神紧张状态、提高社会适应能力的影响，包括家人支持、朋友支持和其他支持。

研究证明，他人能帮助个体调动其心理资源，控制其情感负荷，与其共同完成任务，并为个体提供额外的金钱、物资、工具、技巧和认知指导，以提高个体应对事态的能力。良好的人际关系会让人们获得最大的安全感和归属感，得到支持与理解会给人精神上的愉悦和满足，从而促进心理健康。不良的人际关系使人感到压抑和紧张，容易让人陷入孤独与寂寞中，从而容易导致身心健康的受损。

3. 心态和情绪

态度决定一切。无论是顺境还是逆境，无论是成功抑或失败，不论自己处于社会的哪个位置，只要摆正心态，尽可能心平气和、愉快满意地接受现状，就会较少产生心理困惑或心理失衡。反之，如果一味沉浸在消极情绪中，就容易出现心绪不宁或者患得患失的情况。

工作中遇到悲伤、忧愁、愤怒等消极情绪体验时，应进行自我调节，迅速恢复到轻松愉快的情绪状态。

建议做好如下几点来保持自己良好的情绪：

（1）培养自己对待事物的乐观心态；

（2）培养自己的广泛爱好和兴趣；

（3）积极参加促进身心健康的活动，特别是公益活动；

（4）主动与人交往；

（5）运用理智调节情绪；

（6）正确对待得失和成败。

4. 自我期望值

人的需求是永无止境的，个人的发展亦是如此。人在不同的发展阶段需要进行不同阶段的目标设计，每个人都需要合理定位自己的发展目标，确定自己能做的和不能做的界限。

确立切实可行的目标定向，切忌由于自我期望值过高无法实现而导致心理压力。

三、怎样主动舒缓压力，快乐工作

我们来到这个世界上，都会不时面临生活和工作上的困难，步入不同程度的困境。困境带来的负面心理压力是我们生命中的一部分，是在困境中沉沦还是在困境中崛起，就看你自己是否能依靠心中的正能量冲破困境的阻挠。因此，当困难与挫折来临时，怎样积极应对负面的心理压力则显得尤为重要。当你带上正能量勇敢地去解决问题的时候，你的人生就会因此活出精彩。

来自现实生活和工作中各个方面的压力，常常令人们心理焦虑。对于每天重复的工作和一成不变的生活慢慢会生出一种厌恶、倦怠的情绪，而这种负面情绪很容易导致心理压力，如不能想办法缓解或释放出来，则会造成恶性循环。那么，我们该如何改变这种情况呢？

（一）积极的自我对话

实际工作中，由于各种不同需求的存在，压力也就随之存在。每一个压力的存在都是因为你正面临着一次挑战。拥抱挑战，面对现实，是生活和工作的真谛和意义。

人们常说，生活就是一面镜子，你从生活中看到的东西常常是你自己心态的映照。如果你的心态是暗淡的，那生活在你的眼中也是暗淡无光的；反之，如果你的心态是晴朗的，那你的生活必然充满着阳光。因此，积极的自我对话容易激发你的自信心和必胜的决心。面对工作压力时，请你告诉自己，如：

1. "这一切都将会过去，我的工作（或生活）会越来越美好。"
2. "我是大学生，我是一个有价值的人。"
3. "凭我的经验和能力，我已经在尽力为之。"
4. "我只是一个平凡人，也会和别人一样犯错误。这都没关系，改过来就好了。"
5. "我已经取得了不小的进步，并且我还在不停地朝前走。"
6. "虽然有困难，但只要采取必要的行动，我一定可以走出困境。"
7. "这种不愉快的感觉很快就会过去的，我能忍受。"
8. "在当前这种状态下，我没必要证明自己。"
9. "这种事情不值得我为之烦恼，坦然面对就好。"
10. "没有失败，有的只是不同程度的进步或成功"。

（二）时间管理，拆解任务

有效地管理时间是有效地管理压力的重要策略。

当与时间有关的压力源变为不良压力源时，你必须明确对你而言什么才是最重要的。依照"时间效能管理"中的"任务优先权"原则，要试图优先解决必须要完成的工作任务，再解决稍微重要的工作任务，最后或有空时再解决那些次要的工作。

另外，将大的工作分解为很多小的部分是舒缓工作压力的又一重要策略。你可以把一系列负责的工作简化为若干个子任务，再将这些小任务列入工作任务清单中，完成一个打一个勾，让事情变得容易控制或简单，从而减少工作压力。

（三）善待自己，知足常乐

"知足常乐"是舒缓工作压力的有效方法。

每个人都有自己的抱负，但很多人对自己的要求太高，有些甚至是力不能及的；还有些人做事追求十全十美，对自己的标准近乎吹毛求疵，甚至因微小瑕疵而自责不已，这样的人心理很难保持平衡，面对不良压力时更容易发生心理失衡。因此，建议你心平气和地应对当前的工作境遇和工作压力，确定你切实可行、容易实现的目标，从平凡的小事做起，不要妄想把所有的事情都做得完美无缺。

（四）支持疗法与松弛技术

1. 支持疗法

支持疗法的主要方式有悉心倾诉、支持鼓励、分析提示、调整行为等。

获得家人的支持和鼓励，使面临困境而无所适从的你看到光明和希望，从而恢复自信；

通过与好友悉心倾诉，使压抑中的你自由宣泄积压在内心的痛苦和愤恨，从而减少心理负担；

教师、上级通过解释和指导，使因缺乏知识或受不正确观念影响而产生烦恼或忧虑的你，调整原有的认知结构与观念，以减轻工作压力。

支持疗法中的深呼吸、音乐疗法、冥想打坐，不仅仅是要亲身体会，更要持续坚持至少两周，才可能会有效果。各种疗法都贵在坚持，争取养成一种习惯。

2. 深呼吸

深呼吸是减压的首选方式。学习腹式呼吸，经常练习"六秒钟平静反应法"等等，都是有效应对工作压力的方法。具体做法是：

（1）深深地吐出一口气，然后开始深深地吸气；

（2）屏住呼吸，坚持2~3秒钟；

（3）缓慢地、渐渐地、完全地将气呼出；

（4）呼气时，下巴和双肩渐渐放松；

（5）充分体验从颈部、肩部开始流向胳膊直到手指的放松感。

3. 音乐疗法

现代神经生理学研究证明，音乐对人的神经系统、心血管系统、内分泌系统、消化系统、呼吸系统等都有明显影响。根据乐曲的节奏、旋律、速度等的不同，可产生不同的镇静作用、兴奋作用、催眠作用及降压作用等。

4. 冥想、打坐

冥想、打坐可以帮助你清理大脑，使你的大脑活动慢下来，限制你的思想，让大脑从遇到的无数思想和感觉中得到暂时休息。科学研究证明，冥想可以降低代谢率和氧气消耗，减慢心率、呼吸。因此，冥想、打坐状态是放松的，非常适于消除压力的影响。

5. 其他

按摩可以减少肌肉紧张，刺激组织和肌肉的血液循环，因此，按摩可以使你放松和感受温暖。另外，很多运动方式也可以帮助你舒缓工作压力，例如瑜伽、太极拳、柔道、曳步舞等。

（五）临床咨询及指导

当你确实无法应对工作压力时，建议你向相关部门或心理健康门诊进行临床咨询，获得专业指导。专家会告诉你如何平衡工作和生活的关系。

总之，如果想走出阴影，那么请你面向阳光；如果想和懦弱永别，那就学会在历练中变得坚强；如果想摆脱平凡的生活，那就开始努力，让自己的梦想扬帆起航；如果想让自己的行动变得简单、顺畅，那就给自己提供一些正能量，让它抵御你所面对的种种不快乐、不乐意。

行动：学习客观评价，巧妙表达的方法

活动一：协助阿张找到压力源，舒缓压力

一、活动资料

阿张今年五十岁了，自从学校毕业起，他已经在所在部门工作了将近三十年。由

于部门过去冗员较多，所以养成了他懒散、推诿的工作态度。然而，他现在的直属领导比他小十岁，做事却细致严谨，对部门员工要求严格，尤其不喜欢员工做事态度不认真。工作中，阿张和领导之间产生了一些摩擦。阿张总觉得领导在针对他，因此在工作中产生了比较严重的厌倦情绪。而领导又不经常和员工交流，导致阿张每天上班压力很大，心情不好，甚至总在找各种理由请假。部门效率因此受到影响。

二、总结和讨论

1. 阿张的压力源是什么？

2. 应该怎样缓解这种压力？

活动二：转换信念，增强意志力、自信力

一、活动要求

下面是10个最常见的限制性信念（表2-5），请你转换观念，并实践练习，以增强自己的自信力和意志力。

二、活动内容

表2-5　改变限制性观念练习表

限制性信念	信念的改变	实践练习
我不如别人	人和人只是不同而已，在一些事情上我的确不如别人，但是其他一些事我不一定比别人差	列举出自己的10个优点，写下来放到自己的口袋里随时查看
我不是最好的，所以我是失败者	你不是最好的，并不意味着你就是失败的	1. 找一个没有获得过第一名的公众人士，显然他不是失败者，同样你也如此 2. 这个世界不存在完美的事物，只存在完美的态度
我经常做错事，又一次失败了	这世界没有失败的事情，事情的对错只是信息的反馈而已	告诉自己我离成功更近了，我愿意不断地尝试
我知道，别人很难喜欢我	人们只是不了解你或者是畏惧你	1. 敞开心扉，表达自己的真实感受，看看别人的反应 2. 做一个觉察的记录，看看你的判断是否有问题
我没有办法	神经语言程序学告诉我们，任何事情都会至少有三种办法	告诉自己我一定有办法，让我再试试别的办法
我没有做到一些应该做到的事，我感到很内疚	没有一件事是应该做的，"应该"代表了你内心的抗拒。如果需要做，就要看到事情的积极面	1. 问自己，谁说我应该做这件事？我应该做的这件事是切实可行的吗？我真正想要的是什么？ 2. 把"我应该"换成"我选择"
我没有资格	别人有资格，你就有资格。人与人是平等的，只是你认为自己没资格	告诉自己，我有资格，我配得。爸爸妈妈把我生出来，我拥有生命的那一天就拥有了全部的资格
我不相信我能做到	一般来讲，如果有人能做到一些事，那么其他人也能学着做到它	1. 给自己信心，换一种方式 2. 给自己时间，期限延长

续表

限制性信念	信念的改变	实践练习
显然这又是我的错	这个世界有两种事情，别人的事，自己的事。别人的事让别人去承担，不要让别人的事影响自己的情绪	1. 分析一下是否真的是你的责任，或许应由其他人负责 2. 如果真是自己的责任，是否能从这个事情中学到什么
没有人支持我，我没有力量	爸爸妈妈以及他们的爸爸妈妈包括我所有的前辈都在支持我。	想象一下，在你的背后站立着你的父母，你父母的父母，以及他们的父母的父母，50年代、60年代、70年代、80年代、90年代人都在支持你，总共有数以万计的人都在支持你

反思：你会评估和舒缓压力吗

一、自我评估

学完了本主题内容，下面请你用下列《不良压力症状量表》（表2-6）评估你的压力状态，针对你的压力状态，制订一份缓解压力的方案。

表2-6　不良压力症状量表

症状	分值	症状	分值
易怒		坐立不安	
压抑的感觉		噩梦	
由于紧张引起嘴巴或喉咙发干		腹泻	
一时兴起的冲动行为		对他人进行言语攻击	
情绪上下起伏		思维受阻	
强烈地想哭的冲动		尿频	
强烈地逃避现实的欲望		恶心	
强烈地伤害他人的欲望		易受惊吓	
思维模糊不清		敌意	
说话语速比平时快		颤抖或神经抽搐	
普遍的疲倦或沉重感		演讲中吞吞吐吐或结巴	
完全被压倒的感觉		注意力不能集中	
情绪不稳定的感觉		思维组织困难	
感到毫无乐趣		比平时更加不耐烦	
感到焦虑		整夜睡眠困难	
情绪紧张		入眠后经常磨牙	

症状	分值	症状	分值
头痛		挣扎着起床面对新的一天	
颈痛		感到事情失控	
胸痛		没有希望的感觉	
背痛		难以持续从事某一活动	
食欲不振		易发脾气	
性欲下降		退缩不前	
食欲增加		难以入眠	
健忘		从压力事件中恢复很慢	
明显的人际冲突		紧张引起的剧烈心跳	

1. 分值说明：0分：没有发生；1分：发生过一两次；

5分：发生过几次；10分：几乎一直发生。

2. 结果判断：≥50分：严重不良压力症状；

20~49分：中度不良压力症状；

0~19分：轻度压力不良症状。

3. 制订方案：在制订时，请你考虑如下问题：

（1）你当前的工作压力分别是什么？

（2）造成你当前工作压力的原因是什么？

（3）你打算选择什么策略或方法舒缓你的工作压力？

二、反思提高：如何进一步提升缓压和抗压能力

（一）分析总结

结合你目前的学习，反思你当下的学习、工作、生活上是否有心理压力。

过去，是否曾经因压力问题影响自己的情绪和生活？原因是什么？

在面对较大压力时你是怎样自我纾解压力、轻松前行的？你的经验是什么？

（二）自我提高

关于心理健康的标准，国内外有关专家进行过种种阐述，美国心理学家马斯洛和密特尔曼提出过10条被认为是最经典的标准。

1. 有充分的自我安全感。

2. 能充分了解自己，并能恰当估计自己的能力。

3. 生活理想切合实际。

4. 不脱离周围现实环境。

5. 能保持人格的完整与和谐。

6. 善于从经验中学习。

7. 能保持良好的人际关系。

8. 能适度地宣泄情绪和控制情绪。

9. 在符合团体要求的前提下，能有限度地发挥个性。

10. 在不违背社会规范的前提下，能适当地满足个人的基本需要。

请对照自己，看看当下自己比较符合哪几条？哪几条还需努力完善，以使自己保持心理的健康。

主题三 平衡生活 健康身心

问题：为什么要平衡工作与生活？

工作与生活的平衡主要是指职业人士如何进行工作和生活的时间支配，在做好工作的同时，兼顾自己的身心健康和家人的生活。在快节奏的现代社会，人们往往只强调工作，而忽视生活。但是，当我们面对匆忙的工作、拥堵的交通、纷繁的生活时，必须找到工作与生活的平衡点，强调这种平衡是为了更好地工作和生活。

当工作和生活能互相平衡的时候，它们往往能相互促进，提升工作和生活的整体效率和质量。所以要在心里放一个跷跷板，保持内心的平衡，才能保持工作与生活的平衡。懂得把握平衡原则的人，无论在多么紧张工作的情况下，都知道该怎样调节自己的生活节奏和工作状态，体味生活中的情调和趣味，保持一种从容和风度，始终保持一颗平常心、平衡心。

究竟是令人羡慕的工作重要，还是拥有一个幸福美满的生活重要？孰是孰非，不是能简单回答的。

通过本主题的学习和训练，你将能够：

1. 学会调节自己的生活节奏和工作状态，体味生活中的情调和趣味。
2. 学会身心健康的方法，快乐工作和生活。

认知：怎样平衡生活、健康身心

一、怎样处理工作与生活的关系

身在职场的你，是否常常感觉很不快乐呢？你是否想过自己为什么不快乐呢？工作不快乐的根源在哪里？看完了下面这则小故事，你也许会有所启发。

案例

不同的工作态度

一位哲人路过一座山，遇见了两位匠人，他们都在用力地凿石头，试图把那一块块坚硬无比的东西从山上取下来，然后再按照雇主的要求把它雕刻成各种造型。哲人看见他们如此卖力地干着，便走上前去问第一位匠人："你喜欢做这个工作吗？"匠人皱着眉头回答道："谁会喜欢每天面对这些没有感情的石头啊，我是为了生活没有办法才做这个工作的！"哲人点了点头，心想：情有可原。

于是哲人走到第二个匠人面前问道："你一定对这个工作很厌烦吧？"匠人用手拭去了额头上的汗，笑了笑说："没有，我喜欢这个工作，我觉得我能将这些普通的石头雕刻成各种美丽的造型，是我在赋予它们生命，而且当那些经过我雕刻的作品被别人欣赏时，那种自豪的感觉是别人体会不到的，那是我的财富！"哲人很震撼，他没想到，做如此工作的匠人，竟然这么有思想。

若干年后，第二位匠人成了远近闻名的雕刻家，而第一位匠人，仍旧满腹牢骚地边抱怨边重复着那些机械的动作。

过于忙碌的步调使我们不自觉地忽略了生活本身，也逐步忘却了努力工作的初衷。如果我们都能在自己的工作中找寻快乐，那岂不是一举两得的美事吗？为什么不试着让自己像第二位匠人那样，也化腐朽为神奇呢？我们要试着去做一个快乐的上班族！

在今天这个飞速发展的世界，找到工作与生活之间的平衡点，不是一个简单的任务。在工作上耗费更多的时间，就意味着你会错过提升个人生活质量的机会。更进一步说，如果你面对着个人生活中的诸多挑战，比如照顾年事已高的父母、为婚姻问题所困扰，或者开支已经入不敷出、出现生活危机，那你将很难全身心地投入到工作中。

无论你专注于工作的时间过多还是过少，当你感觉到你的工作和私人生活不和谐、不平衡了，就会带来无尽的烦恼和压力。那么如何科学地平衡工作与生活的关系，使你能快乐地工作、快乐地生活呢？你可以试试以下的方法：

1. 多些计划，少些失落

考虑清楚有关自己理想职业的每一件事——从工作形式到工作环境，然后确定自己所追求职业的目标。具体方法是，可把所追求的理想职业目标划分成尽可能短的多个阶段去实现。谨记：循序渐进是改变不称心工作的最好方法。

2. 改变认知，摆正工作态度

"我还要在这个小职位上待多久？真不想干了。""我必须有这份工作来养家糊口。"你是否应经常面对这两种选择而左右为难？不妨这样想："这个工作虽然不是很重要，但能让我学到很多东西。我应该有一个积累经验的必要阶段，从而可以在一个合适的时候争取升职或者跳槽"。这样，你的心境可以渐渐恢复平静，不快乐感随之悄然远遁了。

3. 要工作，也要娱乐

有些人上班工作只知道拼命干。一开始在晚上加1~2个小时班，不久便整天加班，最后连周末也成了办公时间。于是，工作成了霸占他全部光阴的"横蛮客"。这类人除了工作，几乎没有任何社交活动，这样时间长了，难免开始对自己的工作产生反感。

4. 评估反馈，修正计划

影响工作和生活的因素很多，而各种因素又在不断变化中，有的变化因素是可以预测的，而有的变化因素难以预测。要使自己快乐地工作、健康地生活，就需要随时对影响自己工作和生活的因素进行评估，并根据各种因素的变化对自己的发展规划进行修正。修正的内容包括科学地分配时间、合理地进行身心保健等。

5. 发现工作中的平衡点

成功固然值得喝彩，但失败也不要丧失斗志。生命是一个过程，同样是一个为生活的平衡奋斗的过程。

二、怎样愉快地工作

现在的职场竞争如此激烈，把大部分职场人士压得喘不过气来，如何才能愉快地工作呢？下边介绍的几种方法或许能帮助你：

1. 不要事事苛求完美

完美主义者通常会为自己的工作设定一个十全十美的目标，一旦目标不能完美达成，便会失意沮丧、否定自己。其实，任何一件事只要我们尽力了努力了就可以了，比起结果，我们更应注重过程。

2. 练就烦恼"失忆症"

其实人生不如意的事有很多，例如与上司或同事相处得不愉快、事业的失败等等，但我们不能把这种烦恼不断地延续下去，要学会忘记烦恼。

3. 永远不要和别人较劲

每个人都有优势与劣势，要善于去发现自己的优势并把它认真地经营下去，扬长避短才会驶入人生的宽广道路。

4. 寻找工作中的乐趣

无论什么样的工作，只要认真对待，都会发现其中的快乐。工作中不缺少快乐，只是少了发现快乐的眼睛。

工作虽不是生活的全部，但它占据着每个人生命的大部分时间，工作快乐才能让生活更快乐。

三、怎样愉快地生活

哈佛大学最受欢迎的"积极心理学"主讲者泰勒·本·沙哈尔曾做过一个研究：世界上最幸福的一群人，或者说社区里最幸福的那群人，并不是最成功的那些人。

那么，什么样的人才幸福呢？我们要从那些最幸福的人中去寻找答案。关于幸福，古往今来有着太多的诠释和描述，可并没有一种解释能够涵盖幸福的全部。幸福往往是一种感觉，下面是可以提高你幸福指数的几种方法：

1. 不要过分依赖电子产品

长时间使用电子产品会导致人对正常生活中一些事物的认知能力下降，所以要合理控制对电子产品的依赖。

2. 慢下来

每周都要有一个晚上尽情娱乐，每一天都要有属于自己舒适的时间，可以看一看电视剧、看一场篮球赛、踢一场足球、唱歌等等。

3. 不要拘泥于小事

比如说盘子不用每天都刷，房子不用每周都一尘不染。要学着去意识到如果一些事情不会给你的生活造成冲击，那么你可以允许自己让它们随遇而安——而不是逼着自己非做不可。

4. 获得足够的睡眠

没有比在睡眠不足的情况下工作更危险的事情了，它不仅仅会使你的生产力受到影响，还会引发严重的错误。

我国有睡眠问题的人数正在逐年上升，睡眠问题正在逐步转化为一个社会问题，提高睡眠与健康关联的认知越来越重要。

对付睡眠缺失的方法是：

（1）不要对睡眠缺失产生压力感。没有睡够已经是足够糟糕的事情了，不要将问题复杂化。

（2）不要在睡眠不足时开车或喝酒。在缺少睡眠的情况下再去开车是很危险的，如果再加入酒精会变成致命的危险。

（3）改掉在床上看午夜电视的习惯。

（4）在上床前洗个15分钟的热水澡。浸泡后要稍微晾一会儿，等身体降到自然温度后就会自然入睡。

（5）做一些运动。在上床至少四个小时前进行有力的运动，将帮助你入睡。

（6）给自己30分钟时间进入睡眠。如果你在30分钟后还没有入睡，从床上下来，放松一下，当你觉得有睡意的时候再尝试睡觉。

四、怎样进行身心保健

人最大的财富是健康，最渴求、最需要的也是健康。世界卫生组织（WHO）总干事马勒指出："必须让人们认识到，健康并不代表一切，但失去了健康，便失去了一切。"人活在世界上，需要金钱、事业、名声、地位、爱情、家庭、孩子……，但是，如果健康出了问题，所有这些东西都会变得毫无意义。有个形象的比喻：健康是"1"，金钱、事业、地位、家庭、幸福都是"1"后面的"0"，只有有了"1"，后面的"0"才能存在；如果没有了"1"，后面再多的"0"都毫无意义。因此，金钱、权力、享受都应排到健康之后。

那么，一个人怎样才算健康呢？

1948年世界卫生组织明确规定：健康不仅是身体没有疾病，而且也要保持心理健康，只有身心健康、体魄健全，才是完整的健康。

（一）影响身心健康的因素

身心健康是指身体和心理健康，人的情感、情绪、行为、思维方式、生活方式、性格特征等，都影响着人的五脏六腑及周身的健康状况。

1. 个性影响身心健康

无论拥有开朗、豁达、勇敢、坚强的性格，还是拥有洒脱、乐观、自信的性格，这些都是有助于身心健康的性格。

反之，悲观的、狭隘的、阴暗的、怯懦的、自卑的、拿不起放不下的性格都是有损于身心健康的性格，是疾病的性格。一个人总是"提心吊胆""心慌""心躁""撕心裂肺""心疼"，那么，他的心理状况自然不会健康。古人提倡："心平气和""心胸广阔""宽仁博爱""磊落光明""气魄宏大"是不无道理的。

2. 行为影响身心健康

一个人的行为对身体健康也是至关重要的一个方面。一个人总是贪图私利，总是算计别人，总是横行霸道、用心险恶、丧尽天良，等到他良心发现的时候，可能为时已晚。例如，一个被通缉的杀人凶犯，一个干尽坏事的人，他能像平常人一样放心、舒心地睡觉吗？他能健康长寿吗？这是不可能的，这就是不会变的事实。

（二）如何面对身心不健康

当然，人总是会生病的。因为我们总要面对社会压力，家庭带来的压力，个人的压力等等。首先，必须面对现实，正确处理好各种关系，解决思想上的毛病，治疗心理方面的问题。

其次，要有效地进行疾病治疗，可以采取遵从医嘱、药膳食疗、针灸、推拿、体育锻炼、练习气功来调整，选择最适合的治疗方式进行治疗。

再次，要学习和掌握科学保健常识，有的放矢地进行保健养生，加强自身修养，从而达到身心健康。

（三）掌握身心保健的方法

1. 静心养神，平衡心理

调神养生，主要是对人的情志、性格和意识等方面的调养与保护，也可以说是对人的精神、心理的修养和锻炼，以保持人体的心理平衡，维护机体的健康。

（1）调神养生，贵在静养。精神宁静之人，具有抵御外邪，预防疾病发生的作用。因此，不管在什么情况下都要尽量保持冷静。

（2）欲求心静，须注意闭目。合眼闭目，可使人心平气和、思绪冷静，精神内守，坦然舒畅，从而达到养精蓄锐、振奋精神之目的。心神安静者，其精气日渐充实，脏腑气机协调，身体健壮而益寿；心神终日躁动不安者，精气日益耗损，形体必然过早衰老。

2. 健康生活，减少疾病

不良的生活方式会导致各种疾病，严重损害人体健康。培养良好的生活习惯，是身体保健的重要方面。

（1）控烟或戒烟。据世界卫生组织报道，65 岁以下的男性 90% 的肺癌、75% 的支气管炎、30% 的食道癌、25% 的冠心病是由吸烟引起的，因吸烟而死亡的人数比车祸多两倍。控制吸烟或戒烟是非常重要的保健措施。

（2）限酒。一般认为适量饮酒可以改善血液循环，促进新陈代谢，对健康有好处。但短时间内过量饮酒可造成急性酒精中毒，长期过量饮酒则可引起慢性酒精中毒、肝硬化、心血管疾病、神经精神疾病等。因此，健康管理还必须做到适量饮酒，禁止酗酒。

（3）减少体重，控制肥胖。肥胖容易引起动脉硬化、冠心病、高血压等心血管疾病和脂肪肝、糖尿病等疾病的发生。要调节能量的摄入或增加消耗能量的体力活动，随时注意控制体重不超过正常标准。

3. 合理膳食，均衡营养

饮食合理则不病或病轻；反之，则多病或病重。

（1）定时：严格按时进食，一日三餐；病时少量多餐。

（2）定量：经常饮食过量，不仅导致消化不良，还会加重肾脏负担，导致糖尿病、慢性肾脏病等。

（3）清淡：过食肥甘厚味，可致其他严重的全身性疾病，如高血压、冠心病、糖尿病等，饮食以清淡为佳。

（4）温热：饮食不可过热、过凉。

4. 运动养生，强健体魄

运动保健指运用各种体育活动方式进行锻炼，从而达到增强体质，延年益寿的一种养生方法。只有经常运动，才能使气血通畅，筋骨强劲，使形体和精神面貌不致过早衰败。根据人的体质、年龄、性别的差异，可以制定出适应各种人群的运动处方来，以适应健身和疗疾的不同需要。散步、慢跑、太极拳、叩齿、咽津、足浴等都是运动与养生保健的好方法。

行动：学会平衡工作与生活，保持身心健康

活动一：帮助小林改善状态

一、活动资料

小林在毕业步入职场工作后这样说：我就像一个在高台上旋转的陀螺，如果不能一直保持着旋转的状态，要么就停下来，要么就摔下去。公司有着极好的培训体系，我却根本无时间学习。想看看书，往往是刚拿起来，又想起第二天的工作，就没心思读下去了。

二、总结和讨论

如果你是小林，为了改善这种情况，你会怎么做？

活动二：帮助王行长平衡角色

一、活动材料

女兵王霞退役后，用四年自学通过成人自考获得大学文凭，又用十年做到了发展

银行桃园支行行长，但工作和生活的双重压力让她最近感到十分焦虑：虽然升职支行行长让她十分自豪，可随之而来的压力也让她喘不过气——工作难度和任务量明显增大，她不得不早出晚归完成每月的工作指标，回家后也需要思考第二天的工作如何推进；丈夫虽然理解她工作的辛苦，但也需要她抽空对孩子的学习进行辅导；等到真正闲下来，又找不到可以放松自己的兴趣活动。对王霞来说，现在应该怎样平衡工作和生活的双重压力？

二、总结和讨论

1. 王霞的焦虑、压力来自哪里？

2. 王霞该怎样合理安排工作和生活，平衡自己的心态？

反思：你知道如何健康身心、平衡工作和生活吗？

一、自我评估

下面是世界卫生组织提出的身心健康标准，请对照标准看看你的健康状况如何。

1. 快食：进食时有很好的胃口，能快速吃完一餐饭而不挑别食物，这证明内脏功能正常。

2. 快眠：上床后能较快熟睡，且睡得深，醒后精神饱满，头脑清醒，睡眠质量好。

3. 快便：能畅快地排泄大小便，且感觉轻松自如，在精神上有一种良好的感觉，说明肠功能良好。

4. 快语：语言表达正确，说话流利。表示头脑清醒，思维敏捷，中气充足，心、肺功能正常。

5. 快行：行动自如，活动敏捷，证明精力充沛旺盛。

6. 良好的个性：性格温和，意志坚强，感情丰富，具有坦荡胸怀与达观心境。

7. 良好的处世能力：看问题客观现实，具有自我控制能力，适应复杂的社会环境，对事物的变化能始终保持良好的情绪，能保持对社会外环境与机体内环境的认知平衡。

8. 良好的人际关系：待人接物能大度和善，不过分计较，能助人为乐，与人为善。

根据上述标准，记住这"五快""三良好"，你就随时可以评价自己的整体健康状况，评价自己是否通过平衡工作与生活的关系而达到了身心健康。

二、反思提高：我该如何生活、工作得更好

（一）分析总结

结合你目前的学习，反思自己是否可以平衡好生活与工作的关系。

1. 回顾你曾经有效平衡工作和生活的成功案例，归纳其中的经验；再想想有无失败的案例，教训是什么？

2. 对照你崇拜的偶像或你身边的榜样，思考一下，有哪些地方值得自己学习、仿效？

（二）自我提升

对照教材提供的平衡方法，思考一下：

1. 你还有哪些需要改进的地方？

2. 憧憬一下，在未来的工作和生活中，你将怎样更好地面向未来，幸福生活，实现你的梦想？

/阅读清单/

［1］科特雷尔.个人发展手册［M］.凌永华，译.北京：北京大学出版社，2012.

导读：读大学，比拿学位更重要的是积蓄立足社会的资本。既然学习是"无法回避的痛苦"，何不按照《个人发展手册》的指导，让这段学习时间的价值最大化。这本手册通过各种自我测评，让你明确"你想要成为什么样的人"，更有各种自我管理、自我激励工具，帮你提升任务管理、人际交往、问题解决、创意思维、面试求职等具体的能力，告诉你如何与更多的人和事关联起来，争取更多的发展机会。

［2］沃斯，林佳豫.自主学习的革命［M］.刘文，译.北京：中国友谊出版公司，2016.

导读：本书汇集7种大脑学习的简便方式，9种提高学习能力的大脑构建工具，10种大脑学习、记忆、思维训练方式，16种处理压力、达到最佳效能状态的自学工具，20种成为优秀自学者的卓越学习方法。在移动互联网时代，我们有随时随地学习的无限可能，每个人既是一位老师，也是一位学习者，这本书会为你提供构建大脑、掌控心智时所需要的实用工具，帮助每个人激发自身潜能，在认知、情感、身体和精神各领域成为高效、自主的学习者，满足你的终身学习需要。

［3］杨玉柱.华为时间管理法［M］.北京：电子工业出版社，2010.

导读：《华为时间管理法》介绍了华为时间管理七大法则——自省法则、目标法则、方圆法则、四象限法则、精简法则、韵律法则和80/20法则，并通过案例、口述经验、技巧的介绍，对七大法则分别加以解读，全面总结了日常工作中在时间管理上常见的误区和行之有效的处理方法。读者可以在轻松阅读的过程中掌握时间管理的技巧，学会正确的时间分配并充分有效地利用时间。

第三篇 | 创新创造与职场竞争力

创新才能把握时代、引领时代。我们要以科学的态度对待科学、以真理的精神追求真理，坚持马克思主义基本原理不动摇，坚持党的全面领导不动摇，坚持中国特色社会主义不动摇，紧跟时代步伐，顺应实践发展，以满腔热忱对待一切新生事物，不断拓展认识的广度和深度，敢于说前人没有说过的新话，敢于干前人没有干过的事情，以新的理论指导新的实践。

——党的二十大报告

模块七

提出创新需求：用设计思维发现问题

　　创新创造是在工作活动中，以创新思维和技法为主要手段，探索发现创新需求，提出改进或创新的方案，勇于实践，实施创新方案，评估创新效果，以提高工作效能、推动事物不断发展的能力，它是从事各种职业特别需要的一种社会和方法能力。

　　这里规定的创新创造能力需要有积极的创新精神，以人为本的用户思维和创新思维，有专门的创新技法，同时又不限定任何可采用的技术和方法，创新能力的运用范畴没有极限，以不断推动事物的发展为宗旨。这种能力的培养和运用适用于所有工作岗位和人员，在社会领域具有广泛的实用性。

　　通用职业素质专家委员会制订的《通用职业素质培训纲要》中创新创造能力模块，将创新活动的流程分为三个活动要素：发现创新需求，实施创新方案，评估创新效果。

"提出创新需求"能力要求：

1. 能从用户的生活场域，运用同理心思考，发掘用户需求。
2. 能根据对用户和背景的了解，定义一个有意义且具有可操作性的问题陈述。
3. 能客观分析事物现状，并能针对发展，提出新的需求和不足之处。
4. 能突破思维障碍，运用设计思维，针对问题陈述，提出创新意见。
5. 能清楚认识可利用的资源及限制，独立作出创新改进方案。

本模块训练重点：

1. 了解创新意识和创新思维的相关知识。
2. 理解并培育基本的创新意识。
3. 掌握日常工作生活中运用创新思维的能力。

案例示范："小菜一碟"成大业

　　胡小平，一个只有初中文化的安徽农民却成功创业，打造了属于自己的餐饮品牌。在城市打工时，他发现居民家庭各种小菜的需求很大，后来又发现城市商场很少有各种小菜，原因是进小菜很麻烦且销售利润少。于是他大胆创新，把人们爱吃的小菜进行包装，进行统一配送。胡小平在南京成功注册"小菜一碟"品牌，并在南京建集散地组建了专业小菜配送公司后，品牌一炮打响，年销售额竟然超过1 500万元——"小菜一碟"解决了居民食用小菜的需要和不便问题，胡小平获得了成功。

"小菜一碟"一诞生，立即吸引了众多小菜生产厂家和小菜经销商的眼球，胡小平开始用产品商标不断汇聚特色产品——特许制造；用服务商标不断拓展销售渠道——特许经销。随着"小菜一碟"销售网点的不断增加，更多有地方特色的新品小菜不断加盟；随着"小菜一碟"特色新品的不断加盟，"小菜一碟"开发网点的力度不断增强。经过市场的不断优胜劣汰，最终达到胡小平的目标："小菜一碟"，浓缩中国小菜精华！胡小平的经营战略逐渐明确——用营销网络吸引特色产品，用特色产品编织营销网络，形成一股力量；对一个制造商来说，只要加盟了"小菜一碟"，就得到了"小菜一碟"的营销网络权；对于经营商来说，只要加盟了"小菜一碟"，就得到了小菜一碟的特色源头产品。

"小菜一碟"在制造商和经营商互惠互利中不断成长壮大，与制造商、经营商形成一条完整的"价值链"，建立起属于大家的"小菜一碟"。除了把生产商和经销商团结在一起，胡小平的"小菜一碟"还在做什么呢？当人们从超市货架上选取琳琅满目的各式小菜时，殊不知，从种植前品种的选择，到田间栽培、生长呵护到按照严格的标准，加工成各种风味的产品，最后选取多种渠道进入超市销售，这是一个全方位控制质量的过程。任何一个环节出现疏漏，都会给"小菜一碟"带来灭顶之灾。

为消费者选择最好的小菜就是"小菜一碟"的职责，胡小平加大投入，邀请食品保健专家来指导，让一些基地的小菜增加乳酸菌、氨基酸的含量，把中国小菜由传统的"下饭型"向现代的"保健型"拓展。

直至2018年底，小菜一碟已拥有包括北京和香港地区在内的11个商贸公司、50多个生产基地、近200多个风味的小菜品种，小菜一碟已经从农贸市场走进了易初莲花、麦德龙、沃尔玛等十多家大型连锁超市，年销售额近2亿元。2019年，"小菜一碟"已经形成了农业产业化、城乡高效配送一体化、"互联网＋农产品直供"多平台和多渠道的销售模式，为绿色健康食品进社区创造了渠道，真正实现了从田间地头到居民餐桌这一愿望。

纵观历史，每一位取得卓越成就的人，无不是敢于创新的典范。创新成就了他们，他们成就了企业。

分析："小菜一碟"创始人敏锐地捕捉到了小菜市场的空白，利用创新思维让自己的企业成为了一个极具吸引力的品牌。

主题一　激发意识　发现问题

问题：为什么说发现问题比解决问题更重要？

提出一个问题往往比解决一个问题更重要，因为解决一个问题也许仅是一个数学上或是实验上的技能而已，而提出新的问题、新的可能性，从新的角度去看旧的问题，却需要有创造性的想象力，而且标志着科学的真正进步。

——爱因斯坦

世界上绝大多数人都拥有一定的创新天赋，但许多人盲从于习惯，盲从于权威，不愿与众不同，不敢标新立异，所以在任何时候、任何组织中成功创新的只有少数人。如果你学会本主题所介绍的方法并勇于在实践中自觉运用，你也能成功。

对创造性思维而言，一定的经验是必需的，过多的经验和对经验的过度依赖却是有害的，在今天这样一个知识爆炸的时代，人们更需学会删除，头脑里应存有一个"回收站"，设定一个删除键。否则，有限的思维内存会因爆满而"死机"。

通过本主题的学习和训练，你将能够：
1. 了解什么是创新意识，如何培养创新意识。
2. 了解设计思维的基本流程。
3. 运用设计思维发现问题。

认知：如何用设计思维发现问题

一、创新意识培育

（一）什么是创新意识

创新是以提出有别于常规或常人思路的见解为导向，利用现有的知识和物质，在特定的环境中，本着理想化需要或为满足社会需求，改进或创造新的事物、方法、元素、路径、环境，并能获得一定有益效果的行为。创新来自大脑的创造性思维，创新意识是人们根据社会和个体发展的需要，引起创造前所未有的事物或观念的动机，并在创新活动中所表现出来的意向、愿望和设想。

一般来说，创新意识主要包括创新动机、创新兴趣、创新情感和创新意志。所谓创新动机是创新活动的动力因素，它能推动和激励人们发动和维持进行创新活动。创

微课：

培育创新意识

161

新兴趣是促使人们积极追求新鲜事物的一种心理倾向，它能促进创新活动。创新情感是引起、推进乃至完成创造的心理因素，只有具有真正的创新情感才能使创新成功。创新意志是在创新中克服困难，冲破阻碍的心理因素，创新意志具有目的性、顽强性和自制性。

（二）如何培育创新意识

可以说，创新意识是人类意识中的一种积极的、富有成果性的表现形式，是人们进行创新活动的出发点和内在动力。人们要进行创新活动，首先需要培育自己的创新意识。一般而言，主要培育如下四种意识：

1. 求新求异

求新求异是指创造出的事物或产品必须要有新颖性和独创性。新颖性主要是相对以往历史而言，新的事物或产品要达到前所未有的状态。这是一种纵向比较。而独创性是指不同凡响、别出心裁，这是相对其他人而言，是一种横向比较。创造的产品可以是一种新概念、新发现、新理论或新设想，也可以是一种新技术、新工艺。但无论是知识创新还是技术创新，都必须要有新颖性和独特性。

2. 求真求实

创新意识是指必须要做到求真求实。要使创新活动富有价值，很重要的一点，就是要符合客观规律。寻找事物的客观规律，按规律办事，就是求真求实的过程。创新离不开求真求实，求真求实本身就是不断创新的过程。

3. 不断求变

创新意识不仅要求真求实，更要不断求变。我们知道，科学真理并非一经建立就永恒不变的。科学发展追求真理的过程本身就是不断发现错误，排除错误，最后一步一步逼近正确认识的永无止境的过程，是不断破旧立新，推陈出新的过程。因此，创新本身就是一个不断变革的过程，创新求真，其具有的意识必然包含着强烈的求变意识。

4. 问题导向

创新往往是一种问题导向的有意识的行为。有良好问题意识的人善于提出新问题，有了新问题，就必须要加以解决。如用已有的途径和现成的答案得不出圆满的结果的话，就必须要用新的方法和理论来加以解决。一旦新的方法被创造出来，新的道理被阐发出来，创新也就水到渠成。因此，培养良好的问题意识是强化创新意识的有效途径。

可以说，培育创新意识是一切创新活动的起点。创新意识是引起创造性思维的前提和条件，创新性思维是创新意识的必然结果。

二、用设计思维发现问题

（一）什么是设计思维

设计思维是如何解决我们生活中的问题呢？首先我们思考一个小问题：怎样让更多乘客愿意乘坐火车呢？你会选择把车厢变大？把座位变得更舒适？还是设置更多的

车次?

解决这个问题的不是火车技术公司，而是一家设计咨询公司，IDEO。1997年他们接到来自阿西乐特快的要求：改造火车车厢以提升乘客搭乘率。IDEO没有一上来就研究车厢，而是做了大量的用户行为研究，基于这些研究IDEO发现，搭乘率低的根本原因是订票、取票和搭乘整个过程过于繁杂，影响了乘客的乘车意愿。于是他们重新设计了购票系统，真正改善了整个乘坐体验。

乘客不愿意乘坐火车，按照一般人的惯性思维会想，是不是火车出了问题？而拥有设计思维的人则一定会先考虑：乘客的需求是什么？

设计思维是依靠于设计师的敏感度和方法，运用可行的科技以及能转化为顾客价值和市场机会的有效商业策略，来满足人们需求的创新思维活动。设计思维的目标，是帮助人们说出潜藏在心里，甚至自己也没察觉到的需求。

设计思维的核心精神在于做以人为本的设计，也叫作以用户为中心的设计，它有一套以人为本的解决问题的方法论，拥有成熟的理念、方法和流程。

（二）设计思维模式

目前设计思维主要有三种模式。

1. IDEO以人为中心的设计流程

在"设计思维"被不同的学者提出之后，IDEO是第一家将设计思维应用于商业问题的解决之中的公司。IDEO的创始人大卫·凯利，后来又在美国斯坦福大学创建了著名的斯坦福设计学院。

以人为中心设计流程（图3-1），包含激发灵感、萌发原型、实现目标三个要素。其中，"激发灵感"（发散思维）主要回答：如何开始？怎样进行客户访问和调研？如何做到以人为本？"萌发原型"（收敛—发散思维）主要回答：怎样把所了解的用户需求转化为产品设计参数？如何把洞察到的东西转换为实际的方案？如何把方案制作成原型？"实现目标"（收敛思维）主要回答：如何把原型或概念方案变成实际产品？如何评估产品有效性？如何规划产品的持续发展？

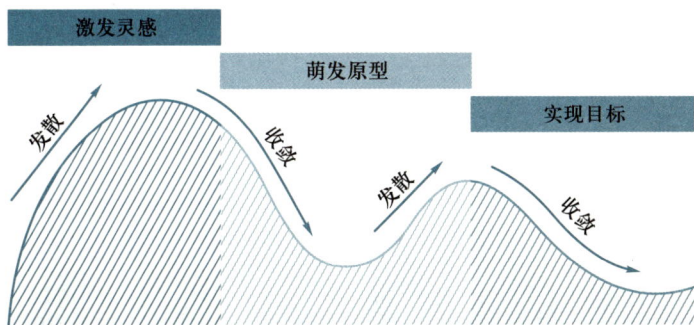

图3-1 IDEO以人为中心的设计流程

2. 双钻设计思考模型

几乎所有创意或设计项目的核心问题在于如何从点A（未知）到点B（已知），从

163

（可能是……）到（应该是……）。整个过程高度抽象后看上去非常简洁，工作的目标就是找到从A点到B点的路径。现实中，从A到B的过程往往是持续不断地，无止境地迭代下去。因为创造力的本质就是对如何做一件事进行持续不断地改进，从而对生活产生积极改变的一种习惯。

英国设计委员会根据创意和设计项目的这一核心问题制作了双钻流程（图3-2），将A到B的过程划分为两个大的阶段，即"双钻"：做正确的事和正确地做事。而这两个大的阶段又可划分为四个时期，即探索、定义、开发和交付。

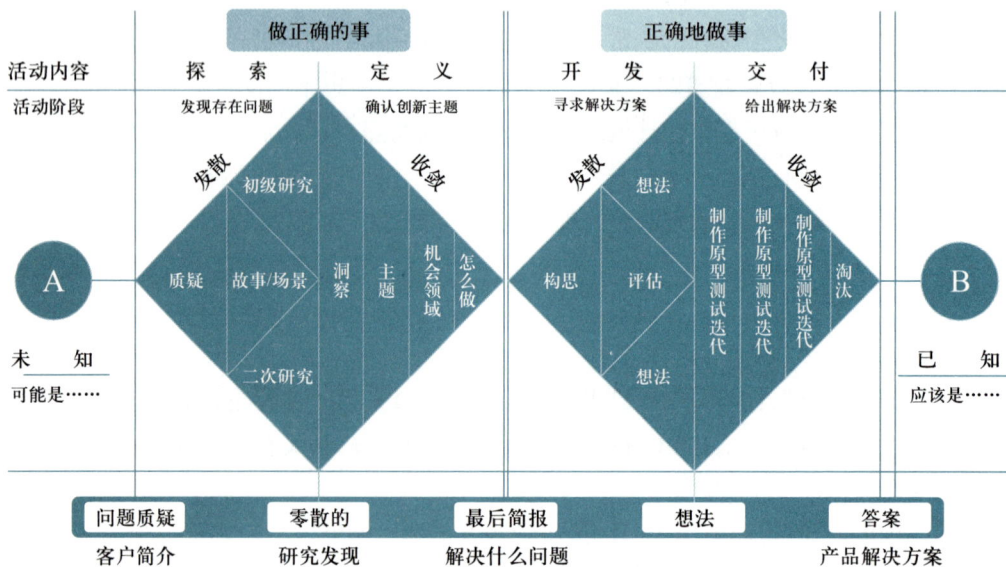

图 3-2　双钻设计思考模型

3. 斯坦福设计学院设计思维流程

斯坦福设计思维流程（图3-3）的特点是先要了解客户，再定义问题。设计者需要围绕着一个大致想法不断探索，而非假设从一开始就已经知道了正确的答案。换而言之，在整个流程中，所有设计者是在确信"需求是什么"之后，才开始定义问题。同时需要注意的是，尽管这个流程看上去是一个循序渐进的过程，但随着后期不断学习，了解不断加深，设计者需要时常重新回顾之前的步骤，如此，步骤与步骤之间的关联充分地展示出整个流程的动态性。

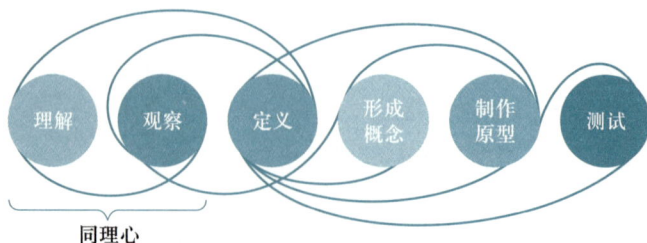

图 3-3　斯坦福设计学院设计思维

（三）设计思维步骤

通过比较，我们发现这三种模型在本质上具有一致性：它们都遵循发现需求、寻找办法、验证方案的基本流程，都体现了从发散到收敛的思维过程。我们选取斯坦福设计学院设计思维模式来详细讲解设计思维的步骤。

1. 同理心发现需求

为了实现有意义的创新，你需要了解你的用户，并且关心他们的生活。同理心思考就是换位思考。比如你希望改善学校的教室环境，那么，你就可以像学生一样，坐在课桌后面上一整天的课，以此来考察教室真实环境。或者，你希望学生们来解决班级纪律的问题，你可以让一位学生来做一天的老师。这个步骤的目标是深入解读用户，收集大量信息。

在同理心阶段，通过与人交流寻找故事，你要：

（1）观察。观察用户以及他们在生活中的行为。除了访谈之外，尽可能在相关背景下多观察。如果观察到某人的言行不一，那么我们就能获得一些发现。现存解决方案也可以激发作为设计者的我们。

（2）鼓励参与。有时我们称这种方法为"访谈"，但实际上应该更像是一次谈话。提前准备一些你想问的问题，对话内容不一定完全遵照这些问题。要保持好谈话的进度，从与你谈话的人那里引出故事，并且多问"为什么？"以求揭示更深的含义。鼓励参与既可以是简短的偶遇后，"拦住"事件与用户进行交流，也可以是安排预约更长时间的谈话。

（3）观察与聆听。将观察与鼓励参与相结合。请某个人讲述他们是如何完成一项任务的。让他们重新描述亲身的经历，并且告诉你为什么他们正在做这些事情。让他们谈谈在执行一个任务或与某个对象交互时，他们在想什么。与交谈对象在家里或工作场所交谈——许多故事都会体现在某个物件上，可以利用环境去激发更深入的问题。

从同理心阶段到得出结论阶段，需要你处理所有见闻，以便了解全局和掌握所有的要点。进行剖析是开始这个流程的机会——与其他设计人员分享你的发现，并且可视化地呈现重要的部分。

将你头脑中的所有信息展现出来，并将其呈现在便于建立联系的展示板上——贴上与用户有关的照片、关于引述的便利贴、客户体验图或经历等任何能获取用户印象和信息的东西。这是整合过程的开始，这会引导"定义"模式。

2. 给需求下个定义

构建合适的问题，是创建正确解决方案的唯一方法。定义，即在收集到的调查信息基础上，更精确地明确需求。像"让学生的成绩更好"，这就不是一个精确的需求定义。而"提升学生在自习时间的专注力"，则是更精准的需求定义。只有精准定义需求，我们才能着手解决问题。

作为一个设计思维的设计者，需要根据对用户和背景的了解来定义你所面临的挑战：制订一个有意义和可操作的问题陈述，就是我们所说的观点，这个观点明确地表达了你正在努力解决的问题。更重要的是，在对人们和问题空间的全新理解的基础上，你的观点正确定义了要面临的挑战。可以说定义也是一种尝试，是将零散的发现整合成有效的灵感的一次试验。

通过整合同理心和研究中收集到的信息来形成和表达灵感。然后结合用户、需求和灵感这三个要素来表达观点，以此作为一个可操作的问题陈述，这将推动你接下来的设计工作。

一个范围适宜且表达清晰的观点能非常自然地引领你进入到形成构思阶段。

针对问题陈述得出的主题进行头脑风暴，同时创建一个"我们该怎样？"的问题列表，这是个承上启下的步骤。

3. 形成创意构思

创意构思不是提出"正确"的想法，而是产生最广泛的可能性，这个步骤可以看作是头脑风暴的阶段。围绕上一步定义的需求，我们可以跳出局限，打破惯性思维，天马行空地提出各种各样的点子。不用担心你的想法会被人取笑，比如"让学校生活有趣，小学生可以带玩具来上课"，也许这就是一个全新解决方法的开始。形成构思为构建原型和将创新的解决方案提供给用户，提供了能量和素材。

在设计项目的早期，形成构思是指你可以选择想法的一个最大的可能范围，而不仅仅是找到一个、最好的解决方案。稍后会通过用户测试和反馈来确定最好的解决方案。

那么，怎么形成构思呢？

将你的意识和潜意识、理性想法与想象力相结合来形成构思。例如，在头脑风暴中利用团队的协同作用，在他人的想法上构建新的想法。添加约束、让你的周围充斥着能激发灵感的素材，并且包容误解。还有其他的形成构思方法如思维导图以及草图法。但在它们中的一个通用主题是推迟判断——把想法的生成与评估分开。这样做，就可以发挥你的想象力和创造力，同时这样做的好处以后会得到验证。

作为一个团队，指定三个投票标准（我们建议将"最可能喜欢的""理性选择的""最意想不到的"作为潜在的标准，但决定权在你）用来投选你的团队在头脑风暴中产生的三种不同的想法，可以作为保持创新潜力的选择方法。将两个或三个获得最多选票的想法制作原型。这样，通过推进多重想法，你就能保持创新潜力。这是与处理单一想法在根本上不同的方法，这样至少大多数的团队成员能够同意。

4. 制作原型

从构建中思考，从测试中学习。原型实现，这个步骤作出的可以是粗糙、简单的产品或产品中的特定功能的原始模型，用于测试上一阶段提出的解决方案。原型可以是一个具体的产品的模型，也可以是一个小规模的环境或过程的简单模拟。比如最开始说的改良火车订票系统，我们就可以模拟一个微型的购票厅，让测试者来模拟购票。

任何可以与用户形成互动（关系）的事物都可以被称作原型：贴满便条的白板，组装完成的工具，角色扮演，甚至故事情节串联板等用户可以体验到的东西。比如，我们可以利用情节串联板向人们介绍某个故事情景，或者让用户在我们创造出的实物环境中进行角色扮演。

那么，如何构建原型呢？

（1）开始构建。即使不确定在做什么，挑拣材料，比如便条，胶带，现成的物件的动作足以作为构建流程的开端。无须在一个原型上花太多时间。尽快放手，以免过于依赖某个原型。

（2）标识变量。确定每个原型需要测试的内容。每个原型在测试时应能解答对应的问题。也就是说，不要盲目地跟从或赞同别人对原型的理解。

（3）与用户一起构建。你希望与用户一起测试什么？你期望什么样的行为？回答这些问题有助于推动原型制作，在测试阶段获得有意义的反馈。

构建原型时，需要我们时刻关注客户。用户测试内容是什么？你们期待获得何种用户行为？回答上述问题有助于聚焦原型构建，并在测试过程中获得关键反馈。

我们需要把原型和测试看成串联在一起的步骤，切忌在两个步骤间不断转换。对这两个步骤的共同检测有助于确定测试原型的层次或顺序。就算完成了测试，也不要认为简单地把一个原型放在用户面前就万事大吉了。通常，思考如何展开产品测试来获取用户最真实自然的反馈，才会得到信息量丰富的结果。

5. 测试实验

测试是了解用户和解决方案的机会。实际测试这个阶段，我们会使用实现的产品原型，或模拟环境来检验测试问题是否得到解决，需求是否得到满足。这个阶段非常重要，一些想法可能会在这个过程中被重新定义，甚至会因此发现新的问题。

测试指人们从用户获取关于原型的反馈，并有机会从目标人群身上获得同理心。理想情况下，我们可以在用户现实生活中进行测试。对于体验经验，尝试构建场景来捕获真实的情况。如果没办法进行现场原型测试，那么我们可以让用户扮演角色或完成任务，这样会更接近原型。

一个可以借鉴的经验法则是：在构建原型的时候，假设你总是正确的；但在测试时，假设你总是错的。测试是一次完善解决方案的良机。

（1）测试的目的

完善细化原型和解决方案。测试可发挥指导构建原型下个迭代流程的作用。

了解更多关于用户的信息。通过观察和参与，建立同理心，常常会产生意想不到的见解。

完善个人观点。有时，测试可以暴露一些事实，如我们并没有获得正确的解决方案，也没有正确地构建问题。

（2）测试的方法

"只秀不说"。把原型放在用户的手中或把用户置身于情景中。这一阶段无须做过多的解释，而是让用户亲自去体验解读。观察用户使用和误用的情况，思考用户是如何处理和进行互动的；然后倾听用户反馈和提出的问题。

创造体验。构建原型，测试用户，在测试过程中，我们应该关注的是用户对体验作出的反应，而不是对你所作出解释的评估。

要求用户做比较。拿出多个原型用于用户实地测试，在测试中，给出对比基准。对比经常可以揭示出潜在的需求。

迭代是良好设计的基石。它指的是在整个流程包括在每一步骤中进行多次循环往复，例如创建多个原型或尝试头脑风暴主题的多种变体。一般来说，在设计过程中，进行多次循环来缩小选项范围，这样一来，构思就从大致轮廓转变为具有差异性的细节，但该过程仍可推进这一概念的发展。

为了简单起见，这里介绍的过程仅仅是线性流程，事实上，我们可以将设计流程进行多种排序来应对设计挑战。此外，我们还有不计其数的设计框架可供使用。该过程是多种设计框架的一种。最终，我们需要将其打造成一个属于自己风格的工作流程，并将找到的流程进行打磨完善。最重要的是，在实践创新的过程中，无论使用哪种流程，我们都需要采取一种设计师般的心态，并将这种心态渗透到你的工作方式当中。

行动：学会运用设计思维发现问题

活动一：发散思维训练

一、活动背景

发散思维也叫多向思维、辐射思维或扩散思维，是指对某一问题或事物的思考过程中，不拘泥于一点或一条线索，而是从仅有的信息中尽可能向多方向扩展，不受已经确定的方式、方法、规则和范围等的约束，并且从这种扩散的思考中求得常规的和非常规的多种设想的思维。

发散思维好比自行车轮胎一样，车轮的辐条以车轴为中心向外辐射；发散思维就是沿着多条"思维线"向四面八方发散，从多方向、多角度扩展思维空间。

发散思维的训练要注意思维的三个度：流畅、灵活和新颖。流畅是指一定时间内产生观念的多；灵活是指能产生不同类别属性的观念；新颖是指思维新奇独特的量度。

二、活动步骤

1. 尽量多地列出铅笔的用途，至少列出10种（3分钟内完成）

2. 列出30种以上交通工具的名称（5分钟内完成）

3. 利用下列两个三角形、两个圆和两条直线进行组合，所示三角形、圆和直线的大小比例可任意改变，但基本形状不能改变。看你能组合多少个图案？（时间不限）

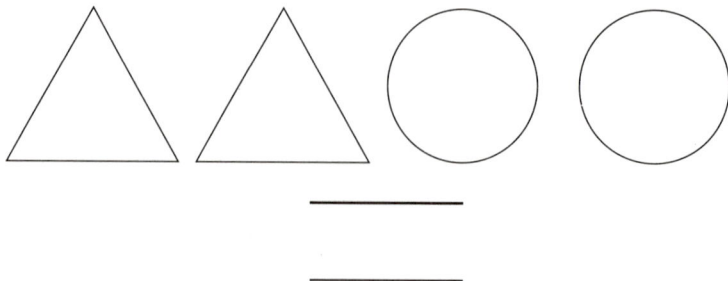

活动二：同理心访谈

一、活动要求

1. 为什么要为访谈做准备

在设计思维的背景下，访谈法是一种探究受访者背景、顾虑和需求的谈话方法。

你需要充分利用与用户在一起的宝贵时间。访谈氛围应该一直是自然轻松的，我们乐于见到一个有意外新发现的、用户主导的对话，一定要为访谈做准备。你可能没有准备好每一个问题，但你应该有一个鼓励用户参与的计划。

2. 如何为访谈做准备

写下你的团队可能生成的所有潜在问题。借鉴彼此的想法，以便丰富访谈主题。

主题的识别与排序：类似于整合"信息分组"，让你的团队确定主题或确保大多数的问题符合主题。一旦你确定了主题域，就要明确顺序，这能使对话顺利进行。构建访谈流程，降低访谈偏离主题的潜在可能性。

3. 问题的改善

一旦你把所有的问题都按主题和顺序分了组，你就会发现有一些多余的谈话内容，或者不恰当的问题。请确保在你的计划中预留出足够的时间，重点提出"为什么？"的问题以及"请告诉我你最后一次……"的问题和用户感受的问题。

二、活动内容

以小组为单位，围绕生活或工作中的一个痛点，通过访谈，了解用户的真实需求。并形成问题陈述。为设计思维的顺利进行积累素材。

三、总结和讨论

1. 问问为什么。即使你认为你知道答案，也要问问人们为什么这么做或这么说。有时答案会令你感到吃惊。以一个问题开始的对话，只要有必要就应该一直继续下去。

2. 永远不要在提出问题的时候提及"通常"这类字眼。相反，去问一个具体的事例或事件，比如"告诉我你上一次……"。

3. 鼓励讲故事的行为。人们讲的故事是否真实，都揭示了他们对这个世界的看法。提出一些能让人讲故事的问题。

4. 寻找矛盾所在。有时候人们说的和做的是不一样的，这些不一致常常隐藏有趣的灵感。

5. 关注非言语暗示。请注意肢体语言和情感。

6. 不要惧怕沉默。采访者常常觉得有必要在休息时提出另一个问题，但这实际不利于发现新问题。如果能留有沉默的时间，一个人就可以反思刚才说过的话，并且可能揭示更深层次的东西。

7. 不要引导别人回答你的问题。即使他们在回答之前停顿了一下，也不要给出建议来帮助他们回答。这会无意中让人们说出符合你期望的答案。

8. 以中立的态度提问。"您认为给您的爱人买礼物怎么样？"这个问题就比"您不觉得购物很棒吗？"更好，因为第一个问题本身不包含一个正确的答案。

9. 不问二选一的问题。需要主导一个建立在故事的基础上的对话。

10. 确保做好了收集信息的准备。最好两个人一起去采访。如果做不到，你应该使用录音设备，因为很难在鼓励用户参与的同时又做好详细的笔记。

反思：你是否掌握了设计思维的基本技巧

一、自我评估：分析案例，了解创新思维实施的过程

（一）情境描述

分析案例，了解创新思维实施的过程

（二）案例分析

深度工匠：专注成就梦想，微小也有奇迹

武汉市深度工匠文化传媒有限公司，是一家专注于PPT设计与培训的公司。其先后为500余家单位设计、美化PPT。"把简单的事情做好就是不简单，把平凡的事情做好就是不平凡。"是公司提出的口号。公司创始人陈镜荣先后获2016年大学生微创业行动金奖；"创青春"2018年湖北省金奖；"互联网＋"2018年湖北省金奖等荣誉。

一个想法，一场修行

深度工匠创业团队的创始人陈镜荣来自广东汕头一个普普通通的小渔村，幼年时生活的贫苦磨练了他的意志，也让陈镜荣养成了踏实肯干的性格。

本科期间，陈镜荣担任班级心理委员，每个月开班会做PPT的任务就落在了他头上。他常会找一些教学视频来学习，逐渐对PPT产生了兴趣。"我本科专业是侦查学，和PPT设计制作风马牛不相及，也根本没想过靠这行赚钱。"他说，因为喜爱，他可以不看剧、不打游戏、不刷朋友圈，天天对着浩瀚的网络资料学习。5年下来，他看了不下2万份PPT，一天至少花2~3小时研究怎么制作才能使PPT更美观，他还花了一年时间自学Photoshop等网络软件。陈镜荣感慨道："确实有很多人说我傻，但我就是看别人做得好，自己也想试试，做技术的人大概都是如此吧。"

在PPT设计上技术的积累让陈镜荣有了开拓进取的基点。2014年5月，在湖北省"创青春"大学生创业大赛中，他被一家投资机构看中，并为一家机械公司制作经费申报PPT。这个看似简单的PPT，陈镜荣花了一天一夜认真做出来，最后这家公司成功申报到科技厅经费，陈镜荣的PPT功不可没。这个单子让陈镜荣赚到了自己的第一桶金。

但是创业之途并非一帆风顺，创业对于每一个创业者来说都是一场修行。陈镜荣介绍，他于2013年成立个人工作室，一开始只有他一个人，跑市场、谈业务、做设计全部由他一人承担。随着资源的积累，陈镜荣陆续招募了10名大学生兼职设计师。由于实习、考研、毕业等问题，设计师们纷纷离开，辛苦培养的团队又只剩下他一个

人。好在他坚持下来了，经过两年的努力，注册了深度工匠文化传媒有限公司。

一个起点，无数终点

陈镜荣从学习PPT设计到为客户服务的过程中发现，一般人并不需要PPT设计得极致完美，个人散户也不愿花大笔钱用来请设计师制作，但是对企事业单位而言，一份漂亮的PPT对工作效果的提升起着重要的作用。很多职员在下午敲定文稿后，必须在第二天领导汇报前整理形成PPT，如何在一晚上的时间内制作出内容翔实、设计美观的PPT成了他们的难题，这些单位的文书规律性很强，智能化设计可以帮他们节省筛取信息的时间，而这也是深度工匠的入手点。

经过成员的创新和努力，开拓市场两年之后，深度工匠团队开始接到政府和企业订单，2015年，陈镜荣注册了深度工匠传媒有限公司。公司主营PPT车间、PPT学院。目前已为多个区委等政府党政一把手制作各类重大汇报PPT。深度工匠团队极具特色的运营模式在发展中功不可没。

团队主推"车间+学院"的互补的商业模式，把PPT质量交付给设计师，作为策划设计一方，PPT车间为PPT学院提供培训师，课程结束后，学员签约成为深度工匠设计师，当订单达到一定数量后又成为培训师并成为公司合伙人，形成"客户—员工—合伙人"的闭环。这也给深度工匠提供了长久发展的活力与资本。

深度工匠走到现在已经算是初步成功了，但公司的发展并未就此止步。团队创始人陈镜荣说："是一路的稳扎稳打成就了我的创业品牌，我希望'深度工匠'能成为PPT超细分市场之王，让PPT成为现代社交新名片！"

一场比赛，破釜沉舟

经久磨砺方成良才。陈镜荣带着他的PPT创业团队参加了2017湖北省大学生创业大赛"我选湖北"。短短两个小时，他通过自己优秀的口才，清晰的思路以及对市场的准确认识，获得在场企业家与各位选手的认可，他对创业的坚持与努力打动了在场的每一个人。深度工匠团队也从第七名逆袭闯进五强进入第二轮。在第二轮比赛中，深度工匠团队凭借着全新的发展理念、完善的组织结构以及丰富的实践工作经验得到了评委老师的认可，最终团队以一票之差险胜对手，获得了本次大赛的冠军，并得到了20万创业扶持基金。

这次大赛的成功对整个深度工匠团队来说，是向着成为PPT培训行业佼佼者的梦想更进一步。但是，作为创业团队，这次大赛不是终点，而是一个全新的开始，鼓舞着他们不断将"PPT创业项目"越做越大，打造一个独特的PPT品牌。

每一粒小小的种子都蕴含着成功的希望，每一份对现状的不满都隐藏着对改变的需求。创业离我们大学生并不遥远，或许每个人都需要一场这样的修行。在这场修行中踏实做事、诚恳做人，用细小的努力成就不平凡的自己。

（三）回答问题

结合案例，小组讨论，分析一下陈镜荣创立的深度工匠有哪些创新的元素，回答下列问题：

1. 深度工匠在PPT设计制作中运用了怎样的技术创新？

2. 深度工匠在市场推广应用中是如何进行管理创新的？

3. 看似毫不起眼的 PPT，也可以找到创业机会。深度工匠的成功给你怎样的启发？

4. 试着解析，该公司以"深度工匠"命名的深意？并谈谈你对工匠精神的理解。

二、反思提高

1. 有人说，设计思维可以发现问题，而 TRIZ 则可以解决问题。学完本主题后，谈谈你的理解。

2. 关于同情心与同理心，有一个形象的比喻：同情心是穿自己的鞋子走自己的路；而同理心是把自己的脚放在别人的鞋子里走别人的路。结合生活实际，说说你对二者含义的理解。

主题二　突破定势　避免偏见

问题：怎样突破思维定势，克服思维偏见？

一位公安局局长在路边同一位老人谈话，这时跑过来一位小孩，小孩着急地对公安局局长说："你爸爸和我爸爸吵起来了！"老人问："这孩子是你什么人？"公安局局长说："是我儿子。"请你回答：这两个吵架的人和公安局局长是什么关系？

这个问题，在100名被试中只有两人答对！后来对一个三口之家问这个问题，父母没答对，孩子却很快答了出来："局长是孩子的母亲，吵架的一个是局长的丈夫，孩子的爸爸；另一个是局长的爸爸，孩子的外公。"

为什么当那么多成年人面对如此简单的问题时，解答反而不如孩子呢？这就是一种思维定势，即成人已在潜意识默认公安局局长是男性，从男局长这个心理定势去推想，自然找不到答案；而小孩子没有被这种偏见扰乱，也就没有心理定势的限制，因而一下子就找到了正确答案。

生物学家贝尔纳曾经讲过："妨碍人们创新的最大障碍，并不是未知的东西，而是已知的东西。"人的思维一旦沿着一定的方向，按照一定次序思考，久而久之，就形成了一种惯性，就会阻碍新观念、新想法的构想，成为创造性解决问题的障碍。所以，要具备创新能力，必须首先冲破"思维枷锁"。

通过本主题的学习和训练，你将能够：

1. 认识思维定势和思维偏见的特点和表现。

2. 学会如何突破思维定势。

认知：突破思维定势，克服思维偏见

一、定势思维

（一）定势思维的概念

定势思维最为普遍的解释是：人们从事某项活动时预先准备的心理状态，过去的思维影响现在的思维，是按习惯的、比较固定的思路去考虑问题、分析问题的思维，表现为在解决问题的过程中做特定方式的加工准备。

微课：

思维定势

173

案例

空 鸟 笼

一位心理学家曾和乔打赌说："如果给你一个鸟笼，并挂在你房中，那么你就一定会买一只鸟。"

乔同意打赌。心理学家就买了一只非常漂亮的瑞士鸟笼给他，乔把鸟笼挂在起居室桌子边。结果大家可想而知，当人们走进来时就问："乔，你的鸟什么时候死了？"

乔立刻回答："我从未养过一只鸟。"

"那么，你要一只鸟笼干什么？"

乔无法解释……

后来，只要有人来乔的房子，就会问同样的问题。乔的心情因此十分烦躁，为了不再让人询问，乔干脆买了一只鸟装进了空鸟笼里。

（二）定势思维的作用

定势思维对常规思考是有利的。因为人们在思考同类或相似问题的时候，能不走或少走许多弯路，缩短思考的时间，提高思考的质量和成功率，但定势思维却十分不利于创新思考。如在各个领域里有很多经过深入研究最后获得重大成果的现象，其实早就有人遇到过，但为什么总是只有极个别的人才会去注意、重视和研究呢？其中的一个重要的因素就是普通人难以摆脱定势思维的束缚。

一位心理学家曾经说过："只会使用锤子的人，总是把一切问题看成是钉子"。事实上，在一个问题上形成定势思维后，时间越长，重复次数越多，束缚就会越强，摆脱或突破也就越困难。

（三）定势思维的特点

思维模式化：许多具体的思维活动逐渐定型为一种"既定"的路线、方式、程序和模式。

思维顽固化：逐渐形成思维惯性，久而久之成为思维习惯，深入到潜意识中，成为一种本能。

（四）常见的4种思维定势

思维定势有很多种，主要包括权威定势、经验定势、书本定势、从众定势。

1. 权威定势

权威定势是指人们的思想和观念无条件服从权威的习惯，是处理一切问题时都必须以权威作为判断是非唯一标准的思维习惯、程式，是思维惰性的表现，是对权威的迷信、崇拜与夸大，属于权威的泛化，是人们对权威人士言行的一种不自觉的认同和盲从。权威定势有两种来源途径，一是从儿童到成年的过程中所接受的教育权威；二是由于社会分工的不同和知识技能的差异而形成的专业权威，也就是我们所说的

"专家"。

权威定势不是天生固有的，而是经历长期过程才逐步建立起来的，是外界权威对人类思维的一种制约。人从出生到长大，一直接受这样的教育：在家听父母的，在学校听老师的，在单位听领导的，这种"听话式"教育不自觉中给我们灌输了权威意识，让我们逐渐形成了权威定势。

2. 经验定势

经验定势是人们在日积月累的活动后产生的经验教训和思维规律。这种思维定势通常表现为人们在处理新问题时不注意事物的新信息和偶然性，习惯按照自己已有的经验去做事。例如，有位女孩跟妈妈学做菜，她发现妈妈在切香肠时，总是将香肠的头尾去掉。她很奇怪，问妈妈为什么。妈妈说："你外婆这样做，我也跟着这样做，不知道为什么，你去问外婆好了。"女孩便拨通了外婆的电话。外婆告诉她："因为以前我们家烤箱的盘子太小，必须将香肠掐头去尾才能放进烤箱。"像这种情况，就是因为我们遵从了经验定势，而忘记了思考产生问题的根本原因。

3. 书本定势

书本定势是指人们看问题做事情习惯于照搬书本知识，引经据典，而不去关注和研究现实。实质上就是教条主义、本本主义，其特点在于把书本、理论当教条，思想僵化，轻视实践，割裂理论与实践的辩证统一关系。书本定势的不良表现是人对书本知识的完全认同和盲从。

其实很多书本知识是没有经过实践检验的，因此可能会是错的。例如武侠小说里边的武打场景和武功秘籍都是作者虚构的，如果按照武侠小说里边的武功套路去习武的话，就会出问题。这就是武侠小说带来的书本定势。

4. 从众定势

从众定势是人们盲从众人的认知与行为。常常表现为服从众人、顺从他人，别人怎么想我也怎么想，别人怎么做我也怎么做。例如，当你因恶心、呕吐、腹泻、腹痛等不适想要就诊时，你会选择到哪儿就诊？是想去社区卫生服务中心、街道，还是乡镇医院、县或区医院、市医院？也许你也明白，在社区卫生服务中心看病方便、经济、迅速，而去大医院就诊，路途远、等待时间长、价格较贵，但是当你看到大部分人一有病就去大医院就诊，而且你的家人或朋友也建议你去大医院就诊时，你可能还是会听从他们的意见而选择到大医院就诊，这就是一种典型的从众行为。

二、偏见思维

人们往往被一些自己并未察觉的假象所干扰，作出错误判断。由假象所导出的观察和判断会失真，从而产生偏见。

（一）偏见思维的表现形式

1. 经验偏见

案例

跌倒的驴子

一头驴子背盐渡河，它在河边滑了一跤，跌在水里，背着的盐掉进水里溶化了。驴子站起来时，感到身体轻松了许多。驴子非常高兴，认为自己获得了经验。后来有一回，它背了棉花，以为再跌倒可以同上次一样，变得轻松起来，于是走到河边的时候，便故意跌倒在水中。可是棉花吸收了水，变得无比沉重，驴子非但不能再站起来，而且一直向下沉，直到淹死。

驴子为何死于非命？每一个人都能够看得出，很重要的一个原因是它机械地套用了经验，受了经验偏见思维的影响，未能对经验进行改造和创新。

2. 利益偏见

案例

猴子的悲剧

印度人有一个抓猴子的办法。他们做了一个很大的透明的箱子，里面放了很多大桃子，然后在箱子上挖个很小的洞。猴子走过去看没人，就把爪子伸进去拿桃子了，可拿到桃子之后，爪子却怎么也拽不出来了。这个时候躲在远处的人赶紧奔过来，把猴子逮住了。

猴子的悲剧是什么原因造成的？答案就是利益。其实猴子只要放下抓到的桃子，爪子就可以拿出来了。利益偏见不是指由于你的利益关系会导致你有意识的明显偏颇，而是指一种无意识的偏斜——对公正的微妙偏离。

3. 位置偏见

案例

海在哪里？

有一则故事说的是小海浪与大海浪的对话。

小海浪：我常听人说起海，可是海是什么？它在哪里？

大海浪：你周围就是海啊。

小海浪：可是我看不到啊？

大海浪：海在你里面，也在你外面，你生于海，终归于海，海包围着你，就像你自己的身体。

"不识庐山真面目，只缘身在此山中"这就叫"思不出其位"。每个人都生活在社会一定的坐标体系中，各种思想无不打上其鲜明的烙印，通常站在什么样的位置和地位就会得出什么样的认知。连黑格尔也说过："同一句格言，出自青年人之口与出自老年人是不同的，对一个老年人来说，也许是他一辈子辛酸经验的总结。"

4. 文化偏见

人们都受到自己所在地域、国家、民族长期积淀的文化影响，看待问题的角度不可避免地打上文化、宗教、习俗的烙印。如一些外国学生在读了《红楼梦》后，总是不解地问中国老师："为什么宝玉和黛玉不偷些金银财宝然后私奔呢？"中国老师知道这不是一个工具性问题，很难用一两句话解释得清。

偏见总是在人们不经意时、不承认时、不小心时，顽强地以它特有的形式到处渗透着。

5. 点状思维（以偏概全）

案例

"看不见"的白纸

在所寄宿制中学里，一位老师走进了教室。他先拿出张画有一个黑点的白纸，问他的学生："孩子们，你们看到了什么？"

学生们盯住黑点，齐声喊道："一个黑点。"老师非常沮丧。"难道你们谁也没有看到这张白纸吗？眼光集中在黑点上，黑点会越来越大。生活中你们可不要这样啊！"

为什么你的眼睛仅仅盯住那个黑点？而没有看到黑点旁边那大片的白纸？正是这个黑点束缚和禁锢了我们的思维，使我们看不到其余更多的更好的更丰富的东西。其实，更重要的是我们要关注广阔的存在，而不是那个黑点。

6. 固执己见（刻板印象）

在我们的印象里，年轻人总因血气方刚而爱冲动，老年人则保守而稳重；北方人大方豪爽，南方人细腻谨慎，这是因为我们都存在着"刻板印象"。

人际交往过程中，没有时间和精力去和某个群体中的每一成员都进行深入交往，而只能与其中的一部分成员交往，只能"由部分推知全部"。遵循"刻板印象"固然有省时省力的好处，但在不少情况下会出现耽误大事的判断错误。

（二）偏见的心理机制

1. 心理期待

偏见有时并非主观故意，而是一种无意识倾向，我们的常识早就建立了相应的惯性链接，人的思考方式和行为模式总是受制于某种心理预期。这种心理预期或多或少会干扰我们的判断，使看似真实的判断蒙上细微的心理错觉。

2. 心理归纳

人们有根据自己所见事实进行归纳判断的习性，这是一种与生俱来的归纳本性。判断本身具有封闭性，人的思考不倾向于对未知领域地探索，更习惯于对现有信号作归纳和定性，对已知的肯定中包括了对未知的否定。

3. 心理图式

心理图式决定解释，需要决定可能，人们往往先有想法，再去找支持例证，出发点不同，结论也就各异。观察取决于观察者的理论前见，解释受制于解释者的解释模式，观察永远摆脱不了两难的偏见，什么样的图式就有什么样的解释。

三、冲破思维枷锁

对人们来说，某种定势思维或偏见思维一旦形成，很容易演变成一种非理性思维模式。并且在我们认定为"事实"的判断中，包含我们并不自觉的"定势"和"偏见"，正如我们耳熟能详的无商不奸，无官不贪；运动员四肢发达、头脑简单等。定势和偏见广泛地、悄悄地影响着我们的思维，使我们无法彻底超越已有的经验，但对于创新而言，冲破思维枷锁，从思维方法上寻求对定势和偏见的超越是大有裨益的。

1. 避免先入为主

人们在生活中往往先入为主，凭自己的主观臆测，而并非对真的事实加以判断。如果人们在平时的人际关系中总是喜欢道听途说，靠印象作出判断，就难免陷入"先入为主"的泥潭，对他人形成定势或偏见。

2. 避免"循环证实"

有些人对他人的偏见十分强烈，而且这种偏见一旦形成后，久久不能消除，还自认有许多"理由"和"成见"去证实自己的偏见，究其原因是受了"循环证实"的影响。所谓"循环证实"，即你对某人抱有反感，久而久之，对方也会对你产生敌意，于是，你就相信自己最初的判断是正确的。反感对反感，敌意对敌意，两人的偏见和隔阂越来越深，遇到这种情况，自己应首先主动理智地改变偏执的态度和行为，切断偏见的"恶性循环"。

3. 增加直接接触

许多定势和偏见往往是由于彼此间缺乏开诚布公的沟通、接触而形成和产生的。要克服定势与偏见，就必须跨越敌意和不信任的心理障碍，加强直接接触。

4. 提高知识修养水平

偏见是无知和愚昧的产物。一个人知识和修养水平越高，观察和分析问题的能力就越强，形成偏见的机会就会减少。反之，则容易受流言蜚语、道听途说的愚弄，而对人形成固执的偏见，妨碍作出正确的判断。

行动：突破思维定势

活动一：两双筷子五个口游戏

一、活动要求

道具：四根方形的筷子（不要圆的）。

二、活动内容

请用四根方形筷子砌出五个"口"。

三、活动提示

让学员打破思维惯式，用新的思路解决问题。将四根筷子同底放在一起，就组成了一个"田"，也就有了五个"口"。

活动二：改变你的习惯

一、活动内容

1. 让学员们双手抱拳，然后让他们观察自己的抱拳方式，即他们的手指是怎样交叉的，是左手拇指在上还是右手拇指在上？

2. 请大家松开双手再重新抱拳，这次要求手指交叉的顺序要和上次相反。观察每位学员的反应速度。

3. 这个改变很小，却足以使某些人感到不自在，觉得自己的生活习惯被破坏了。由此联想到现实工作中，由于环境或人为原因迫使他们改变时，他们是否感到不自在并因此影响心情和工作。

二、总结和讨论

1. 哪些因素会产生改变习惯的抵触？哪些方面是可以克服的？

2. 改变习惯后，如果尝试着进行适应，是否可以克服前面的一些负面影响？

3. 当需要应对一些突然的或者快速的变化时，你认为改变可以产生哪些有利的影响？

随着年龄和成就的增长，人们会越来越不习惯改变。改变随时存在，只是或许还没有降临我们身上。要想在情况来到之后有应对的能力，就应该随时注意，尝试进行一些改变和调整，改变可能出现的不利影响。所有创新都来自改变，那么所有崇尚创新以及希望要有所创新的人们，必须接受改变可能带来的负面影响。

反思：是否可以突破思维障碍

一、自我评估

1. 你经常出现哪种思维定势？请举例加以说明。

2. 如果你想创业却发现没有足够的资金支持，该怎么办？

二、反思提高

1. 你是否能认识到自己的思维定势和思维偏见？

2. 你掌握突破思维定势的方法了吗？

主题三　拓宽视角　创新思维

问题：如何形成创新思维？

做任何事情都有诀窍。要提高创新能力，就必须拓宽思维视角，在了解创新思维具有流畅性、灵活性、独创性、精细性、敏感性和知觉性的前提下，敢于在解决问题时打破旧规则、旧方法的束缚，并学会通过发散思维、质疑思维、逆向思维、直觉思维、灵感思维、横向思维等，寻求新方法与新途径。

通过本主题的学习和训练，你将能够：

1. 理解并掌握几种创新思维的本质、特点和方法。
2. 能够将发散思维、逻辑思维、联想思维等应用于实际。

认知：掌握创新思维的方法

一、发散思维：想得多、想得散和想得奇

微课：

设计思维

发散思维，又称为辐射思维、放射思维、扩散思维或求异思维，是指大脑在思考时呈现的一种扩散状态的思维模式，它表现为思维视野广阔，思维呈现出多维发散状。发散思维最早是由美国心理学家吉尔福特于1967年在《人类智力的本质》中提出的，发散思维是从给予的信息中产生信息，其模式是"从一到多"，有人形象地描述发散思维像夜空绽放的礼花，如太阳光芒四射。

发散思维法是对同一问题，从不同方向、不同途径和不同角度去设想以探求多种答案，最终使问题得到圆满解决的思维方法。具体来说，发散思维有四个构成要素：

第一，一点或多点。发散的起点，包括一点或一条线索，已经确定的方式、方法、规则和范围等已有的信息。

第二，发散方式。在对某一问题或事物的思考过程中，不拘泥于一点或一条线索，不受已经确定的方式、方法、规则和范围等的约束，从不同的思维视角、不同的思路、不同的途径去想象，从仅有的信息中尽可能地向多个方向扩散。

第三，发散过程。思维就像树枝不断向上、一节节地生长一样，思维呈现出多维发散状，表现为思维视野广阔。

第四，思维结果。从这种扩散的思考中求得各种解决问题的非常规设想和方法。

从发散的角度来看，发散思维有很多种方法，包括材料发散、功能发散、结构发散、方法发散、形态发散、组合发散、因果发散和关系发散（表3–1）。

表 3–1 发散思维的种类

序号	方法	内容	实例
1	材料发散	以某个物品的"材料"作为发散点，设想它的多种用途	尽可能说出纸的用途：可写字；包装；制作玩具；引火等
2	功能发散	从某事物的功能出发，构想出获得该功能的各种可能性	说出达到"照明"的功能的物品：点油灯；开电灯；点蜡烛等
3	结构发散	以某事物的结构为发散点，设想利用该结构的各种可能性	说出含圆形结构的东西：太阳；水滴；酒杯；井盖等
4	形态发散	以事物的形态为发散点，设想出利用某种形态的各种可能性	说出红色可用来做什么物品：红旗；红围巾；红袖章；红领巾等
5	方法发散	以某种方法为发散点，设想出利用方法后产生的各种可能性	说出用"吹"的方法办成的事：吹气球；吹口哨；吹泡泡糖等
6	组合发散	以某事物为发散点，尽可能多地把它与别的事物进行组合，形成新事物	说出钥匙圈可同哪些东西组合在一起：同小刀组合；同指甲剪组合；同微型手电筒组合
7	因果发散	以某个事物发展的结果为发散点，推测出造成该结果的各种原因，或者由原因推测出可能产生的各种结果	说出造成玻璃杯破碎的可能原因：手没拿稳，掉在地上；被某些东西敲碎；被弹弓子弹击碎
8	关系发散	从某一事物出发，以此为扩散，尽可能多地设想与其他事物的各种关系	你是谁？尽可能地写出或说出你与社会各方面的关系

可以说，发散思维是多方向、多思路、多角度的思考，不局限于既有的理解，从而提出新问题，探索新知识或发现多种解答和多种结果的思维方式。

二、收敛思维：思路向最佳方向发展

收敛思维又称"聚合思维""求同思维"，是指在解决问题的过程中，尽可能利用已有的知识和经验，把众多的信息和解题的可能性逐步引导到条理化的逻辑序列中去，最终得出一个合乎逻辑规范的结论。收敛思维最大的特点就是使思维始终集中于同一方向，使思维条理化、简明化、逻辑化、规律化。

收敛思维，使思维向单一方向发展。例如，回答问题不追随众人的答案，直接给出本人认为最好的独特答案。

收敛思维的另一种情况是先进行发散思维，越充分越好，在发散思维的基础上再进行集中，从若干种方案中选出一种最佳方案，同时注意将其他方案中的优点补充进来，加以完善，围绕这个最佳方案进行创造。洗衣机的发明就是如此，首先围绕"洗"这个关键问题，列出各种各样的洗涤方法，如洗衣板搓洗、用刷子刷洗、用棒槌敲打、在河中漂洗、用流水冲洗、用脚踩洗等，然后再进行收敛思维，对各种洗涤方法进行分析和综合，充分吸收各种方法的优点，结合现有的技术条件，制订出设计方案，然后再不断改进，结果成功制造出结合多种洗涤方式为一体的洗衣机。

收敛思维与发散思维，如同"一个钱币的两面"，是对立统一的。发散思维是为了解决某个问题，从这一问题出发，想的办法、途径越多越好，总是追求更多的办法。而收敛思维也是为了解决某一问题，在众多的现象、线索、信息中，沿着问题的某一方向思考，根据已有的经验、知识或发散思维中针对问题的最好办法去得出最好的结论和最好的解决办法。如果说，发散思维是由"一到多"的话，那么，收敛思维则是由"多到一"。

三、逆向思维：把事情倒过来看

案例

反向思考的理发师

一个秃头的男人坐在理发店里。发型师问："有什么可以帮你的吗？"那个人解释说："我本来想去做头发移植，但实在太痛了，如果你能够让我的头发看起来像你的一样，而且没有任何痛苦，我将付你5 000元。"

"没问题。"发型师说。然后他很快将自己剃成和对方一样的光头。

逆向思维，又称反向思维，是指突破常规考虑问题的固定思维模式，采取与一般习惯相反的方向进行思考、分析的思维方式。通俗地讲，就是倒过来想问题，即从反面（对立面）提出问题和思索问题的思维过程。这种用绝大多数人没有想到的思维方式去思考问题的思维，实际上就是以"出奇"去达到"制胜"。因此，逆向思维结果常常会令人大吃一惊，喜出望外，会有所得。

著名物理学家伽利略曾说过："科学是在不断改变思维角度的探索中前进的。"逆向思维是一种克服思维定势，另辟思维蹊径的有效方法。有时候，当人们对事物的一面习以为常，如果思维倒转，反过来理解事物的另外一面，往往会产生新的认识成果。因为事物的联系都具有可逆性，所以逆向思维就是要"反过来想一想""反其道而行之"。例如，司马光砸缸就是逆向思维。有人落水，常规的思维模式是"救人离水"，而司马光面对紧急险情，运用了逆向思维，果断地用石头把缸砸破，"让水离人"，救了小伙伴的性命。

逆向思维有两大鲜明特点，一种是突出的创新性。它以反传统、反常规的方式提出、分析和解决问题，所以它提出的和解决的问题令人耳目一新，具有突出的新奇性。另一种是反常的发明性。逆向思维是以反习惯性的方式来思考发明创造的问题，所以用常规方式无法作出的创造发明，用逆向思维就可以做出来。

四、联想思维：触类旁通和举一反三

联想思维是指人们将一种事物的形象与另一种事物的形象联系起来，探索它们之间共同的或类似的规律，并以此解决问题的思维方式，是一种由此及彼的思维。提起联想思维，很多人会条件反射地想到"牛顿—苹果—万有引力"。牛顿从自然界中最常见的苹果落地这一现象，联想到引力，又从引力联想到质量、速度、空间距离等因素，进而推导出力学的三大定律。这就是联想思维的成功应用。

根据联想思维的目的性，联想思维可分为自由联想法、强迫联想法和焦点法三种。

第一，自由联想法。这是一种主动自由的积极联想，属于探索性的。是由美国芝加哥大学的心理学家们首先提出的。心理学家提出了一个有趣的问题，要求参加实验的人尽快想出许多相关概念，再从这些概念中，选择出新的概念来。例如，提出"飞机"一词，就可以联想到航空、机身、机翅、机尾与着陆装置等，还可以联想到飞机的原理、起飞的上升力、着陆的下降力以及飞机冲力必须大于它的阻力等，这就是自由联想法。一般来说，自由联想愈丰富的人，创新的可能性也就愈大。

第二，强迫联想法。强迫联想法是由苏联心理学家哥洛万斯和塔斯林茨提出来的，其办法是拿一本产品目录，随意翻阅，通过联想发现两种产品能否构成一种新产品。例如，日本软银公司孙正义认为自己的成功得益于他早年在美国留学时的"每天一项发明"，那时候不管多忙，他每天都会给自己5分钟的时间，强迫自己想一项发明，他发明的办法非常奇特：从字典里随意找三个名词，接着想办法把这三个词组合成一个新东西。一年下来，竟然有250多项"发明"。在这些"发明"里，最重要的是"可以发声的多国语言翻译机"。这项发明后来以1亿日元的价格卖给了夏普公司，为孙正义赚到了创业的资本。孙正义用的方法其实就是强迫联想法。

第三，焦点法。这是由美国学者怀廷提出的，是指人们将所要认识的或要解决的问题作为"焦点"，通过相近联想、相似联想、对比联想等联想形式，把若干其他对象集中到这个"焦点"上，组成一个完整的联想思维过程，以便形成新的观念，或者寻求解决问题的最佳方法等。

五、类比思维：比一比，再推一推

类比思维也可称为类推方法，是一种行之有效的方法。"类比思维"方法是解决陌生问题的一种常用策略。它让我们充分开拓自己的思路，运用已有的知识、经验将陌生的、不熟悉的问题与已经解决了的熟悉的问题或其他相似事物进行类比，从而创造性地解决问题。

类比方法的特点有，第一，它是从特殊到特殊的逻辑过程，在探索经验不足、资料欠缺和其他方法难以奏效之时，它能大显身手，发现特殊事物之间的联系；第二，因为它的对象是特殊事物，这些事物多数是以真实形象或模型映入脑中，类比方法进一步具体化即为模拟方法。

类比方法很多种，比如拟人化，就是把万物之灵的人自身作为创造的理想楷模。

制造机器人，就是将模拟人的某些动作，赋予其人工智能和动作。再比如，直接类比模拟，将所发生的自然事件或科技成果，直接与创造思路作联系和比较，从而对创造的方式有所启发。例如人们曾模拟海豚的流线型体型和特殊构造的皮肤，设计出具有同样体型和胶制的"海豚皮"潜艇，这种潜艇可以达到很高的前行速度。再比如，象征类比，它是利用能引起类比联想的样式，表达某种抽象的概念或思想感情。例如，上海博物馆中天圆地方的图案设计建筑造型（天圆地方是中国古代哲人对宇宙构造的猜测）。

六、置换思维：变换元素和变换次序

置换思维也称替代思维，是指在思考过程中将目标对象和与之相似、相近、可替代的对象进行交换，从而达到以解决问题为目的的思维过程。简单来说，4个元素a，b，c，d从排列（a，b，c，d）变为（b，c，d，a），就是一种置换。置换思维法实际上是借用了数学中的"置换"概念，将几个不同的元素从一种排列变成另一种排列，或用其他元素代替某个元素，从而变成新组合的思维方法。从系统论的角度来看，元素被置换或元素之排列被改变，即引起了系统结构之变化，从而使整体具有不同的功能。

置换思维法具有发散性特点，但借助逻辑的"置换原则"，符合事物量变引起质变的辩证法，具有普遍有效性。

行动：学会创新思维方法

活动一：最好的问题

一、活动目标

什么是最好的？对这个问题的回答必定是相对的而不是绝对的。当我们面临某些情况时，一般会有多种的解决方案，而最好的那一种才是我们应当追求的。这需要开动我们的智慧和创意来完成。本活动旨在训练学生的逻辑思维和发散思维能力。

二、活动资料

从前，在某国，有个英雄不小心犯了法，定罪之后，被关在个特别设计的囚房里。这个囚房有两道门，都没有上锁。

一道是活门，如果他打开这道门，走出去，不但自由了，还会有数不清的金银给他；另外一道门是死门，如果他打开这道门，走出去，他便完蛋了，因为门外等待他的是一群饥饿的狮子。囚房里有两个守卫，一个十分诚实，从不说假话，另一个从不说真话。他们两个人，都知道哪一道是活门，哪一道是死门。

依据他们国家的法律规定，这位英雄囚犯在获刑之前，最多可以问这两个卫士三个问题，而且是一共三个问题，不是每人问三个问题。

三、活动内容

1. 培训师给大家讲这个英雄的故事，介绍故事中英雄面对的选择。

2. 向学员提问，如果你是那位英雄囚犯，你需要问几个问题？如何问问题才能获得自由？

四、总结和讨论

1. 本游戏的任务有哪些突破点可以利用？

2. 用什么方式可以提出最好的问题，并以此来获救？

3. 这个游戏对我们的现实生活和工作有什么启示？

五、活动提示

1. 本游戏所提出的问题并不困难，特别是当我们并不去追求最好答案的时候，因为我们有足足三个提问机会，而事实上对于解决问题的关键来说，我们只需要知道哪个卫士说真话而哪个卫士说假话便可以了。这只需要一个问题足以解决，因为你可以用一个明显的事实来进行试探，比如"你是男性吗？"

2. 本游戏本质上是一个逻辑上的是非问题，如果从较深层次考虑，则可以用一个双逻辑问题直接获得最终的答案，比如"请问你（随便问哪一位卫士），如果我问他（指另一位卫士），哪一道门是活门，他会告诉我是哪一道门吗？"无论对方给你什么回答你只要反方向执行便可以了。

3. 从这个游戏中，我们可以知道，某些事情可能会有远比普通办法好得多的解决方法，但这需要我们开动脑筋去思考，运用智慧和创造性思维将其找到。这对于一些习惯于运用创造性思维的人来说，是很自然的事情，因为他们总是不满足现状的，而创造思维给他们更多的机会。

活动二：考验创造思维的小问题

一、活动目标

通过回答以下几个小问题，检验一下你的创造思维。

二、活动资料

1. 桌上放着一个盛满咖啡的杯子，小李解手表时不小心把手表掉进去了。小李的手表是不防水的，但当小李拿出手表时，手表上一点水没沾上。这是什么原因呢？

2. 钟在某一时刻，时针、分针和秒针三针重合了。60分钟后，它们是否再重合？

3. 有3个瓶子并列放在桌上，中间是红的，红的左边是白的，红的右边是绿的。你能否用最少的步骤，使红的左边是绿的，红的右边是白的？

4. 电灯开关，拉一次，灯亮，再拉一次灯灭。你能否做到连拉两次而使灯不亮？

5. 24个人排成六列，每5人一列，该怎么排列？

三、活动提示

1. 咖啡是固体而不是液体。

2. 有可能，钟在三针重合时正好停了。

3. 只要到桌子另一边去看就行了。

4. 可以，断电源或取掉灯泡。

5. 排成六边形。

反思：如何提高创新思维能力

一、创新思维测试

（一）情境描述

创造性人才在职场竞争中的地位越来越重要，这类人才能够创造性地完成工作，不会被困难吓倒，不会因为不具备条件而放弃努力。在寻找创新、开发、管理方面的人才时，必须考虑人才的创新能力。

下面是10个题目，如果符合你的情况，则回答"是"，不符合则回答"否"，拿不准则回答"不确定"。

1. 你认为那些使用古怪和生僻词语的作家，纯粹是为了炫耀学识。
2. 无论什么问题，要让你产生兴趣，总比让别人产生兴趣要困难得多。
3. 对那些经常做没把握事情的人，你不看好他们。
4. 你常常凭直觉来判断问题的正确与错误。
5. 你善于分析问题，但不擅长对分析结果进行综合、提炼。
6. 你审美能力较强。
7. 你的兴趣在于不断提出新的建议，而不在于说服别人去接受这些建议。
8. 你喜欢那些一门心思埋头苦干的人。
9. 你不喜欢提那些显得自己无知的问题。
10. 你做事总是有的放矢，不盲目行事。

（二）评估标准和结果分析

评分标准（表3-2）：

表 3-2

题号	是	不确定	否
1	−1	0	2
2	0	1	4
3	0	1	2
4	4	0	−2
5	−1	0	2
6	3	0	−1
7	2	1	0
8	0	1	2
9	0	1	3
10	0	1	2

结果分析：

1. 得分22分以上，则说明被测试者有较高的创造思维能力，适合从事环境较为自由，没有太多约束，对创新性有较高要求的职位，如美编、装潢设计、工程设计、软件编程人员等。

2. 得分21~11分，则说明被测试者善于在创造性与习惯做法之间找出均衡，具有一定的创新意识，适合从事管理工作，也适合从事其他许多与人打交道的工作，如市场营销。

3. 得分10分以下，则说明被测试者缺乏创新思维能力，属于循规蹈矩的人，做事总是有板有眼，一丝不苟，适合从事对纪律性要求较高的职位，如会计、质量监督员等职位。

二、反思提高

为了适应自己就业创业的需要，特别是需要自己决断时，你将如何突破原有的思维定势？又该如何进一步提高自己的创新思维能力？

模块八

运用创新技法：用技术解决问题

　　创新创造能力最终体现在如何创造性地解决问题上。当我们在工作中碰到挑战性问题时，首先需要运用设计思维，发现问题，发现创新需求；其次，需要我们掌握TRIZ创新原理，运用创新技法，找到解决问题的方案。

"运用创新技法"能力要求：

1. 能运用创新原理及创新技法，提出创新方案。
2. 能确定创新方案的具体目标、方法、步骤、难点和对策。
3. 能选择运用各种创新技法，提出创新性解决问题的技术方案。
4. 能采纳他人或坚持自己的意见，比较多种方法，确认最佳方案。
5. 能依据各种资源和条件，以有效解决问题为导向，实施创新方案。

本模块训练重点：

1. 了解提出创新方案的原则、方法。
2. 了解创新的基本类型，把握创新过程实施的基本要点。
3. 能在互联网时代有效开展创新实践。

案例示范：冰输油管：

　　某南极探险队第一次准备在南极过冬，由于是初到南极，没有太多的实地经验。在设法用输送船把汽油运到越冬基地时，探险队才发现输送管的长度根本不够。可当时又没有备用的管子，这一问题难住了所有队员。

　　随即，队长召集部分人员利用综摄法开了一次小组会议，商讨解决办法。会议之初，大家提出了数十种建议，但大多都有一定的局限性。通过随后的净化问题、理解问题等分析过程，最终激励产生了"用冰来做输油管"的创造性设想。

　　这个大胆的设想当然不是凭空想出来的。因为南极非常冷，水在碰到外界空气的瞬间就会变成冰，换句话说是滴水成冰。但问题的关键是怎样才能使冰形成管子的形状，而且在中途不会断裂。

　　队长很快就有了灵感："我们不是有医用绷带吗？就把它缠在铁管子上，再淋水让它结冰，然后再拔出铁管，不就成了冰管子了吗？用这种方法做冰管子，再把它们一节节地连在一起，要多长就有多长。"

在整个创造性构想中，首先是找出冰管来代替输油管，其次是将绷带的机能由包扎伤口转为包缠铁管。用已知的事物做媒介，将毫无关联、不相同的知识元素有机地结合起来，也就是提取各种事物的长处，把它们综合在一起，创造性地找出解决问题的办法。

分析：该案例是综摄法的具体应用。综摄法是美国麻省理工学院戈登教授提出的一种典型的创意构思方法，已在美国、欧洲等西方国家得到广泛的发展和应用。它以已知事物为媒介，将毫无关联且不同的知识和要素结合起来，以打开"未知世界门扉"，激起人们的创造欲，使潜在的创造力得以发挥，产生众多创造性设想。

为了摆脱旧框框的束缚，开阔思路，综摄法认为在创造性思考时，要暂时抛开原来想要解决的问题，通过类比探索得到启发。因此，它是一个"变熟悉为陌生"和"变陌生为熟悉"的创造性思考过程。

主题一 运用技法 构思创意

问题：如何把握创新规律，运用创新技法？

中国最早的茶叶加工出现在三国时期的魏国，当时以饼茶（黑茶）为主。饼茶一直延续到唐朝，宋元时期由于民族迁徙和文化融合，茶叶加工方式发生了改变，出现了散茶（绿茶），宋元饼茶在清朝发展出红茶，而散茶则向绿茶、乌龙茶（青茶）、白茶、黄茶等方向发展。由此可见，六大茶类的产生，就是加工工艺不断创新的结果。

创新是一个推陈出新的过程，但在创新的同时，也应尊重自然规律。晏子曾语："橘生于南为橘，生于北为枳"。茶叶亦如此，什么样的土壤适合种植何种茶树，什么样的工艺适宜制作何种茶叶，都有一定规律。只有在尊重规律的前提下，创新才能取得事半功倍的效果。

通过本主题的学习和训练，你将能够：

1. 认识创新多样性，理解并掌握创新规律。
2. 认识创新方法，理解8种创新技法。
3. 学会运用基本的创新方法。

认知：把握创新规律，运用创新技法

一、TRIZ创新发明原理

创新发明是有规律可循的，它可分为人的创新实践的规律和创新所应遵循的客观规律两大类。比如TRIZ（ Theory of Inventive Problem Solving， 发明问题的解决理论），它是由苏联发明家根里奇·阿奇舒勒从数十万件专利文献中，搜索、研究、整理、归纳、提炼，建立的一整套具有系统化、实用性特点的解决发明问题的理论、方法和体系。阿奇舒勒及其团队发现，技术创新所面临的基本问题与矛盾是相似的，而大量发明创新过程都有相似的解决问题的思路。阿奇舒勒等人指出，创新所寻求的科学原理和法则是客观存在的，大量发明创新都是依据同样的创新原理而产生，并会在后来的一次次发明创新中被反复地应用，只是被使用的技术领域不同而已。所以创新发明是有理论依据的，是完全有规律可遵循的。

无论是简单的产品还是复杂技术系统，其核心技术发展都遵循一定的模式和规律，具有客观的进化规律和模式。通过对大量专利进行研究、分析、总结，阿奇舒勒提炼出40个最具普遍用途的创新发明原理（表3-3）。目前这40个创新发明原理已经从传统的工程领域扩展到微电子、生物医学、管理、文化、教育等社会各个领域。

表 3-3　TRIZ 的 40 个创新发明原理

序号	创新发明原理	序号	创新发明原理	序号	创新发明原理	序号	创新发明原理
1	分割原理	11	预防范原理	21	急速作用原理	31	多孔材料原理
2	抽取原理（拆出原则）	12	等势原理	22	变害为利原理	32	颜色改变原理
3	局部特性原理（局部性质原则）	13	反向作用原理	23	反馈原理（反向联系原则）	33	同质性原理
4	不对称原理（增加不对称）	14	曲面化（曲率增加）原理	24	中介原理	34	抛弃与再生原理
5	组合原理（联合原则）	15	动态化（动态特性）原理	25	自服务原理	35	物理或化学参数改变原理
6	多功能原理	16	不足或过度作用原理	26	复制原理	36	相变原理
7	嵌套原理	17	多维度原理	27	廉价替代品原理	37	热膨胀原理
8	质量补偿原理（反重力原则）	18	振动原理	28	机械系统替代原理	38	强氧化剂原理
9	预先反作用原理	19	周期性作用原理	29	气压和液压结构原理	39	惰性环境原理
10	预先作用原理	20	有效连续性作用原理	30	柔性壳体或薄膜原理	40	复合材料原理

二、常见的创新方法

微课：

奥斯本检核表法

俗话说，条条大路通罗马。人们在实践中总结出数百种的创新方法，不同的创新方法应用于不同的领域，解决的问题也不尽相同。即使同一种创新，也可以采用不同的创新方法。比较常见的创新方法有以下8种：

（一）检核表法

检核表法又称检查提问法、设问求解法等，是根据需要解决的问题或发明创造、技术革新的对象，找出有关因素，列出一张思考表，然后逐个思考、研究，深入挖掘，由此激发创造性思维，使创造过程更为系统，从而获得解决问题的方法或创造的新设想，实现创造目标的方法。

目前已经创造出许多各有特色、适用于解决不同问题的检核表，其中以奥斯本检核表法最为常用。奥斯本检核表法（表3-4）通过引导主体在创造过程中，对照9个方面的问题进行思考，以便启迪思路、开拓思维想象的空间、促进人们产生新设想、新方案。由于奥斯本的检核表法的实用性强，应用范围非常广泛，因此奥斯本被人们誉为"创造技法之母"。

表 3-4　奥斯本检核表

序号	检核内容		实例
1	能否他用	现有的事物有无其他用途，或稍加改变后有无其他用途	将洗衣机用于洗红薯，海尔改进开发了新的洗涤设备
2	能否借用	能否从其他领域、产品、方案中引入新的元素、材料、造型、原理、工艺等	运用激光技术治疗眼病和肿瘤
3	能否改变	现有事物的某些属性，如颜色、声音、式样、花色、工艺方法、象征意义等能否改变	彩电由卧式改为立式或悬挂式
4	能否扩大	能否增加现有事物的长度、厚度、强度、频率、速度、数量、价值等	可定时的电风扇、带夜光的手表
5	能否缩小	现有事物的体积、长度、重量、厚度等能否缩小化、浓缩化、可拆分、简便化、省略化、短程化等	保温瓶缩小体积成为保温杯
6	能否替代	现有事物能否用其他材料、元件、结构、力、设备、方法、符号、声音、香味等替代	门窗材料由合金材料替代铝合金材料、由铝合金材料替代钢结构材料、由钢结构材料替代木质材料
7	能否调整	现有事物能否变换排列顺序、位置、时间、速度、计划、型号、元件等	将大型客船内部重新装修，改造为水上旅馆
8	能否颠倒	现有事物能否从里外、上下、左右、前后、横竖、主次、正负、因果等相反的角度颠倒过来使用	根据吹风机的原理，改变风的方向，制成吸尘器
9	能否组合	能否进行原理组合、材料组合、部件组合、形状组合、功能组合等	带随时测体温、血压装置的手表

奥斯本检核表法的核心是改进，具体实施步骤如下：

1. 考察创新对象明确需要解决的问题；

2. 根据需要解决的问题，参照表中列出的问题，运用丰富想象力，强制性地一个个核对讨论，写出新设想；

3. 对新设想进行筛选，将有价值和创新性的设想筛选出来。

（二）组合法

组合法是指将两种或两种以上的技术思想、物质产品中的一部分或整体进行适当的组合变化，形成新的技术思想、设计出新的产品的发明创造技法。组合思维方法和组合设计技巧，是发明创造者需要掌握的基本发明创造技能。

组合创造方法主要有同类组合、主体附加、异类组合和重组组合：

第一，同类组合。同类组合是指若干相同事物的组合。组合后的事物在基本原理和基本结构上没有根本性的变化，往往有组合的对称性或一致性的趋向。但通过数量的增加来弥补功能的不足，或求取新的功能，或产生新的意义。例如，在两支钢笔的笔杆上分别镂龙刻凤后，一起装入一只精致考究的笔盒里，称为"对笔"，即为同类组合。此外，还有鸳鸯牙膏、子母灯、对表、双拉锁、情侣服等。同类组合常用方法如下（表3-5）。

表 3-5 同类组合的方法

序号	方法	内涵	实例
1	搭积木式组合法	把若干个同一类事物组合在一起	鸡尾酒、组合家具
2	非系列产品集约化组合法	通过媒介物的设计，将并不相关的各种产品汇集在一起	文具盒、工具盒

第二，主体附加。主体附加是在原有的技术思想或物质产品上补充新内容、新附件从而产生新的功能。组合主体不变或变化微小；附加只是主体的补充，附件可以是已有的技术、产品、新的设计或装置，附加物为主体服务。例如，保温饭锅、磁化杯的发明就是主体附加。还有在自行车主体上安装里程表、后视镜、风扇、雨罩等也是主体附加。根据附件类型，主体附加可分为三类（表3-6）。

表 3-6 主体附加的类型

序号	附加类型	实例
1	附加功能或形式	自鸣式水壶
2	附加其他产品	哨鞋（童鞋上加上气哨）
3	附加材料、技术	各种合金

第三，异类组合。异类组合是指两种或多种不同领域的技术思想、不同功能的物质产品的组合。组合对象之间一般没有主次关系，组合对象广泛，组合过程中能形成技术杂交和功能渗透，从而引起显著的整体变化，异中求同，创造性强。例如，万用表、高压电饭锅的发明就是这类组合。

异类组合的例子非常多。异类组合的典型案例就是电子黑板。电子黑板的创新思路是，在讲习会或其他会议上，听讲者总是一字一字地对着黑板抄笔记，实在麻烦。不妨将黑板和复印件组合在一起，就这样，将黑板和复印件组合在一起，发明了"电子黑板"。这种黑板上写的内容，只要按一下右方的电钮，便全部复印成一页页的复印稿，发给听讲者作为笔记，非常方便。其他如橡皮头和铅笔组合，就成了带橡皮头的铅笔；日历和笔架组合，就成了日历笔架等。

异类组合需要的是一条引导组合设计的主线，异类组合的主线可分为三类（表3-7）：

表 3-7　异类组合的主线

序号	主线	实例
1	人的使用方式	U盘小刀、平板键盘保护套、带传声器的耳机
2	人的精神审美诉求	饰品化的手机、MP3、数码相机
3	原来产品的适用范围的大幅度扩展	冷暖空调、录放机

第四，重组组合。重组组合是将原组合按事物的不同层次分解后，又以新的构思重新组合起来的发明方法。在某事物的结构上打主意，从改变原有零部件相互结构的关系变异中获得创新成果。飞机就是重组组合的典型案例。螺旋桨飞机发明以来，螺旋桨都是设计在机首，两翼从机身伸出，尾部安装稳定翼。美国飞机设计专家卡里格·卡图却对其进行重组，将螺旋桨改放在机尾，稳定翼放在机头。重组后的飞机具有尖端悬浮系统和更加合理的流线型机体形状，不仅提高了飞行速度，而且排除了失速和旋冲的可能性，提高了安全性。这就是运用重组组合设计思路将飞机头尾倒换的成功发明。

综上所述，组合形式虽不一样，但组合带来创新的目的却是一致的。进行组合时，一般从如下方面入手：第一，把不同的功能组合在一起而产生新的功能；第二，把两种不同功能的东西组合在一起增加使用的方便性；第三，把小东西放进大东西里，组成新产品，但不增加其体积；第四，利用词组的组合产生新产品。

（三）移植法

移植法是将某一领域已见成效的发明原理、方法、结构、材料等，部分或全部引进到其他领域，或者在同一领域、同一行业中，将某一产品的原理、构造、材料、加工工艺和实验研究方法，应用到新的发明创造或革新项目上，从而获得新成果的发明创造法。例如，仿照蜻蜓的结构发明了飞机，根据照相机的原理发明了复印机，模仿蝙蝠的探测能力发明了声呐、超声波眼镜清洗机、超声波诊断仪和雷达等。

移植法是科学研究中最有效、最简便的方法，也是应用研究中运用最多的方法。正如古人所说，他山之石，可以攻玉。移植法有5种类型，具体如下（表3-8）。

表 3-8　移植法的类型

序号	类型	内涵	实例
1	外形移植	将某事物的外形应用到新的发明和设计中	根据青蛙的后肢形状，为潜水员制作了蹼，提高了潜水员在水中的活动能力
2	原理移植	将某事物的基本原理向另一事物转移的方法，通常是科技原理在不同领域的外延或类推，从而创造出新的使用功能或价值	根据香水喷雾器的雾化原理，研制出油漆喷枪、喷射注油壶、气化器等
3	方法移植	把各种科学技术方法作为移植对象，使之能在更多的领域中发挥作用	把钢铁热处理的方法移植对铝合金的热处理

续表

序号	类型	内涵	实例
4	结构移植	把某事物的结构全部或局部移植到另一事物上，使后者在结构上产生新的意义	把圆珠笔的结构原理移植到设计抓斗上
5	材料移植	变革原有产物的材料或增添其他物质	用纸代替或部分代替，制造各种不生锈的可盛装固体、液体的精美容器

通过移植事物的外形、原理、方法、结构、材料，更换新的载体，能使以往的发明创造跃入新的领域，拓展发明创造的新天地。

微课：
头脑风暴法

（四）头脑风暴法

头脑风暴法又称集体思考法、智力激励法，这一方法是由奥斯本在1939年首创的。它以专题讨论的形式，通过发散思维进行信息催化，激发大量的创造性设想，形成综合创造力的集体创造方法。头脑风暴法是应用最广泛、最普及的创造技法。

头脑风暴法强调会议中可进行无限制的自由联想和讨论，使与会者敞开思想、畅所欲言，使各种设想在相互碰撞中激起脑海的创造性"风暴"，从而形成新观念或激发创新设想。

头脑风暴法的全过程可分为三个步骤：

第一，准备阶段。根据要解决的问题，确定设想的议题、确定参加互激设想的人员、确定举行智力激励活动的地点和时间。对较为重大或复杂的课题可分解为若干个专门议题。

第二，会议阶段。召集参加集体思考的人员召开会议。奥斯本将此会议称为"闪电构思会议"，其组织方法是：其一，时间控制在20~60分钟之内；其二，参加会议的人员一般不超过10人；其三，围绕课题任意说出各自的想法；其四，构思基本原则是延迟评价、量变引起质变。

第三，优化阶段。对"闪电构思会议"所产生的所有设想，分门别类地进行研究、评价和选择，从众多设想中提取有价值的创造性设想。

要使头脑风暴法发挥最大功效，就要清楚它的适用范围，即智力激励法要解决的问题必须是开放性的。凡是认知型、单纯技艺型、汇总型、评价型的问题，均不适宜用智力激励法来解决。只有转化角度，寻求改变类的问题，才可以使用智力激励法。具体应用的问题类型，如下所示（表3-9）。

表3-9 智力激励法应用的主要问题类型

序号	问题类型	问题描述
1	产品和市场的创意	新的消费观念、未来市场方案的观念
2	管理问题	拓展业务面，改善职业结构
3	规划问题	对可能增加的困难的预期

续表

序号	问题类型	问题描述
4	新技术的商业化	开发一项可以获得专利权的新技术
5	改善流程	对生产流程进行价值分析
6	故障检修	追寻不可预期的机器故障的潜在原因

（五）列举法

列举法是指以列举形式将问题展开，用强制性分析寻找创造发明的目标和途径的一种发明创造方法。列举法通过列举有关项目来促进全面考虑，防止问题遗漏，从而形成多种构想方案的方法。列举法有两大特点，一是强制性分析，二是用列举方式把问题展开。按照列举的对象不同，可分为：

第一，特性列举法。特性列举法又分为克拉福德特性列举法和形态分析列举法两种。克拉福德特性列举法是由美国内布拉斯加大学教授、创造学家克拉福德研究总结出来的一种创造技法。通过对研究对象进行分析，逐一列出其特性，并以此为起点探讨对研究对象进行改进。

运用克拉福德特性列举法的一般过程如下所示（表3-10）。

表 3-10 克拉福德特性列举法

序号	过程	实例
1	选择一个明确的需要进行创新的问题，进而列举出发明或革新对象的属性。一般可分为3个方面： 　　名词属性，如性质、材料、整体、部分、制造方法等； 　　形容词属性，如颜色、形状、大小等； 　　动词属性，如有关功能和作用的性质，特别是那些使事物具有存在意义的功能	按照特性列举法将水壶的属性分别列出： 名词属性 整体：水壶； 部分：壶口、壶柄、壶盖、壶身、壶底、气孔； 材料：铝、铁皮、铜皮、搪瓷等； 制造方法：冲压、焊接； 形容词属性 颜色：黄色、白色、灰色； 体重：轻、重； 形状：方、圆、椭圆、大小、高低等； 动词属性： 装水、烧水、倒水、保温等
2	从所列举的各个特性出发，通过提问的方式来诱发创新思想（亦可参考使用奥斯本的检核表法）	通过名词属性可提出：壶口是否太宽？除上述材料以外是否还有成本更低的材料？ 　　通过形容词属性可提出：如怎样使造型更完美，怎样使壶的体重变轻，在什么情况下、用多大型号的壶烧水更合适等。 　　通过动词属性可提出：怎样倒水更方便，怎样烧水节省能源等

形态分析法是另一种图解的特性列举法。形态分析法是由美国任教的瑞士天文学家F·茨维克创造的技法，又称"形态矩阵法""形态综合法"或"棋盘格法"。根据系统分解和组合的情况，把需要解决的问题分解成各个独立的要素，然后用图解法将要素进行排列组合，如下所示（表3-11）。

表 3–11 形态分析法的应用步骤

序号	应用步骤	实例
1	明确按此技法所要解决的问题（发明、设计）	要设计制造一种物品的新型包装
2	将要解决的问题按功能等方面列出有关的独立因素	经分析，这种新型包装的独立因素为：材料、形态、色彩
3	详细列出各独立因素所含的要素	列出明细表，并进行图解
4	将各要素排列组合成创造性设想	此例可获得多个组合方案。从中选出切实可行的方案再行细化。如方案很多，可用计算机分析

第二，缺点列举法。缺点列举法是指通过对事物的分析，着重找出它的缺点和不足，然后再根据主次和因果，采取改进措施，从而在原有基础上创造出新的成果。例如，医用无影手术灯、电磁波的发射天线、多用电表都是在原有缺点的启发下发明的。运用缺点列举法并没有严格的程序，一般可按下列步骤进行，如下所示（表3–12）。

表 3–12 缺点列举法的步骤

序号	步骤
1	确定某一个改革、革新的对象
2	尽量列举这一对象事物的缺点和不足（可用智力激励法，也可进行广泛的调查研究、对比分析和征求意见）
3	将众多的缺点加以归类整理
4	针对每一个缺点进行分析，改进或采用缺点逆用法发明出新的产品

第三，希望点列举法。希望点列举法是指创造者从自身愿望或广泛收集的社会需求出发，提出并确定发明创造项目的一种技法。

第四，列举配对法。列举配对法是利用列举法务求全面的特征，同时又吸取了组合法易于产生新颖想法的优点，更容易产生独特的创意。列举配对法的具体过程如下所示（表3–13）。

表 3–13 列举配对法的过程

序号	过程	实例
1	列举：把某一范围内的所有物品都列举出来	列举所有家具用品：床、桌子、沙发、台灯、茶几、电视机、电视机柜、椅子等
2	配对：即把其中任意的物品进行两两组合	床和桌子、床和沙发、床和台灯、床和衣架；桌子和沙发、桌子和台灯、桌子和衣架、桌子和茶几
3	筛选方案	对产生的组合进行分析，筛选出实用、新颖的方案，并将它们付诸实施

（六）类比法

类比法是用众人皆知的事例作比喻，说明某些难懂的事物或概念的一种发明方法。类比也称为"软性思维"，它是一种由已知推向未知的、富有创造性的发明方法，可以最大限度地将信息活化，在创意萌芽阶段非常有效。类比法有两个基本原则，即异质同化和同质异化，异质同化是运用熟悉的方法和已有的知识提出新设想；同质异化是运用新方法处理熟悉的知识提出新的设想。类比法主要分为以下几种：

第一，拟人类比。拟人类比也称为感情移入或角色扮演，即把创造发明的对象或者某个因素拟人化。创意者将创意对象的某种因素与自身特征相联系，将自我带入"角色"以体现问题、产生共鸣而获得创意。例如挖土机的发明就是模拟人体手臂的动作进行设计的。

第二，直接类比。直接类比是指从自然界或者已有的发明成果中寻找与创造对象相类似的东西，通过直接类比，创造新的事物。例如利用仿生学原理设计出飞机外壳、潜艇体形等；仿效蝙蝠提出超声波定向，发明雷达。

第三，象征类比。象征类比是指用某一具体事物表现某种抽象观念或思想感情的方法。在创造活动中人们常赋予创造对象一定的象征性，使之独具风格，这就是象征类比。例如，鸽子象征和平，园丁象征教师等。

第四，对称类比。对称类比是通过自然造物和人造物之间的对称类比关系展开创意，从而创造出新物品的创造方法。在服装设计中，设计师借助对称类比，设计出各式各样的服装，比如男士西装和女士西装、上装与下装合在一起的长袍或旗袍。

第五，因果类比。因果类比是人们根据某一事物的因果关系推出另一个事物的因果关系，通过因果类比创造出新事物的方法。在创造过程中，利用事物间的因果关系，触类旁通，有可能产生新的启发、获得新的创意。例如，受在面粉中加入发酵粉可以做出松软的馒头的启发，一家橡胶厂在橡胶中放入"发泡剂"制成了海绵橡胶等。

第六，综合类比。综合类比是指类比综合事物之间相似的特征。例如，设计一架飞机，可以先做出飞机模型，将其放在风中进行模拟飞行试验，再综合飞机在飞行中的许多进行综合类比。汽车发明也是如此。

（七）综摄法

综摄法，亦称为集思法，由美国著名创造学家威廉·戈登教授于1961年所创立。这种方法的宗旨是：进行创造性活动时注意潜意识的心理机制，并有意识地加以应用。戈登认为，综摄法的机制分为两个部分：1.使陌生的熟悉起来；2.使熟悉的陌生起来。综摄法运用过程如下所示（表3-14）。

表 3-14　综摄法的运用过程

序号	类别	内容	过程
1	变陌生为熟悉	用自己和别人都熟悉的事物去思考和描述自己接触到的新事物	计算机病毒就是利用人们较熟悉的语言，描述计算机很专业的事物或现象
2	变熟悉为陌生	运用新知识或从新的角度来观察、分析和处理已有的、被熟悉的事物，得出新东西	拉杆天线原是收音机用的，可以把它用作相机支架、伞把、鱼竿、教鞭等

综摄法在实际应用时，常将不同性格、不同专业的人员组合成精干的创新小组，针对某一问题先用分析方法深入了解，查明问题的各个方向和主要细节（即变陌生为熟悉）；然后通过亲身模拟、比喻和象征模拟等方法进行创造性思考，重新理解问题，阐明新观点等（即变熟悉为陌生），实现最终解决问题的目的。综摄法在新产品开发、现有产品的改进、广告创意激发、解决社会经济问题等方面得到了广泛使用，并被实践证明是一种行之有效的办法。综摄法的实施步骤如下所示（表3-15）：

表 3-15　综摄法的实施步骤

序号	程序	内容
1	确定综摄法小组构成	小组成员5~8人为宜
2	提出问题	由主持人向小组成员宣读会议应解决的问题
3	专家分析问题	由专家对该问题进行解释，帮助成员们熟悉问题促进成员们理解
4	净化问题	清除前两步中模棱两可、含糊不清的地方，进一步弄清问题
5	理解问题	从选择问题的某一部分分析入手。每位成员应尽可能利用荒诞模拟或头脑风暴来描述他所看到的问题，然后由主持人记录下各种观点
6	模拟设想	小组成员使用切身模拟、象征模拟等技巧，获得一系列设想，这一阶段是综摄法的关键。主持人记录每位成员的设想，并写在纸上以便查看，从而再激发设想
7	模拟选择	从各位成员提出的模拟之中，选出可以用于实现解决问题的模拟。主持人依据与问题的相关性、小组成员对该模拟的兴趣及有关这方面的知识进行筛选
8	模拟研究	结合解决问题的目标，对选出的模拟进行研究
9	适应目标	使用前面步骤中所得到的各种启示，与在现实中能使用的设想结合起来。在这方面经常使用强制性联想
10	编制解决问题的方案	最后一步要制定解决问题的方案。为了制订完整的解决方案，在这个阶段要尽可能地发挥专家的作用

（八）德尔菲法

德尔菲法，又称专家调查法，指凭借专家的知识和经验，直接或经过简单的推算，对研究对象进行综合分析，寻求其特性和发展规律并进行预测的一种方法。德尔菲法的特点如下所示（表3-16）：

表 3-16　德尔菲法的特点

序号	特点	内容
1	函询	用通信方式反复征求专家意见
2	多向性	调查对象分布于不同的专业领域，就同一问题能了解到各方面专家的意见

续表

序号	特点	内容
3	匿名性	德尔菲法采用匿名征询的方式征求专家意见，受邀专家可以不受任何干扰独立地对调查表所提问题发表自己的意见
4	回馈性	由于专家意见往往比较分散，且不能相互启发，共同提高。经典的德尔菲法要进行4轮的征询专家意见。组织者对每一轮的专家意见（包括有关专家提供的论证依据和资料）进行汇总整理和统计分析，并在下一轮征询中将这些材料匿名回馈给每位受邀专家，以便专家们在预测时参考
5	统计性	采用统计方法对专家意见进行处理，其结果往往以概率的形式出现。为了便于对专家意见进行统计处理，调查表设计时一般采用表格、符号、数字等设计方法

德尔菲法的工作步骤如下所示（表3-17）：

表 3-17　德尔菲法的工作步骤

序号	工作步骤	具体内容
1	确定主持人，组织专门小组	为后续工作做准备
2	拟定调查提纲	所提问题要明确具体，选择得当，数量不宜过多，并提供必要的背景材料
3	选择调查对象	所选的专家要有广泛的代表性，要熟悉业务，有一定的声望和较强的判断洞察能力。选定的专家人数一般以10~50人为宜
4	轮番征询意见	征询意见通常要经过3轮： 第一轮是提出问题，要求专家们在规定的时间内把调查表格填写寄回； 第二轮是修改问题，请专家们根据整理的不同意见修改自己提出的问题，即让调查对象了解其他见解后，再一次征求他本人的意见； 第三轮是最后判定，把专家们最后重新考虑的意见收集上来，加以整理。有时根据实际需要，还可进行更多轮的征询活动
5	整理调查结果，提出调查报告	对征询所得的意见进行统计处理，一般可采用中位数法，把处于中位数的专家意见作为调查结论，并进行文字归纳，写成报告

行动：运用创新技法创新

活动一：分析现实案例，理解创新规律

一、活动资料

对于创新，我国科技部科学技术信息研究所副所长郭铁成在总结人类创新历史，分析当代创新实践的基础上，提出所有的创新都遵循的三大基本定律：

第一，怀疑定律。若是创新，必先怀疑，而且应始终保持怀疑的态度。只有怀疑才能提出问题，才能展开观察、实验和逻辑分析，直到解决问题、形成新认识、创造新事物。

第二，阻力定律。若想创新必有阻力，而且阻力大小与创新程度成正比。凡是创新都是超前的，常是闻所未闻、见所未见的，超出了现有的理解框架，因此在创新过

程中会不可避免地遭遇置疑、否定，有多大的创新便有多大的阻力来锤炼你。

第三，胜出定律。若是创新，只要符合事物发展的规律，符合社会需求，必然会胜出。创新之初，因阻力巨大，也可能因为新事物的不成熟、不稳定、不实用、不经济，常处于劣势地位。这就决定了它的发展壮大是一个艰难曲折的过程，但它最终战胜旧理论、旧事物，取得创新优势成为主流。

二、活动要求

1. 举例说明我国改革开放以来，哪些创新是典型的社会实践创新，哪些是重大的技术创新。它们反映了哪些创新实践的规律？

2. 以我国开展"实践是检验真理的唯一标准的讨论"为例，分析其实践过程所反映的创新基本定律。

3. 举出自己身边的创新案例，说明其创新实践的过程和所遵循的规律有哪些。

三、活动提示

1. 在运用创新原理时，重点使用TRIZ的40个创新原理作为技术创新分析工具，使用三大创新定律分析社会实践领域的创新。

2. 在分析我国在技术创新及社会实践创新取得伟大成就的同时，感受创新者的家国情怀、民族复兴的不竭动力。

活动二：案例分析——"怎样破核桃壳"

一、活动资料

分析下面的头脑风暴会议的案例，并思考问题。

主持人：我们的任务是砸核桃，要求砸得多、快、好，大家有什么好办法？

甲：平常在家里是用牙嗑、用手掰，用门掩，用榔头砸、用钳子夹。

主持人：大家再想一想，用什么样的力才能把核桃砸开，用什么办法才能得到这些力？

甲：需要一个集中挤压力，用某种东西冲击核桃，就能产生这种力……或者，相反，用核桃冲击某种东西！

乙：可用气动机枪往墙上射核桃，比如说可以用装泡沫塑料弹的儿童气枪射。

丙：当核桃落地时，可以利用重力。

丁：核桃壳很硬，应该先用溶剂加工，使它们软化、溶解……或者使它们变脆……要使核桃变脆，可以冷冻。

丙：鸟儿用嘴啄……或者飞得高高的，把核桃扔到硬地上。我们应该将核桃装在袋子里，从高处（例如气球上，直升飞机上、电梯上，等等）往硬的物体（例如水泥板）上扔，然后把摔碎的核桃捡起来。

主持人：如果我们运用逆向思维来解决问题，又会怎样？

丁：可以把核桃放在空气室里，往里加高压打气，然后使空气室里压力锐减，因为内部压力不能立即降低，这时，内部气压使核桃破裂，（发展了上一个设想）。或者使空气里的压力交替地剧增与锐减，使核桃壳处于变负荷状态下。

在头脑风暴法会议进程中，只用10分钟就得到40个设想，其中一个方案（核桃壳在空气压力超过大气压力并随即降到大气压力以下时破裂，核桃仁保持完好）获发明专利。

二、总结和讨论

1. 破核桃壳案例主要使用了哪几种创新方法？

2. 如果你是主持人，使用头脑风暴法引导参与者需要注意什么？

3. 请用头脑风暴法来试试解决城市停车难题。

反思：能否选择创新方法解决现实问题

一、自我评估：评估你的创新才能

根据下面的量表，评估你的创新才能，探寻其中隐藏的创新规律。

美国普林斯顿创造才能研究公司总经理、心理学家尤金·劳德塞曾设计了一套由50道题组成的创造才能"简易测试"量表，其中一个题目内容及评分标准如下：

1. 测试题目

从下面描述人物性格的形容词中，挑选出10个你认为最能说明你性格的词：

精神饱满，热情，骄傲自大，有朝气，孤独，泰然自若，虚心，脾气温和，自信，踏实，不屈不挠，有独创性，具说服力，具高效率，好交际，束手束脚，不拘小节，机灵，严格，好奇，乐于助人，观察敏锐，老练，不满足，有主见，严于律己，易预测，复杂，思路清晰，谦逊与求是，足智多谋，时髦，有理解力，性急，感觉灵敏，柔顺，创新，拘泥形式，谨慎，有献身精神，有远见，善良，坚强，一丝不苟，无畏，实干，漫不经心，有组织力，有克制力

2. 评分标准

（1）选下列每个形容词，可得10分

精神饱满，有主见，创新，观察敏锐，有献身精神，好奇，不屈不挠，有独创性，有朝气，柔顺，感觉敏锐，热情，足智多谋，无畏，严于律己。

（2）选下列每个形容词，可得5分

自信，虚心，一丝不苟，有远见，机灵，坚强，不拘小节，不满足。

（3）其余得零分

3. 自我评估

按照以下的分级标准（见表3-18），看看自己属于哪一级。

表3-18 分级标准

序号	累计分数	创造才能
1	91分以上	非凡
2	81~90分	优良
3	71~80分	良好

序号	累计分数	创造才能
4	41~70分	普通
5	21~40分	薄弱
6	20分以下	欠缺

4. 探寻规律

从你自我评估的结果当中，深入思考一下，这些形容词中隐藏了一个优秀的创新者应该具备的什么样的创新素养，它反映了创新的哪些基本规律。

二、反思提高

1. 评估你对常见的创新方法的认知能力

请根据上述的8种创新方法，分别举出你熟悉的一个例子加以说明。

2. 评估创新方法运用的能力

请选择合适的创新方法，提出解决"医院停车难的难题"的方案。

创新需求情境：病人坐公交车常感觉不舒服，打出租车有时又不容易打到，自己开车到医院也没有地方停车。可是人生病后又必须到医院看病，病人看病又需要家人照顾或陪同，所以相对来说开车到医院比较舒适、方便，该如何解决医院停车难的问题呢？

主题二　提出方案　满足需求

问题：如何提出创新方案？

创新是由思维转变为行动的过程，创新需要有方案和计划。如果是个人的创新活动，方案可以自存于心，但如果是团队的创新活动，或者是复杂的创新行动，就必须要有具体的方案，以便行动协调统一。同时，为使创新能够成功，方案的设计还需经过周密的论证。

通过本主题的学习和训练，你将能够：

1. 了解创新方案提出的步骤。
2. 学会提出创新性方案。

认知：提出创新方案

一、什么是创新性方案

（一）创新方案的定义

方案是从目的、要求、方式、方法、进度等方面部署具体、周密、可操作性强的计划。创新是指人们为了发展需要，运用已知的信息和条件，突破常规，发现或产生某种新颖、独特、有价值的新事物、新思想的活动。因此，创新性方案是指突破常规思维界限，提出与众不同的问题的解决方案。

提出创新方案

（二）创新方案的生成过程

创新性方案的生成大体分为两类：

一类是自由联想式，即通过相互启发或外界环境的刺激，激发创新意识，从而产生一系列的构思和设想，这些构思和设想即成为改进方案的初始形式。例如，剥核桃皮机的出现，是在消费者常说"核桃好吃皮难剥"的背景下，在消费者"若有人能钻进核桃内，像小鸡出蛋壳一样，从里边把核桃皮撑破就好了"的幻想之中，经过技术设计、工艺、科研等环节，以及成本、产量、采购、销售、技术服务等管理工作的共同努力，进行了方案创新才研制成功的。

另一类是程式化的方法，它呈现出有序性、规范性、针对性。如对要改进的某种产品，可以先针对该产品提出多种问题，逐一核对，然后针对某种问题提出改进方案。这些改进方案往往就是创新的方案，这种方案的生成表现出程式化的特点。

（三）创新方案构成

创新方案的内容主要包括：

1. 创新和改革的目标。你需要指出创新的目的，需要达成的目标。

2. 实施的方法。需要列出创新方案实施的具体办法，或技术路线。其中，要对需要克服的困难和可能出现的问题提供对策分析。

3. 实施的步骤。这是创新方案实施的行动路线图，包括阶段目标，时间进程安排，基本措施、具体分工等。

二、怎样提出创新性方案

（一）提出创新方案的原则

第一，所提创新方案要有针对性。需求是创新之母，很多创新都源于实际需求，而方案目的也是解决需求问题。因此，一定要针对当前的需求提出创新性的方案。例如，面包机的发明就是在家庭妇女开始外出工作，没有时间做传统早餐，而丈夫们却依然期望有新鲜早餐这样的"需求"之下发明出来的。

第二，所提创新方案要有可行性。任何创新都应在现实条件下解决实际问题，因此创新方案一定要有可行性。例如，我想要一台既能煮饭，又能炒菜，还能扫地、刷碗、做功课、写论文的机器……这样的创意能够在短期内变为现实吗？像这种在现有条件下完全不存在可行性的创意，只会白白浪费创新者的时间和精力。

第三，所提创新方案要有系统性。虽然创新方案要用新颖的思考方式，解决前人未曾留意或尚未解决的问题。但一定要运用发散性思维，从多个角度，多方面地提出问题和处理对策，所提方案应尽可能保持各方面平衡。

（二）提出创新方案的过程

创新方案提出过程分四步，具体如下：

第一，确定问题。只有发现问题，才能有的放矢地提出解决问题的创新方案，从而有效地解决问题。

第二，分析问题。通过多方面收集信息，掌握第一手资料，分析问题产生的原因。

第三，提出创新方案。根据实际问题提出各种创新方案。运用创新性思维，如借助头脑风暴等创新方法提出各种创新方案。

第四，论证选择方案。对提出的方案进行论证，分析它的可行性。对多个方案进行综合分析和评价，通过方案间的相互比较，选择一种最佳的创新方案。

行动：提升提出创新方案的能力

活动一：案例分析：停车难怎么办？

一、活动资料

对于上班族来说，饱受整天挤公交挤地铁的痛苦之后，都会萌生买车的念头。但是买了车又怕堵车，回到家停车也是一大难题。汽车在给我们带来方便的同时，也衍生了很多的麻烦。事实上，停车难已经不是个人问题了，放眼世界，几乎所有的国家和地区都同样面临停车难的问题。

有困难就有解决办法。在日本，没车位就不给上牌照，所以日本人在买车的时候，需要出具一个个人拥有固定停车位的证明，而且这个停车位必须靠近本人住所，不然的话新车上牌就是个问题了。日本对于乱停车的处罚也是相当重，一般情况罚1.5万日元。在美国，为了方便市民停车，市民可以在街上进行打表计费停车，实行现金或刷卡的支付方式。而且很多收费停车的地方，到了晚上十一点可以免费使用。在英国，利用时间差，错峰解决停车难题。在伦敦的老街区，道路都很狭窄，停车情况如果不治理的话，路上几乎寸步难行。这里的道路实行停车时间限制，白天行车期间不准停车，到了晚上街道停满了车辆，当然都是很规矩地停在街道一边，而另一边街道留给车辆行驶。在德国，使用全自动停车场，让整栋大楼都停满了车。这种停车方式出来后，很多国家的城市开始效仿。车辆想要停到几十层高的楼层，自动升降的装置会将车送上去，取下来，整个过程费时短，提车也很方便，最关键的是不会影响地面的交通。对于我国愈加严重的停车难题，你认为又该怎么解决呢？

二、总结和讨论

1. 请你针对停车难这一突出问题，分析相应的原因。

2. 请提出一个解决停车难的创新性方案。

活动二：提出农家乐的创新方案

一、活动资料

伴随经济的不断发展，人们的生活水平逐步提高，人们对生活的追求也越来越高，对旅游的需求自然也越来越高。"农家乐"旅游形式已成为一种潮流。也成为了乡村旅游的重要增长点。

作为一种新兴的旅游形式，农家乐吸引着很多的城市居民，它利用庭院、果园、花园、农场、牧场等田园景观和自然生态、乡村人文资源，为旅游者提供独具特色的观光、娱乐、劳动、住宿、饮食等服务。"干农家活，吃农家饭，做农家人"正在成为新的时尚休闲。它让现代都市人远离喧嚣的噪声和钢筋水泥丛林，投身山林田园，去感受大自然的青山绿水，达到春观花，夏纳凉，秋赏桂，冬咏梅，享受轻松一刻的目的。

二、总结和讨论

1. 每人设计一个办农家乐的创新方案。

2. 小组分享各自的方案，讨论：

（1）在吃、住、行、观等方面怎样体现创新？

（2）怎样提出你的方案，其过程大致有几步？

反思：你是否掌握提出创新方案的能力

一、自我评估

针对活动二的方案设计，小组进行评分（表3-19）。

表 3-19 创新方案评估表

序号	方案设计	评估（打√）
1	创新目标（创新点）	明确（　）、不够明确（　）、不明确（　）
2	创新的针对性	强（　）、比较强（　）、不强（　）
3	创新的实用性	强（　）、比较强（　）、不强（　）
4	实施的可行性	强（　）、比较强（　）、不强（　）
5	实施效果预测	好（　）、一般（　）、不好（　）

二、反思提高

1. 什么是创新方案？完整的方案应包括哪些内容？

2. 创新方案的名称有多种，列举一下政府、企业、单位各种创新方案的类型。

3. 你有过在工作中提出创新方案的经历吗？回顾一下你提出方案的内容设计，哪些是成功的，哪些失败了，原因何在？

主题三　实施方案　积极实践

问题：怎样实施创新活动？

互联网时代，创新活动无处不在。据媒体报道，美国科罗拉多州的一位失明女子近期接受了一项人造仿生眼球的移植手术。这个仿生眼球是由一个内置微芯片和小型摄像头组成的，由摄像头拍摄当前所处情况的视频，并将这一视频上传给芯片，再由芯片发出命令，通过刺激神经并发送视觉信息给她的大脑，从而可以让她重获光明。负责人造仿生眼球的移植手术的眼科博士纳瑞什·曼达娃表示：这种技术尚不是十分完善，样子看上去也不是特别美观。这些存在的问题将成为他们未来工作的重点。他们将努力让更多的人重新获得光明。

创新是一种实践性的活动，有创意而没有实施，只能是纸上谈兵，不会产生应用价值和社会意义。实施创新的活动是十分重要而有实质意义的环节。

怎样把有创意的活动变为实际的成果，这是创新者必须要做的重要工作。

通过本主题的学习和训练，你将能够：

1. 掌握创新活动的基本流程和实施要点。
2. 学会实施创新方案。

认知：实施创新活动的流程

一、创新的基本类型

创新具有多样性，归纳人类的创新，不外乎就是四大类：科学知识创新、技术与产品创新、社会管理创新与工程创新。

1. 科学知识创新

科学知识创新是指通过科学研究，包括基础研究和应用研究，获得新的基础科学和技术科学知识的过程。其中，科学研究是知识创新的主要活动与手段，知识创新的目的是追求新发现、探索新规律、创立新学说、创造新方法、提出新知识。

2. 技术与产品创新

技术与产品创新是指应用创新知识和新技术、新工艺，采用新的生产方式，提高

微课：

如何实施创新
计划

209

产品质量、开发新产品，实现市场价值。

3. 工程创新

工程创新包括狭义和广义两种，狭义的工程创新是指以某组设想的目标为依据，应用有关的科学知识和技术手段，通过有组织的一群人将某个或某些现有实体，转化为具有预期使用价值的人造产品的过程。工程创新的重要标志是"集成创新"，将多个技术要素层次集成应用，如"嫦娥工程""港珠澳大桥工程"。广义的工程创新是指由一群人为达到某种目的，在一个较长时间周期内进行创新型的协作活动的过程，如"希望工程"等。

4. 社会管理创新

社会管理创新主要是着眼于人的社会组织和活动，包括政治、经济、文化、教育、生活等活动进行管理方面的创新，创新的载体主要是制度、规则、系统、模式、方法等，目标是优化社会组织，提高生产力，适应人的物质文明和精神文明发展的需要。

二、创新的"三段九步法"

有人把创新活动的一般过程分为三段九步，称为"三九创新法"。

1. 方案形成阶段

第一步：具有创新意识。具有创新欲望、创新意识，有创新的环境等等。

第二步：提出创新方案。针对问题与需求，提出创新的解决方案。

第三步：选择确定方案。从科学价值、实用价值、可行性方面选择创新方案。

2. 探索解决阶段

第四步：分解准备方案。分解方案、获得批准、准备（团队、资金、物质）资源。

第五步：探索创新措施。收集信息、运用技法、落实措施。

第六步：实施创新方案。实验验证、设计制作、实施应用等。

3. 应用评价阶段

第七步：成果应用推广。发表研究报告、展示设计作品、开拓产品应用市场。

第八步：成果评价改进。价值评价，完善改进。

第九步：成果产权保护。发表成果、申请专利、保护产权。

事实上，并不是所有的创新过程都有这样完整的九步。不同类型的创新实现的形式也各有自己的特点。如果是个人的小型创新活动，完成其创新的过程往往比较简单。但如果是较大的创新项目与活动，需要团队合作完成，在协调组织、资源准备、过程研发与控制、应用推广等创新的过程方面就复杂一些。

三、4种创新类型的实施过程的特点

各类型的创新活动过程各具特点，基本特点如下所示（表3-20）。

表 3-20 4 种创新活动的程序特点

创新阶段	实施步骤	创新类型			
		科学知识创新	技术与产品创新	工程创新	社会管理创新
一、方案形成阶段	具有创新意识	确定课题	确定创新点	确定创新点	确定项目、创新点
	提出创新方案	文献法、调研法、案例法、实验法、行动研究法等	实验法	实验法	调研法、实验法、行动研究法等
	选择确定方案	立项、申报	设计方案、立项	立项	立项
二、探索解决阶段	分解准备方案	设计技术路线	设计技术路线	设计技术路线、时间表	设计技术路线、时间表
	探索创新措施	理论探索，实验研究	实验探索	实践探索	实践探索
	实施创新方案	形成成果报告	技术应用、产品成型	生产建设	形成成果
三、应用评价阶段	成果应用推广	成果发表、出版、项目验收	市场推广、产品销售	市场推广	社会宣传、推广
	成果评价改进	社会公开	市场检验	市场检验	项目验收鉴定
	成果产权保护	专利申请、著作权	专利申请、品牌注册保护	产权注册、品牌保护	确认项目成果

四、创新过程实施的基本要点

1. 获得上级批准

除了个人的创新活动由自己主导外，任何一个组织的创新活动，在实施前，都需要得到上级有关部门的批准和领导支持，才能顺利实施。这个过程中，一般要做的工作包括：

（1）口头汇报或递交请示文件，或者通过相关的组织立项申报创新项目；

（2）准备 PPT，演示你的创意方案，说服上级支持你的方案；

（3）做好思想准备，接受质疑，捍卫你的创新方案；

（4）了解决策过程中每个人的角色和态度，积极寻求大家的支持。

2. 组建团队

一个组织的创新计划和较大的决策方案要转化为有效的创新行动，需要有团队共同完成。怎样组建团队，怎样分工落实创新计划，是实施创新计划的关键。在这个过程中，需要做好团队成员的分工，分解创新任务，制定出具体的路线图和时间表，分解出每一个步骤的具体目标和任务。通过人员和资金的分配，厘定好实施过程中需要解决的问题，并确定每一个任务完成的核查系统。

3. 获得资源

创新需要环境和条件。当自己的条件（如资金、设备、材料、时间等）不具备时，可以通过组织申请或社会筹集的方式实现。

当较大的社会性的技术和产品创新需要资金时，可以通过贷款和社会融资获得资金的支持。募集社会资金有多种方式，资金的种类也有多样。可通过路演宣讲，或者参加相关的展览，参与创新创客的竞赛、网络招标，等等，介绍你的项目，吸引风投等金融资本，利用股权融资等对资金进行募集。

五、市场推广的方法

技术产品创新类型往往需要做市场推广，需要设计好的商业模式，实现快速推广应用，赢得最大的利益。常用的手段是广告宣传、推广演示、网络传播、参展、试用体验，等等。比如，2023年9月25日，华为公司Mate60 RS非凡大师推向市场，公司首席执行官余承东携刘德华上场做宣讲发布，立即吸引了众人目光，引来各大媒体争先报道。在市场竞争激烈的社会，市场的推广营销是创新技术和产品取得经济效益和社会效益的重要一环。

六、创新五项原则

互联网时代，人人都可以创新，处处都可以创新。巨大的创新空间和创新元素，催生了目不暇接的创新产品，不断优化产业结构，改变了人们生存和生活的理念与形态，推动了社会的快速发展。但整个创新活动如何实施，怎样成为最好的创新，成了创新者面临的新问题。创新工场创始人李开复博士提出了五项创新的准则，可以参考。

第一，洞悉未来。创新者要了解未来的用户需求，以便研发出适用于未来的产品或技术。

创新者需要有洞悉未来的才智，能根据目前的市场情况和用户需求，结合技术的发展规律，对未来作出正确的预测和判断。这个道理就像踢足球一样，优秀的球员要到球将要到达的地方，而不是球现在所处的位置。在互联网发展的初期，当时的用户没有准确地提出针对搜索引擎的需求，因为用户习惯于使用分类目录来查找自己需要的网页。用户可能并不知道搜索引擎是什么，不清楚自己是否真正需要这样的功能，也不清楚技术上是否具有可行性。但是，能够洞悉未来的创新者推测后得出结论：随着网页数量的不断增长，总有一天，分类目录将无法更好地容纳更多的新网页。这时，创新者便先于用户想到，未来的用户需求一定会转向比分类目录浏览更加便捷的方式。例如，是不是可以允许用户使用任何关键词进行查询，并获取网页结果呢？在技术上，是不是可以自动为海量网页创建索引并获得最好的排序呢？谷歌公司的创始人正是洞悉了用户的潜在需求，而投身于搜索技术的研发。当用户对于网络搜索的需求越来越明显时，以谷歌为代表的搜索引擎就自然而然地走向前台，取得了巨大的成功，并直接带动了网络广告产业的兴起。

第二，打破陈规。其实，创新的最大障碍就是无法脱离固有的思维定势或思维框架，总是在已有的方式、方法里打转。如果不能打破陈规，那么，无论对未来用户的需要有多么清楚的认识，创新者也无法想出最有效的、最新颖的解决之道。比如，当无线通信刚被发明出来的时候，几乎所有人都认定了这个技术演变的最终目标肯定是，每个人都会有一台无线通信装置，能够成为"无线"的电话。但在当时的技术条件下，无线通信设备有两个组成部分：无线发射器体积庞大，价格昂贵，但是无线接收器体积小，而且便宜。所以，要实现这个终极目标需要有长远的打算。这时，一位打破陈规的创新者想到，是不是可以把发射器和接收器分开，让每个人都有一台非常便宜的接收器，来接收某个中心发射器的信号。就这样，广播这种最早依赖无线电技术的大众传播方式诞生了。

第三，追求简约。在很多情况下，复杂的设计并不一定有效，最简单的设计和组合却可能发挥最大的效力。比如，最初做搜索引擎的时候，研究人员发现，如果用户搜索时多输入几个字，搜索结果就会准确得多。那么，有没有什么方法能提示用户多输入几个字呢？当时，有人想到，我们能不能做一个智能化的问答系统，引导用户提出较长的问题呢？但是，这个方案在实施过程中可能会遇到许多挑战。也有人想到，我们能不能主动告诉用户，请尽量输入更长的句子，或者根据用户的输入主动扩展为更长的搜索词呢？但是，这样似乎又会干扰用户。最终，有一位技术人员想到了一个最简单，也最有效的点子：把搜索框的长度增大一半。结果，当用户看到搜索框比较长时，就会有更大的可能性输入更多的字词。今天搜索引擎上长长的搜索框就是这么来的。

第四，以人为本。在19世纪的一个普通工厂里，最能干的工人与普通工人相比，他们的生产力最多相差一倍。但是，在21世纪的IT企业、研发机构中，一个最有创造力的研发人员和一个普通的工程师相比，他们的生产力却可能差距几十倍、几百倍甚至上千倍。如果你的企业能够吸引成百上千的天才创新者，并让他们充分发挥自己的才能，即便是在最激烈的竞争环境里，你的企业也一定能脱颖而出。为了吸引和留住人才，就要为人才创造最好的工作环境，给予他们最大的信任，赋予他们足够的权限。在谷歌，每一位工程师都可以利用工作中20%的时间，来做自己最有激情做的事情。这是一种真正的放权和信任，也是营造自下而上的创新氛围的有效方法。事实上，谷歌发布的许多创新产品，最早都诞生于这20%的时间里。正是因为有了诸多鼓励创新的举措，谷歌才能在10年多的时间里，一直在互联网领域里保持技术优势，不断用最好的创新改进互联网用户的使用体验。

第五，承受风险。任何创新都有风险，在创新的过程中，我们必须用正确的态度对待失败。失败不是对我们的惩罚，而是一次最好的学习机会。爱迪生发明灯泡的时候，经历了几千次失败才最终成功。在谷歌，有许多20%时间里开始的创新工作，但其中很大一部分都失败了。没有这些失败，就不可能有成功的创新脱颖而出；没有接受和承担风险的能力，就不可能营造出真正鼓励创新的环境。

行动：获得实施创新的能力

活动一："互联网＋医养结合"创新案例分析
一、活动资料

中国社会的老龄化程度持续加深，养老成为了全社会共同面对的难题。2016年，乌镇开启了"乌镇智慧养老2+2新模式"，实现了居家和社区养老、医疗服务的全覆盖。这在全国养老行业开创了医养深度融合的新模式。

"乌镇智慧养老2+2新模式"：通过线上云平台（乌镇智慧养老综合服务平台、远程医疗服务平台）和线下服务资源（居家养老服务照料中心、社区卫生服务站），以健康档案为核心，利用自动检测终端、健康管理App、物联网智能居家设备，对老年人进行持续健康状况跟踪，并将跟踪结果记录进个人电子健康档案。最终建立集预防保健、全科医疗、康复治疗、健康教育、计划免疫指导为一体的连续性、综合性、低成本、高效率、可复制、易推广的医养服务模式。通过线上云平台为老年人提供健康评估、慢病管理、健康数据动态监测等服务；乌镇医院和微医提供网络医院预约挂号、网上会诊、专家讲座等服务；线下居家养老服务中心提供健康档案建立、康复理疗、上门照护等服务；卫生服务站提供预防保健、全科医疗、开方拿药等服务，实现医保对接和线上＋线下全覆盖、全过程的医养结合。

二、总结和讨论

1. 请谈谈"互联网＋医养结合"方案的创新属于什么类型？
2. 该方案中的创新点体现在什么地方？

活动二：分析现实创新案例，借鉴经验
一、活动要求

每人提供一个现实生活中创新的案例，如快递物流、送餐外卖、网约车、海底捞火锅店服务或手机App中的服务项目等等，小组讨论分析该项目。

二、总结和讨论

1. 该项目的创新点是什么？
2. 该项目是怎样实现市场运营的？
3. 该项目对自己准备或正在进行的创新有何启发？

反思：你学会怎样实施创新活动了吗

一、自我评估

针对活动二，每个人交流一个自己创新实践的例子，按照"三九创新法"的步骤展开论述，小组评估其实施创新的能力（表3-21）。

表 3–21　创新实施能力评价表

创新阶段与实施步骤	能力状态评估		
	优	一般	较差
一、方案形成阶段 具有创新意识，能提出创新方案，能选择确定方案			
二、探索解决阶段 能分解准备方案，能探索创新措施，能实施创新方案			
三、应用评价阶段 能进行成果应用推广，能进行成果评价改进，具有成果产权保护意识			

二、反思提高

1. 请从商业模式、服务方式、技术突破三个方面分别举出一个互联网多样创新的例子，并指出其中创新之点和实施过程的方法。

2. 你有过创新的行动吗？你是怎样实施你的创新计划的？你在其中哪个方面还存在不足？

模块九

评估创新效果：用评估工具优化改进

　　每个人在生活和工作中都会遇到各种复杂问题，但并不是每一个人都可以处理得恰到好处。事实上，无论是自己还是身边其他人的问题，当我们运用创新思维提出解决方案并依此解决了问题后，你可能会去想一下，整个过程做得"好"或者是"不好"，自己是不是对这个结果满意。本模块意在培养你主动用分析性思维来评价问题解决得成功与否，并运用评估的结果不断改进工作，获得创新性解决问题的技能和经验的方法能力。

"评估创新效果"能力要求：

1. 能按步骤对创新方案的实施情况进行检查或测评。
2. 能熟悉有关创新的专业技术及政策，对创新方法及结果进行评估。
3. 能采取合适措施，调整方案并促进问题解决。
4. 能对获得的创新成果申请知识产权保护。

本模块训练重点：

1. 了解创新效果评价的内涵和基本类型。
2. 掌握创新效果的评价方法。
3. 能调整、改进、提高创新效果。

案例示范：Keep产品升级——打造一个"自由运动场"

　　Keep于2015年2月4日上线，是一款致力于提供健身教学、跑步、骑行、交友及健身饮食指导、装备购买等一站式运动解决方案的App。

　　创始人王宁表示："Keep并不仅是一个垂直的健身产品。早期我们从健身这个点进行切入，'移动健身教练'只是一个阶段性产物，我们想做的其实是帮助更多人培养他们的健康生活习惯。我们不会将自己局限在'健身'这一个细分领域，而是要向用户提供多方位的运动体验和支撑，变成真正高维度的'运动场'，里面不管是运动的多样化与自由度，还是交流的自由度，都是一个全新的升级与变化。"

　　"在自由运动场上，你可以找到喜欢的运动形式并快速参与其中，也可以找到志同道合的小伙伴进行自由交流，参与活动一起玩耍，去感受运动的快乐。"而最新推出的 Keep 4.0 相当于是从"移动健身教练"向"自由运动场"过渡中的新升级产品。

1. 个性化推荐训练方案，快速开启运动

用户进入"自由运动场"后，Keep 会根据用户的运动历史、训练偏好及输入的身体数据，结合专业的教练建议，向用户推荐个性化的运动方案。对于新注册的用户，Keep 也会推荐其使用运动能力测试功能，全面了解自己的运动水平，通过算法推荐相应的训练计划，减轻用户初次接触运动时的无措与茫然。在完成每一次训练时，用户也可输入对强度的反馈，系统会及时调整推荐内容，陪伴用户成长进阶。

2. 运动品类更丰富，选择更多样

在 4.0 版本中，Keep 对现有的运动模块进行了整合，增强了训练的个性化推荐，并将跑步和骑行突出为与健身平行的运动品类，同时加上了记步功能，覆盖更多运动场景，社区互动形式也更为丰富。这个改动让 Keep 不再是一个辅助的记录工具，而是成为与健身成为平行的运动品类，将 Keep 的运动品类从室内延伸到户外。

以跑步为例，用户在首页进入跑步页面后，可以看到当前的跑步等级、周围热门路线以及 Keep 推荐的跑步训练模式。Keep 的跑步功能除了记录之外，同时与训练内容进行了深度结合。Keep 突破了原有的视频指导模式，推出了语音版跑步课程，将跑步这一运动变得更加科学高效。根据用户所在的位置，Keep 的"跑步路线"功能可自动向用户推荐附近的热门路线，这一功能同时强化了跑步这一运动的社交属性。在有趣的路线上遇到有趣的人，让运动不再无聊。

除跑步、骑行外，Keep 中的训练更加多样，陆续推出了瑜伽、康复按摩、体态纠正等课程，覆盖拳击、健身、跑步训练各方面。

3. 更加自由便捷地获取运动知识

在 Keep 中，获取知识也变得更加自由和便捷。推出了"直播课"模块，邀请不同领域的达人向用户进行答疑解惑，演示如何制作健身餐，或通过展示自己的训练内容与用户互动。除直播课以外，未来将会继续拓展直播方向，包括运动直播、可随时随地分享自己的健身故事。

Keep 现有注册用户突破 8 000 万，集中在一二线城市，其中有学生、年轻白领、企业管理人员、自由职业者等，也有教练、健身房经营者，各行各业的人因为运动而聚合在一起。

Keep 为这些运动爱好者们提供了展示与交流的平台。用户可以通过"运动日记"来记录展示自己的运动生活，分享运动体验，跟好友互相加油督促，让更多人见证自己的成长。同时，用户也可在 Keep 中报名参加线下活动，去体验各具特色的健身房和高品质的赛事，通过活动来结交更多朋友。在自由运动场中，运动不再是孤独的坚持。

分析：Keep 作为健身 App，在开发过程中不断完善、细化自己的产品，从用户需求出发，捕捉创新点，从而取得成功。

主题一　创新有法　评估有术

问题：为什么需要评估创新？

对于可口可乐来说，1985年4月23日，绝对是一个意义非凡的日子。那天，可口可乐公司宣布将推出新配方的可口可乐。在作出这一决策之前，公司投入大量人力、物力、财力进行市场和用户调查。

可口可乐之所以要推出新配方，主要还是由于百事可乐的不断崛起。百事可乐以新口味进入市场，并很快占领了很大市场份额。为了与其竞争，可口可乐创新出了新口味。

然而，当新口味可口可乐上市时，却遭遇了灾难性打击。可口可乐原本的忠实消费者并不买账，他们觉得可口可乐背叛了自己，他们只想要过去的老配方可乐。数不清的消费者在品尝了新配方可乐后，都表示了深深的失望，甚至是愤怒，他们的反应与前期的市场调查的结论大相径庭。

面对如此之大的压力，可口可乐公司无奈之下宣布放弃新配方，重新使用老配方。

这个案例告诉我们，由于可口可乐创新的口味没有满足用户需求，准确对市场反馈进行评估，创新实施效果不好，甚至不得不换回了旧口味，以保住自己的市场地位。

创新的评估是创新发展必不可少的一环。可以说，只有进行有效的创新效果评估，才能更好地去实施创新活动。

通过本主题的学习和训练，你将能够：

1. 了解创新评估的价值。

2. 认识创新评估方法。

认知：评估是为了更好地创新

当前中国最火的火锅店非"海底捞"莫属。这家来自四川简阳小县城的火锅店，竟然在中国餐饮服务行业做出了口碑，成为业界翘楚，连肯德基和必胜客这类大型连锁店都向其学习。海底捞成功的关键就是服务创新，他们依靠"新颖服务"，不断接受市场的反馈意见，不断评估服务，不断改进，最后赢得市场的广泛赞誉，成为著名的品牌。那么，海底捞火锅店又是如何评估创新的呢？

微课：

评估创新效果

海底捞服务创新的评估，既有外部评估，也有内部评估。外部评估主要源于外部顾客、内部中高层管理人员和顾客接触人员。通过外部获取顾客需求和评价信息，不断创新服务方式，提升质量，比如增加个性服务，开设美甲服务，获取年轻女性这一主力消费群；开发针对儿童的服务，以服务家庭聚餐需求。在内部，海底捞已经形成了一个代表着创新意识的红、黄、蓝榜机制。海底捞每月以店为单位进行创意统计，每月9号，各个片区的店经理都要向总部提交一个服务创新的评估报告，报告上将详细列出各店员工最近的一些服务想法和创意，而几位核心高层则会在月底进行讨论，负责对此进行总结和评比，确定哪些是在本店可行的，哪些可以推广到全国连锁应用的。如果一个店这个月是蓝榜，那代表无创新，黄榜则代表本店应用，红榜则代表全国店面都可以推广。

不仅如此，在海底捞火锅店，员工的服务创意一旦被采纳，就会以员工的名字加以命名。如"包丹袋"，就是一个防止顾客手机被溅湿的塑封袋子，它是由一名叫包丹的员工提出的创意，于是这个袋子就用员工名字命名。

可以说，正是这些服务评估，让海底捞不断推陈出新，提升服务质量，促进了海底捞火锅店的服务创新，使海底捞最终获得成功。

一、创新效果评价的内涵

所谓创新评估就是对所提方案的可行性及实施效果进行综合评价，包括对创新方案实施的效果进行追踪评价、进一步评估该创新方案的可行性两个方面。

对创新方案取得的创新效果进行总评价，一般从技术成果、经济成果和社会成果三个方面入手：

1. 技术成果评价。即对产品或项目的技术性能进行评价。创新产品的技术评价包括产品性能、功能条件的改善以及各项技术指标，如产品质量、寿命、安全等达到的程度。这种评价一般以数据来反映。人文类创新项目的技术评价则主要从模式优化、方法先进等方面进行评估。

2. 经济成果评价。技术类、经济类的创新方案实施之后，可对材料能源消耗、劳动生产率、原料节约、资金利用、利润增加以及投资回收期等指标，通过计算、比较来进行经济效果评价。

3. 社会成果评价。技术与产品类的创新方案实施以后，可对社会带来的利害程度，包括对能源、稀有物资的节约，降低产品的使用成本以及改善环境等效果评价。人文类的创新项目则可对促进社会发展中具体进步的内容列项进行评价。

二、创新效果的评价方法

1. 结果评估

结果评估可反映创新的成功程度。此评估如同检测你的汽车性能（每升燃料行驶里数）——每使用一箱汽油，你都能算出百公里油耗，并与过去数据对比，看看是增加还是降低了。但是这种检测并不能告诉你百公里油耗波动的原因或提供相应的对策。要获得这些情况，需要对汽车进行进一步的检测，调查内部是否出现一些问题，如空气过滤器是否堵塞、火花塞是否老化等。

创新结果的评估主要有三种：

（1）财务评估。该评估是最常用的一种，对有经济指标的机构来说，要衡量其创新活动是否能获得相应的回报，财务评估是最根本的证明。其中创新回报率，即创新的全部收益与创新活动全部支出的比值，就是一种最好的财务评估。

（2）服务对象满意度评估。通过此评估可以深入了解服务对象对创新是否欢迎。最常见的是创新忠诚度，比如购买创新产品的回头客的百分比。对多数商品来说，创新忠诚度评估常关注重复购买的次数，或在单位时限内与同类产品的销售比较。创新忠诚度评估充分说明新产品是否有效地解决了顾客的需求问题，能否吸引回头客。

（3）成功率评估。该评估可以充分地说明该创新是否达到了预期目标，是否已经在市场上产生了持久的影响。虽然结果评估用处很大，但是它很难找出创新活动失败的原因。

2. 系统评估

主要评估机构内部的创新系统运行情况，它能解释创新活动成果增长或下降的原因，决定机构业绩的内部动力。创新的系统评估是专门用来帮助机构发现成功与失败的深层原因的。系统评估不是等到最终结果出来以后才开始的，而是对创新活动进行前瞻性的指导，时时进行评估能帮助单位在创新活动的过程中对活动本身进行调整。如杜邦、惠普和陶氏化学等知名企业都以高效系统评估而闻名。

系统评估常用的有两种：

（1）问题寻检评估。这种评估不仅可以表明服务机构对服务对象心理的了解程度，还可以揭示出现行的创新计划能够在多大程度上解决服务对象的问题。较常见的是问题分类更新评估，通过这种评估可以发现并确定服务对象方面的新的、各式各样的问题。

（2）程序评估。比如，企业通过程序评估可以了解其创新程序，对创新活动进行监控和将创新推向市场时的工作效率。程序评估的重要指标是上市速度，即从开始实施创新计划到创新产品面市所需的平均时间。上市速度评估有助于发现企业系统中潜在的"瓶颈"，还能对程序的总体效率进行评估。

行动：学会创新评价方法

活动一：案例分析：小断面五孔掏槽法

一、活动资料

"用五孔掏槽法掘进小断面，效果不错！"近日，记者在某国防施工一线见到刘国龙时，一身尘土的他正带队作业。小断面掘进施工中，打眼、放炮稍不注意，碎石就无法掏出，给出渣作业带来很大困难，这也是长期困扰工程部队的一个施工难题。

为解决这个难题，刘国龙坚持跟班作业，经过多次调整炸药量、钻孔角度和布局，反复对比爆破效果，不断优化作业方案，终于创新出小断面五孔掏槽法，使掘进施工速度得到有效提高。

"只有坚持科学施工，才能不断提升工程部队的战斗力！"担任营长后，刘国龙非常注重通过科技创新提升部队战斗力。两年来，他带领团队先后创新施工工艺7项，有多项自主研制的创新成果被应用到施工一线，全营的国防施工能力有了很大提升。前不久，该营一连在施工中遭遇塌方，全队上下采取先排险、后封闭、再支护的方法，想尽快通过塌方施工段，没想到越排问题越多。刘国龙勘查现场后，决定改变处置方案，采取先锚喷封闭，降低对岩石的冲击，再减少锚杆数量、增加锚杆长度，增加围岩稳定性，使难题迎刃而解。对此，大家纷纷竖起大拇指说："营长不愧是咱火箭军的'砺剑尖兵'。"

二、总结和讨论

1. 请你对刘国龙创新提出的小断面五孔掏槽法进行评价。

2. 谈谈你对刘国龙创新成功推广应用的看法。

反思：怎样提高创新评估水平

一、自我评估

1. 你对创新评估步骤是否熟悉？

2. 如果现在准备给你10万元的创业基金，请你做几个创业创新方案，然后对其实施效果加以评估。

二、反思提高

1. 你认为Keep成功的原因是什么？它的创新点是什么？

2. 回归到创业，你又该如何推广你的创业项目？

主题二 验证方案 评估效果

问题：如何验证与评价创新方案？

有时候，为了选择最优的创新方案，对多个创新方案进行对比实验后，会对该若干创新方案进行评估，以进一步甄选最优方案实施应用和推广。

通过本主题的学习和训练，你将能够：

1. 能按步骤对创新方案的实施情况进行检查或测评。

2. 能掌握正确的评估方法，熟悉有关创新的专业技术及政策，对创新方法及结果进行评估。

认知：评估和改进创新方案

一、创新方案评价的种类

微课：

1. 两种基本评估类型

创新方案评价可分为两种：一是概略评估。先对提出的若干方案进行粗略筛选，保留少数可行方案进行具体化，以节约大量的人力、时间和费用。方案的概略评估如下所示（表3-22）。二是详细评估，是对具体化后的可行方案再进行综合评价，以选取最优方案。

评估创新方案

表 3-22　方案概略评估

方案	经济评价	技术评价	社会评价	评价结果	选择
方案1	√	√	√	√	采用
方案2	√	×	√	△	保留
方案3	×	√	√	×	放弃
方案4	×	×	×	×	放弃

注："√"表示可能被采用，"×"表示没有可能被采用，"△"表示有待进一步研究。

2. 三个具体评价内涵

无论是概略评估，还是详细评估，都包括技术评价、经济评价和社会评价三个方面。把这三个方面联系起来进行综合权衡就是综合评价，即综合评估。这种评估也称价值评价，是列出上述三个方面的具体评价项目和评分标准，然后综合评分，对整个方案作出综合的整体的评估（图3-4）。

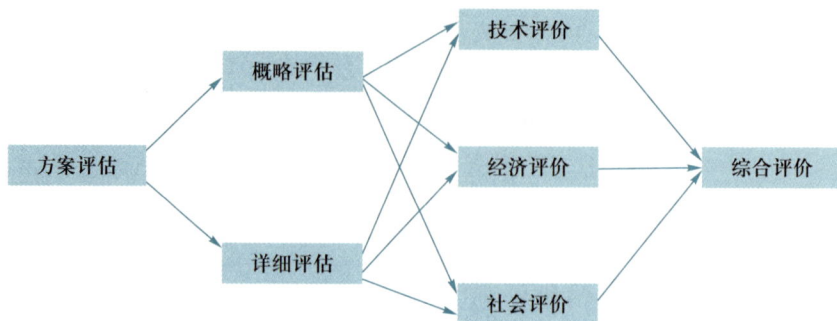

图 3-4 创新方案评估种类

（1）技术评价。主要围绕"功能"进行技术可行性评价，主要是评估方案实现必要功能的程度，或用户对改进方案的功能满意程度。技术可行性评价力求把技术指标定量化，以便进行比较选择。技术和产品的创新方案主要从以下几个方面进行评估：功能的实现程度（性能、质量、寿命等）、可靠性、可维护性、操作性、安全性、协调性等。人文创新项目的技术评价则主要从模式优化、方法先进等方面评估。

（2）经济评价。具有经济指标的创新，主要是从成本和利润两方面进行综合考虑，主要评价成本指标，如费用的节约。同时，也要考虑与经济效果有关的指标，比如公众或企业产生的效益、市场销路和竞争情况。

（3）社会评价。主要针对方案给社会带来的利益或影响进行的评价。经济类、技术产品类创新的社会评价主要包括以下几方面内容：第一，方案是否符合国家规划；第二，方案实施资源利用是否合理；第三，方案实施是否达到国家关于环境保护颁布的有关规定；第四，方案实施是否符合其他国家、社会的要求。人文类的创新项目则可对促进社会发展中具体的进步内容列项进行评价。

二、创新方案评估方法

创新方案评估方法可分为两种：

1. 定性分析法。主要是优缺点列举法，根据评价项目详细列出各个方案的优缺点，分析存在的缺点能否被克服，在比较的基础上选出最佳方案。这种方法简单、灵活，但评价较粗糙，缺乏定量分析的依据，一般与定量分析结合使用。

2. 定量分析法。是给每一个方案打分，最后根据分数来选择方案的方法。定量分析方法很多，常用的有价值系数评价法和组合法。

（1）价值系数评价法。这种方法是将各方案的功能系数、成本系数和价值系数计算出来，然后对比各方案的价值系数，以价值系数较大者为最优。方案的功能系数常采用两种计算方法：直接打分法和加权打分法。

方法一：直接打分法。根据方案的各种功能直接打分，然后将各项功能得分直接加起来，算出每个方案达到功能要求的总分。比较各方案的总分，初步分出舍弃、保留、采纳的方案。对采纳和保留的方案进行成本比较，进而确定最优方案。

例如，某产品粗略评价后筛选出4个方案，该产品具有A、B、C、D、E、F、G共7项功能，对每个方案的7项功能直接打分（表3-23）。再将方案进行成本分析，进而确定最优方案（表3-24）。

表3-23　功能得分表

功能 方案	A	B	C	D	E	F	G	合计 （Σ）	选择
方案1	7	6	8	9	4	7	8	49	舍弃
方案2	4	9	6	9	5	8	5	46	舍弃
方案3	10	4	8	10	7	5	8	52	保留
方案4	9	8	7	10	9	8	9	60	采纳

表3-24　成本分析表

方案	功能得分	功能系数	成本	成本系数	价值系数	选择
方案1	49	0.24	150	0.27	0.89	
方案2	46	0.22	140	0.25	0.88	
方案3	52	0.25	130	0.23	1.09	
方案4	60	0.29	142	0.25	1.16	最优

注：价值系数=功能系数/成本系数。

方法二：加权打分法。对产品各个功能按照其重要程度给予一定的权重，再对各个功能的满足程度进行打分，将权重与满足程度分别相乘再一并相加，得出各方案的总分。最后，再将采用和保留的方案做一下成本比较，并以价值系数高的为最佳方案。此方法与直接打分法的成本分析类似。例如，某产品现有4种方案，5种评价因素，具体如下所示（表3-25）。

表3-25　加权评价表

评价 因素	因素	A	B	C	D	E	方案总分	选择
	重要系数（Φ）	0.3	0.2	0.3	0.1	0.1		
方案		满足分数（S）					$\Sigma（\Phi \cdot S）$	
方案1		10	7	9	3	6	8.0	舍弃
方案2		10	8	10	4	5	8.5	保留
方案3		10	8	10	5	3	8.4	舍弃
方案4		10	10	10	2	7	8.9	采用

（2）组合法。组合法不是按照产品的整体制订方案，而是针对组成产品的每个组成部分或零件，分别制订改进方案。在各个部分的方案中，分别选出最佳方案，最后将局部最优方案组合成产品整体方案。例如，某产品可分解为5个部分，每个部分都有4个设想方案。用组合法选择方案，具体如下所示（表3-26）。

表 3-26 组合法选择表

零件名称	方案			
	方案1	方案2	方案3	方案4
A		*		
B		*		
C	*			
D				*
E			*	

注："*"代表人为选定的局部最优方案，则总体最优方案由方案1的零件C，方案2的零件A、B，方案3的零件E，以及方案4的零件D组成。

行动：学会评估创新效果

活动：用概略评价法评价道路拥堵解决方案

一、活动内容

伴随经济的发展，人们生活水平正逐步提高，出行方式也大为改善，但随之而来的交通拥堵问题更加严重。可以说，道路拥堵已成为城市交通的一大难题。很多城市推出了单双号限行政策等措施，但交通拥堵问题依然没有得到有效缓解。为此，有人提出了以下三种解决方案：

方案1：创新交通信号控制。在正常交通信号灯处再安装一处交通信号指示灯，包括前方路段畅通、前方路段拥挤、前方路段交通事故三个指示，这三个指示灯可安装在交叉路口，给驾驶员充分时间加以判断选择，有效避免拥堵。

方案2：发展公共交通系统来缓和道路拥挤。有条件的城市可以设立公共交通专用车道，其他车辆一律不允许占用，确保公共交通的畅通，甚至设立一条为消防车、救护车、应急车等专用车辆通道，保证紧急情况下道路畅通。

方案3：立体化交通设想。建议设立地下、地上、空中三位一体的道路交通体系，即地下通道、地上道路、立交桥互为补充，做到行人车辆分类分道，改变现有的交通格局。

二、活动要求

请用概略评价法评价上面三个创新方案：

1. 哪种创新的方案具有现实的可行性？

2. 三个方案的优缺点有哪些？有何完善的建议？

反思：是否掌握了创新效果评估方法

一、自我评估：分析案例：退伍军人就业安置问题

眼下，又到老兵退役的季节，他们回乡后如何顺利就业，成了让人牵挂的问题。毕竟，多数战士在部队时都是以军事训练为主，真正具备一技之长者并不多。因此，退役老兵的就业问题，值得引起地方政府关注。

现在，城镇退役士兵就业，已不再像过去那样实行指令性安置。在这种情况下，政府不断调整退役军人安置政策，在强化安排工作力度的同时，积极拓宽安置渠道成了必须思考的问题。展开来说，在挖掘安置潜力和就业岗位资源的同时，还要鼓励和引导退役士兵自谋职业。比如，对退役士兵创办微型企业的，应从财政补助上提供优惠；在税收方面，提供税收优惠扶持；在行政规费方面，退役士兵所办微型企业应在证照、年检、年审等手续方面免除行政性收费等。此外，退伍士兵从相对封闭的军营，回到开放复杂的地方难免有些不适应，建议开展"订单式"教育培训，以提升退伍士兵就业技能。

事实上，从退役士兵就业条件看，他们在部队都受过正规训练，肯吃苦、作风硬、素质好，是难得的人才。这些人如果能进入企业工作，既解决了他们的出路问题，也为企业提供了生力军，给企业增加活力和发展后劲，实属双赢举措。

俗话说，铁打的营盘流水的兵。关心退役士兵的就业创业，为他们化解后顾之忧，不仅有利于现役军人在部队安心服役，而且对激发、鼓舞更多适龄青年踊跃报名参军、投身国防建设事业，具有积极的现实意义。期待方方面面行动起来，积极创造条件，切实解决好退役士兵就业问题。

提示：

1. 请你指出退伍军人就业安置中主要存在的问题。

2. 假设你是一名退役军人，提出适合自己就业的多个创新性对策。

3. 根据这些创新性对策，评估一下效果如何。

二、反思提高

1. 在你完成活动一中"对解决道路拥堵的三个创新方案"的概略评价后，再进行总体评价，看看自己是否完全掌握了评估的步骤与方法。

2. 评估是否掌握了创新效果与创新方案评估的基本方法。

主题三　调整改进　提高成效

问题：怎样调整、改进和提高创新成果？

自2011年铁路部门全面推行网络售票以来，网络购票这个新型的购票方式渐成主流。近年来铁路12306及时洞察民众购票心理，不断改进和完善网络售票方式，推出方便民众购票的新措施，成为了他们创新提高的努力方向。

2013年11月30日，中国铁路客户服务中心12306网站新版上线试运行，除了银行卡支付外，增加了支付宝账户支付方式，并可通过支付宝办理改签或退票。

2014年，面对订票系统存在的漏洞，12306网站积极应对，重点对系统架构进行了优化，对硬件设备进行了扩容，对业务流程进行了调整，提高系统处理能力，适应大流量用户访问，改善用户购票体验。

2015年3月，为防止抢票工具的使用，12306网站又出新招，用户选购车票时，需要从8张图片中选出符合要求的图片方可订票。虽然这样的验证方式比较罕见，但12306网站的新招确实对抢票插件起到了一定的遏制作用，更好地维护了购票环境的公平。

2015年5月6日起，12306网站及"铁路12306"手机购票客户端的购票时间由不晚于列车开车前2小时调整为30分钟。

2016年1月30日，12306网站首页增加余票动态显示，数据每半小时更新一次。

2016年12月，12306网站进行扩容改造，推出在购票环节减少验证码验证的措施，近六成车票发售时旅客不再需要使用验证码，旅客购票体验大为改善。

多年来，12306网站一直不断改进完善，更好地满足了旅客的网络购票需求，增强了用户体验，让春运抢票更加容易，让未来出行更加方便。

创新是在特定的环境中，本着理想化需要或为满足社会需求，改进或创造新的事物、方法、元素、路径、环境的行为。创新是不是体现了最佳设计，是不是获得有益效果，需经过实践的检验，需要得到社会的认可。创新是一个不断进步的过程，怎样及时调整改进提高，产生更好的效果，发挥其应有价值，是创新者创新实践的必有之义。创新永无止境。

通过本主题的学习和训练，你将能够：

1. 认识创新是个实践检验的过程。
2. 提高改进创新效果的能力。

认知：调整、改进和提高创新成果的方法

一、调整改进提高创新效果的标准

创新是改造世界的实践，创新的对与错、利与害要通过实践作出检验与评价，实践是检验创新效果的标准。创新作为一种开创性的实践，只有通过实践本身加以证明与评价，主观判定、理论说明、逻辑推导，都不能作为根本标准与最终说明。

微课：

提高创新效果

二、改进创新方案的角度

大部分创新都来源于社会活动，因此基于问题的视角判断某个事物，这是一种必然的行为，因为很多发明与创造都来源于对问题的深入思考，当验证问题的起因，问题产生的条件，问题相关的因素，问题解决的角度，问题如何处置的方案有一个明确的思路后，那么实际的创新行动才有的放矢。验证改进的效果和进一步调整提高的关键点也在这里，聚焦问题核心，围绕此展开分析，就能寻找到进一步创新的路径和成功的方案。

三、完善方案的思路

创新不可能一蹴而就，绝对完善和十全十美的创新几乎没有，而且有可能失败。为了尽可能避免失败，取得最终的成功，创新者在开始行动以后，要不断研讨，集思广益。

比如，对技术和产品创新类的方案，创新者可从下面几个方面进行思考：

（1）解决问题的迫切程度；

（2）功能结构的优化程度；

（3）使用操作的可靠程度；

（4）维修保养的方便程度；

（5）美化生活的美学程度。

在原方案基础上，对其进行补充、修改，迭代优化，调整完善。

创新无止境，要不断在新的起点上实施再创新。即使这一轮创新失败，也要从失败中总结经验、吸取教训，为持续创新提供借鉴。如我国中医针灸的针具，就经历了从竹针、骨针、陶针、金属针的创新演变过程。这种从一物多用到形殊功异的演变，都是在不断改进中完善的。

行动：提高调整改进创新成果的能力

活动一：拟写活动方案

一、活动目标

调研当前市场销售的手机护套，分析其特点和功能。

二、活动要求

1. 交流总结各种护套的特征和功能；

2. 设计新的手机护套，进行创新展示。要求用PPT讲解，展示个人对新护套改进的创意、设计、研发等。

活动二：分析案例，领会方法

一、活动目标

调研顺丰快递或者京东物流发展的历史，分析他们是怎样不断调整改进自己的创新方案的。

二、活动内容

1. 采用分组网络数据采集的方式，搜集案例；

2. 运用创新效果评价方法，分析优化服务质量的方法及管理创新方案。

反思：是否已经掌握创新能力

一、自我评估：创新能力测试

（一）情境描述

下面的每道问题，如果符合你的情况，请你在括号里打"√"，不符合的则打"×"

1. 你平时说话、写文章时总喜欢用比喻的方法。

2. 你在做事、观察事物和听别人说话时，能专心致志。

3. 你能全神贯注地做自己喜欢的事情。

4. 你并不认为权威或有成就者的某些观点一定正确。

5. 当你终于解决了一道难题或完成了一项任务时，总有种兴奋感。

6. 喜欢寻找各种事物存在的原因。

7. 观察事物时，向来都很认真，能够注意到细节方面。

8. 能够从别人的谈话中发现问题的所在。

9. 在进行富有创造性的活动（如写作文、画画、做手工等）时，常常废寝忘食。

10. 能主动发现一些别人不在意的问题，并发现与问题有关的各种联系。

11. 平时都是在学习或琢磨问题中度过的。

12. 好奇心比较强烈。

13. 如果对某一问题有了新发现时，总是感到异常兴奋。

14. 通常情况下，对事物能预测其结果，并能通过自己的研究得出结果。

15. 平常遇到困难和挫折时，表现得都很顽强。

16. 经常思考事物不同于原来的新答案和新结果。

17. 有较强的洞察力，能够一针见血地指出关键问题。

18. 在解题或研究课题时，总喜欢在解题方法上求新、求异。

19. 遇到问题时能从多个角度、多个方面探索解决，而不是固定在一种思路上或局限在某一方面。

20. 脑子里总是能够涌现一些新的想法，即使在游玩时也常能产生新的设想。

（二）评估标准和结果分析

记分方法：打"√"得1分，打"×"得"0"分。

结果分析：

得分为20分，说明你的创新能力很强。

得分在16~19分之间，说明你具备了较强的创新能力

得分在10~15分之间，说明你的创新能力一般，应该加强培训。

得分小于10分，说明你的创新能力较差，必须加强培训。

二、反思提高

1. 创新方案实施后为什么还要不断地调整、改进、提高？

2. 创新实践中的调整提高的标准是什么？依据什么调整？基点是什么？

/阅 读 清 单/

［1］张正华，雷晓凌.创新思维·方法和管理［M］.北京：冶金工业出版社，2013.

导读：《创新思维·方法和管理》系统地介绍了创新思维、方法与管理的基本理论。具体内容包括：创新理论基础，基于创新思维的创新办法，基于矛盾分析的创新方法——TRIZ理论及其应用，基于功能成本分析的创新方法——价值工程理论，基于流程分析的创新方法——六西格玛管理理论和创新管理模式，创新组织管理和专利申请的基本程序与要求等。

［2］创新方法研究会.创新方法教程［M］.北京：高等教育出版社，2012.

导读：本教程分初级、中级、高级三册，本册为初级分册。初级是专门针对有志于创新但还没有掌握系统性创新思维和方法的工程师而编写的，主要内容包括三部分：第一部分是创新思维技法部分，通过实例详细介绍了创新思维规律、4种阻碍创造性思维的思维定势和3种常用的创造性思维技法；第二部分是TRIZ部分，介绍TRIZ的理论体系及发展，重点介绍TRIZ理论中的基本概念、分析问题和解决问题的流程、计算机辅助创新技术的基本知识；第三部分是工业工程部分，介绍工业工程的起源、概念、作用、主要内容及共性技术。本册结构按照由浅入深的顺序构建，但各章都是相互独立的，对于具有创新基础知识的读者，只需挑选感兴趣的章节阅读。

［3］拜尔斯.技术创业：从创意到企业［M］.陈劲等译.4版.北京：北京大学出版社，2013.

导读：本书以模块化的形式组织内容，以便读者更好地进行系统化学习、更轻松地获取资料，从而更好地满足读者想要学会如何创建一家成功的技术企业的需求。关注商业计划书和商业模式开发的读者可以优先看3、6、9、11、12、17、18和19章。如果没有明确的学习目标，本书也可以作为便捷的参考工具来使用。

第四篇

数字素养与时代适应力

近年来，互联网、大数据、云计算、人工智能、区块链等技术加速创新，日益融入经济社会发展各领域全过程，数字经济发展速度之快、辐射范围之广、影响程度之深前所未有，正在成为重组全球要素资源、重塑全球经济结构、改变全球竞争格局的关键力量。

——习近平

模块十

收集选择信息：用数字化技术获取信息

中央网络安全和信息化委员会印发的《提升全民数字素养与技能行动纲要》指出，数字素养是数字社会公民学习工作生活应具备的数字获取、制作、使用、评价、交互、分享、创新、安全保障、伦理道德等一系列素质与能力的集合。

数字素养是根据职业活动和生活的需要，运用各种方式和数字化技术通讯／网络工具，获取、开发和交流应用及管理文字、数据、音像等信息资源的，以达到用技术解决问题的能力及素养，是日常生活以及从事各种职业必备的方法能力。

今天我们培训的数字素养，以文字、数据和音像等多种媒介为基础，以信息、媒体、数字化交流技术（计算机、智能手机、移动互联网、媒体播放器等通信／网络工具）为手段，适应工作任务和数字化生活的需要，解决实际问题。信息处理与数字化能力适用于所有工作岗位和人员。

人力资源和社会保障部职业技能鉴定中心《通用职业素质培训纲要》规定的数字素养可以分为基础级和提高级。其中，基础级要求具备进入就业或工作岗位最基本的信息处理的能力，在常规条件下，能收集、整理并交流传递适应既定工作需要的信息。

信息处理活动的流程可以分为3个活动步骤，一是收集选择信息，二是处理开发信息，三是展示应用信息。

"收集选择信息"能力要求：

1. 能根据需要选择合适的信息来源。

2. 能通过网络、阅读、观察、询访等方法获取信息，能辨别真假信息，并进行定量检核。

3. 能通过测量、读取等方法获取相关数字信息，读懂各种形式的数据，利用工具计算获取新数据，能对不同数据信息源进行筛选、分类、汇总。

4. 能通过搜索引擎搜集信息，能使用计算机、智能手机等在数字环境（网络）中搜索信息，并使用数字化工具下载、复制、裁剪、粘贴、转换或插入文本、数据、图像，收集信息。

5. 能运用数字技术工具（智能手机、相机）拍摄、录制，获取图像、视频、音频信息资料。

本模块训练重点：

1. 学会定义信息任务、确定搜寻范围。
2. 掌握信息搜寻的多种方法。
3. 了解信息素养的基本内涵。

案例示范：满天星直播助农计划

"满天星直播助农计划"公益团是扬州工业职业技术学院于2019年12月成立的全国首支大学生公益直播带货团队，目前团队在册志愿者超1000人，开展日常直播带货百余场，场均带货近2万元，以实际行动塑造和践行了志愿精神，展示青年人的责任担当，为乡村振兴和脱贫攻坚贡献了力量。

作为全国第一家电商直播学院，学院的第一批学员率先化身带货主播，邀请学弟学妹们为自己、为当地农户田间带货。

田间地头直播带货

"牛蒡酱"是一种畅销日本、韩国等地的保健品，其制作原料是被誉为"东洋参"的牛蒡，而牛蒡产业正是徐州丰县的支柱产业之一。疫情期间，当地牛蒡产品出口订单锐减，许多深加工企业和种植牛蒡的农户面临生存危机。

"我们之前销路完全依赖出口，疫情原因，产品比之前的销路差了太多，基本上比之前销量差了四分之三左右。"刚刚从扬州工业职业技术学院毕业，回乡创业的滕贝贝说道。

最近，牛蒡长势喜人，站在地头放眼望去，一片绿油油。看着自家和乡邻种植的牛蒡滞销甚至烂在田里，滕贝贝心痛不已。

"牛蒡从原来的几块钱一斤甚至更高的价格掉到了现在几毛钱一斤，还卖不出去，坏在手里了。"

了解到母校在自己毕业后开设了电商直播学院，抱着试试看的心理，滕贝贝向母校求助，让他没想到的是母校立即为他们专门组建了电商直播团队。并让徐州学生对接滕贝贝的企业，帮他销售。

同学们在牛蒡田里架起了直播设备，仅3天时间就为牛蒡酱增加了5000单的销量，销售额达10万元。这个结果，让焦虑的滕贝贝松了一口气：母校这种直播带货模式，有效帮助企业解决了销售难题。

危机中见商机

滕贝贝在危机中看到了生机，电商直播学院的第一批学员们则在危机中看到了商机。00后大学生陈忠强是江西景德镇人，在这个超长寒假里，他以带货主播"阿强"的身份出道，在"宅经济"上做起了文章。

寒假前，经过了不到一个月的培训，陈忠强初步接触了电商直播领域，打开了销售视野。"四月不减肥、五月徒伤悲"，这些网络自嘲让他观察到了复工复产和天气变暖后爱美人士的减肥需求，于是尝试直播带货智能呼啦圈，结果带货前10天，总销售额就突破8万元。通过在实践中不断总结经验，及时向老师请教，这两天陈忠强的直播销售数据不断刷新，日销售额破万元。

从田间地头、服装美妆，到各类生活日用品，危机中也有发展的机遇，这让电商直播学院的第一批学员们惊喜意外，也预示着电商直播销售的时代早已悄然到来。

"这些网红，带货主播，演艺圈明星，甚至一些企业老总，纷纷走入直播间，整个社会都看到了电商直播的风口。"

想带"货"先带"人"

2019年数据统计显示，中国直播电商行业规模达4 338亿元。2020年，不少行业都转战电商直播实现销售。适应新兴产业发展，亟需培养适应电商直播全产业链发展的人才。

"我们不是培养网红，是要培养具有电商直播产业链甚至是新媒体营销的专业人才，从一开始的选品到直播卖货以后的数据分析，整个电商直播的全产业链人才。"

分析：从农产品到生活日用品，风头正劲的直播带货正给经济发展带来无限可能，也在潜移默化地改变消费者的消费模式。高等院校培养电商直播带货的网络达人，是深知想带"货"首先要带"人"，无论是传统产业还是新兴产业，都在这场社会危机中寻求发展的先机，在风口中求生存。电商直播产业助力中国经济发展，是探索，更是未来。

主题一　明确任务　确定范围

问题：怎样确定任务和搜寻范围

假如你是××公司营销部门的职员，部门打算在周末聚餐。部门经理把订餐的任务交给你，你知道该怎么订吗？你首先应弄清楚几个问题：

这次聚餐有多少人参加？

餐厅大概的地理位置有什么要求？

吃中餐还是西餐？

聚餐费用预算有多少？

员工对饮食有没有什么忌口？

订餐，看起来是一个非常简单的任务，但是，只有当你把这些问题都考虑全面，才能找到大部分人都满意的餐厅。事实上，我们随时会碰到各种各样并不确定的问题，比如用什么方法获取自己所需要的信息？从哪里能够搜集到自己所需要的信息？

为了完成任务、解决问题，我们必须知道：获取信息的方法、手段、技巧和信息来源的搜索范围。

本节想要训练大家的，不仅仅是用我们今天十分便捷的手机、移动终端网络来处理信息，还包括通过书面阅读、实际观察和实地调查寻访等多种方法获取信息。

通过本节的学习和训练，你将能够：

1. 根据工作任务的目的、要求，准确确定所需的信息。

2. 明确信息搜索范围，即能够知道信息的可能来源，懂得从多种途径搜索到自己所需要的信息。

认知：定义任务信息　确定搜寻范围

一、如何定义信息任务

1. 了解并确定信息内容

获取信息的目的是利用信息完成任务，那么，首先要明确的就是任务的目的。你要思考：这项任务我要查找什么？需要哪些方面的信息？哪些信息能帮助我解决

必须解决的问题？这些问题的答案就回答了你要搜索的信息内容，能够确定所需要的信息内容，就是定义信息任务。这为下一步进行搜索并获取这些信息奠定了基础。

2. 信息内容由人们的某种"需要"确定

信息内容如何设定，必须与信息搜集的目的相联系，即你想知道什么？你搜集信息的目的是满足什么需要？要解决什么问题？是"需要"驱动你去搜集信息的。

"需要"在工作和生活中随处存在。如领导或上司安排你搜集某项业务进展情况的资料，或日常生活中你计划实施某项活动而需要了解相关信息等，都离不开一个中心点：搜集什么信息，搜集哪些信息以满足自己的何种"需要"。明确所要收集的信息内容，这是保质保量完成信息搜集任务的前提。

二、怎么确定信息搜索范围

接受工作任务，明确所要搜集的信息内容后，还要能够确定信息来源的范围，知道搜索方向，在所确定的范围内进行搜寻，这是快捷高效获取所需信息的必要条件。

一般来说，信息源越广阔，收集到的信息量就越大；信息源越可靠，收集到的信息就越真实可信。为了使采集到的信息更具说服力，选择信息源的时候，应尽可能选择可靠的信息源，同时力求信息源具有多样性和代表性，避免只从单一渠道获取信息。信息来源主要有：

1. 互联网。互联网是一个可以寻找到几乎所有信息的地方。各种信息，包括文章、照片、视频、表格、数字、音乐等，都可以迅速地通过手机、电脑等终端呈现在你的眼前，通过搜索引擎检索，可以得到你需要的信息，这是当下人们信息搜索的首选途径。

2. 传统信息媒介。传统信息媒介包括报纸、杂志、书籍、宣传印刷品、广播、电视等大众传播工具，作为信息载体，它有承载信息量大、内容广泛、分类编辑、覆盖面广的特点。许多时效性强和重要的信息，都是通过这些信息媒介向社会传播的，你可以从中查询和选择所需的信息。现在的报纸、电视等传统媒体通过融媒体方式，同时在网络上进行传播，通过网络也可以收集到其电子版。

3. 向知情人、朋友、客户求助。向知情人、朋友、客户求助往往是获取信息的重要途径，他们的意见可以使你节省搜索时间。

4. 社会服务中介、文献数据库。服务中介面向社会，服务内容的专业性是其特点，你要获取某一方面的信息，通过中介寻找是一个不错的选择。另外，数据库提供商的检索平台、图书馆检索平台，可以不受地域限制地找寻所需资料，检索、下载和使用也很方便。

5. 政府部门、社会公共机构。图书馆、展览中心、各种报告会、学术会议、展览会等，都是信息的来源之地，你可以通过这些部门和机构提供的各种资料，了解并获知时效性强的权威信息。

6. 市场。市场聚集了生产、流通、消费等方方面面的信息，任何人都可以通过市场调查，发现自己感兴趣和有价值的信息。

案例

从哪里能够获取编写大学生征兵咨询手册的相关信息？

当你明确了工作任务及所需信息内容后，需要进一步考虑的是：要到哪里寻找？从哪里能够查找到这些信息？你必须设想有可能发布相关信息的来源之处，把这些可能的来源列出来。

1. 政府文件。大学生征兵是一项政策性很强的工作，你需要获得上级主管部门当年对大学生征兵工作的有关政策资料，以便照章操作，准确指引。

2. 互联网。你可以在百度搜索引擎中输入"××年，大学生征兵""征兵手册"等关键词，也可以查询专题网站，有时会直接找到相关的咨询手册范本。通过下载或复制等方式搜集、保存、查询新的资料。

3. 交谈访问。与同事、战友交谈询问，也可以得到比较可靠的信息。比如同事过去做征兵咨询时保留下来的记录表、工作手册，同行的推荐也是个不错的选择。

4. 问卷调查。可以设计问卷，收集有参军入伍意向的大学生关心的问题。为了便于整理，可以采用问卷网在线生成的二维码，使用扫码答题采集信息。

上述例子告诉你：要获取信息，必须根据所需信息的具体内容确定搜索范围，只有目标明确、有针对性地进行搜索，才能避免盲目地搜寻，快速找到所需信息。

要想准确、快速搜集到所需信息，必须借助一切可能的手段和条件。拥有较丰富的资源，具备一定的物质条件，这是能准确搜集信息的保证。所以，在着手搜集信息时，你要尽可能掌握各种资源，并能够利用这些资源进行搜索。

资源意味着你可以利用的条件和手段，在确定了信息内容和搜索方向后，你还需要考虑的是，利用哪些资源搜索信息最快捷、最节省。

三、怎么细化与分解任务

我们一般把不能直观明了地知道需要什么的问题称之为复杂问题。对于较为复杂的问题，需要对任务进行分解，列出与任务相关的目标和要求。在此基础上，进一步判断需要什么信息，明确需要采取哪方面行动和进行何种决策，以达到有效、高效地获取信息的目的。

例如，某家电销售公司为了制定该企业区域销售网络市场发展计划，需要通过调查收集信息，摸清线下区域销售网络的状况和特点，具体调查的目的有：

1. 了解各品牌在区域市场的分销状况，包括分销宽度、分销深度及分销特点等。

2. 了解各品牌在区域市场的终端主推率。

3. 了解各品牌在区域市场的销售政策及零售商对政策的反应。

4. 了解各品牌在区域市场的促销策略及成果。

5. 了解自己品牌零售终端的上柜达标状况。

6. 了解自己品牌的零售终端产品的陈列状况。

7. 了解自己品牌的零售终端POP（店头促销广告）布置达标状况。

8. 了解自己品牌的零售终端营业员的销售技能达标状况。

9. 了解零售终端客户的结构组成（按销售潜力给予客户分类）等。

根据家电市场的终端售点组成多样化的最大特点，要想达到家电市场的一系列细分目的，就必须对家电市场的终端售点做一个全面的调查，信息收集的内容主要有：

1. 分销状况。

2. 上柜状况。

3. 陈列状况。

4. 销售点POP情况。

5. 主推情况。

6. 销售人员的销售技能状况。

7. 客户结构组成。

8. 销售政策执行力度。

9. 促销策略。

这是一个商业调查信息收集的复杂任务，收集相关重要的信息需要用到的手段既有利用网络的，也有现场的调查观察、资料查阅和问卷、访谈等方式。

面对这样复杂的信息收集任务，必须对任务进行细化和分解，以便有序收集信息，更好服务市场发展计划的制订。当复杂的信息任务时间跨度大、时序性强，而且后续任务是建立在前驱任务分析结果之上时，需要对前驱任务进行简单分析，并作出后继任务的决策。我们可以借助一定的分析工具，帮助和指导分析问题，作出有效判断。一般方法有：

1. 关键词法。把信息收集任务的关键点、关键环节和目标用简短的词语标示。突出了关键，信息收集的任务也就一目了然了。

2. 图示法（图4-1）。将收集信息点、技术路线和流程用图示的方法表示。图示法可以帮助你分解任务，抓住关键。

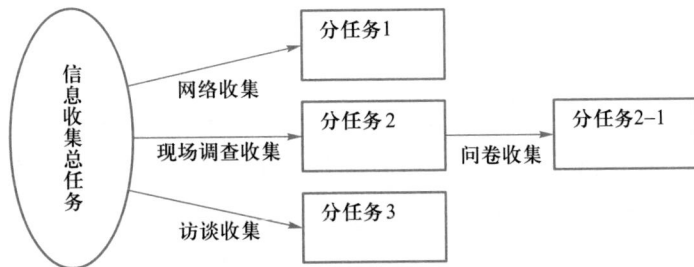

图4-1　信息收集任务分解图

行动：增强你的信息收集能力

活动一：检索练习

一、活动内容

中文期刊数据库是日常学习中最常使用的资源。活动要求学生可以在中国学术期刊全文数据库（CNKI）、维普科技期刊全文数据库和万方电子期刊数据库这3个覆盖面较广的中文期刊全文数据库中任选其中2个完成活动。学生在活动过程中掌握初、高级检索，期刊导航等功能的检索，并要求阅读文摘并下载全文到本地。

二、活动要求

1. 查阅2000年至今所有发表在核心期刊上的，关于"职业核心能力"的文章，并保存其目录；

2. 下载包含"工匠精神"内容的文章到本地。

活动二：帮王经理作抉择

一、活动资料

王经理年轻有为，二十多岁就已经成为一家大公司的部门经理，虽然工作很辛苦，压力也很大，但王经理却干得很出色。然而，近一两年公司所在行业普遍不景气，许多公司陆陆续续开始裁员，如果市场不复苏的话，王经理所在的公司也无可避免地要进行裁员。最近已经有传言说公司要裁员了。

上午的会议证实了这个传言——公司决定裁掉一些部门和一些员工。对于被裁掉的员工，公司会给予较高的补偿，尤其是管理岗位的员工，将获得大笔补偿金。王经理的部门就在被裁之列。

下班前，张副总来到王经理办公室，告诉他，因为公司认为王经理是一位难得的人才，公司想要留他，但希望他能跟公司共渡难关，因此，薪酬要有较大幅度的下调。张副总描绘了行业和公司的未来发展，认为当前的困难只是暂时的，公司和整个行业一定会在不远的将来重新辉煌起来，希望王经理有信心，选择留下来。王经理说，他会认真考虑的，明天会给公司答复。

张副总走后，王经理站在窗前，望着华灯初上的繁华都市，心里感到了一阵轻松和茫然。传言终于证实了，大家都不用再瞎猜了。但是，他又觉得离开公司可能是一个不错的机会。这几年干得实在太累了，他也一直想有机会再去国外进修，拿个MBA（工商管理硕士）文凭，这次公司补偿金刚好可以用作学费，一两年的生活不成问题，以后再回来竞争力就更强了；去找其他工作也是个不错的主意，毕竟现在经济发展这么快，以自己的条件，再找一份工作也不是件困难的事情，机会也就这么几年，要是读书回来，可能就错过了；留下来与公司共渡难关，毕竟工作多年，在公司一直工作得不错，与公司共患难渡难关也是应该的。

一下子，王经理面前摆了三条路。"我该选择哪条呢？"王经理陷入了沉思。

二、讨论和总结

如果你是王经理，你怎么样选择？你需要知道哪些信息来进行选择？

（一）离开公司去进修

1. _____。
2. _____。
3. _____。

（二）找其他的工作

1. _____。
2. _____。
3. _____。

（三）留在公司

1. _____。
2. _____。
3. _____。

反思：是否掌握了获取信息的要点

一、课堂评估：交流复杂信息任务的实例

1. 培训师组织，每位学员结合自己的工作实际，列举一个复杂信息任务的实例。要求有实用性、综合性、复杂性，涉及信息收集的各个环节和行动。

2. 学员提交所选项目的任务分解表，在课堂介绍项目，培训师点评。

二、自我评估：你的信息处理能力如何

请扫描二维码，进行信息处理能力评估。

三、反思提高，明确努力方向

结合本主题所学的知识，对照检查自己过去在搜寻信息方面存在哪些不足，以后怎样提高。

微测试：

你的信息处理
能力如何

主题二　选择方法　有效收集

问题：如何选择方法，有效收集信息

朋友告诉小高，对于大学毕业生创业，政府不光有政策扶持，还有创业补贴呢。小高听了萌发想法：我在入学教育参加军事训练时注意到，学生穿戴的军训服装一到军训结束，大多被以极低的价格当作废品处理，看着着实让人心疼。要是能开一家军训服装租卖店就可以解决这一浪费现象了。

虽然有了创业思路，小高却为收集信息犯难：我是否适合创业？是开网店还是实体店呢？创业需要培训吗？哪里有培训课程？培训需要多少钱？培训时间多长？如何注册公司？如何寻找合伙人？

在日常工作中，为了完成任务，需要我们根据信息源的不同，选择相应的信息搜集方法，以便准确又及时地了解相关信息。

如果有多种渠道和多种资源来获取信息，我们要针对不同的目标和现实的条件，选择最合适的渠道和资源获取信息。

通过本节的学习和训练，你将能够：

1. 学会用电子手段和人文手段收集信息。
2. 能够根据需要选择适当的方法获取信息。

认知：收集信息的方法有多少

一、如何通过电子手段搜寻信息

微课：

信息搜寻范围与方法

进入信息时代，计算机、智能手机的使用和互联网的普及是这个时代的重要特征。学会使用手机、计算机，合理利用网络是现代人必备的重要技能。学习用电子手段来搜寻信息，既要学会在计算机上搜索信息又要学会利用网络查阅信息。

随着互联网时代的到来，人们可以非常方便地利用在线浏览器查阅网络信息，智能手机的普及、移动互联网的发展，给网络信息的搜寻带来了极大的便利。

1. 访问网站

访问所需信息的相关网站，可以直接检索和获取信息。人类社会的几乎所有信息都可以在网上获取，这不仅极大地降低了信息搜寻的成本，还极大地提高了信息搜寻的效率。比如，你在工作中产生了产品设计方面的创新想法，准备申请发明专利，却不知道类似的发明是否已经被别人创造出来，这时，你就可以利用中国国家知识产权局的免费专利检索系统网，进行查新判断，该网收录了自1985年9月10日以来公布的全部中国专利信息，包括发明、实用新型和外观设计3种专利的所有著录项目、摘要和主权页。

2. 搜索引擎

搜索引擎是指根据一定的策略、运用特定的计算机程序从互联网上搜集信息，在对信息进行组织和处理后，为用户提供检索服务，将用户检索的相关信息展示给用户的系统。使用搜索引擎的一般方法有：

（1）选用合适的搜索方式。搜索引擎为我们提供了全文搜索和目录索引搜索两种搜索方式，全文搜索就是搜索引擎从网页中提取所有的文字信息，而目录索引方式只是搜索引擎将同类信息进行分类，以目录方式列出。

（2）确定关键词。要在搜索引擎上搜索信息必须输入关键词。我们如何确定关键词呢？首先确定要找的到底是资料性文档还是产品或服务，然后分析信息的共性，以及区别于其他同类信息的特性，从中提炼出最具代表性的关键性的词。确定关键词时需要掌握以下原则：① 表述准确；② 关键词与主题要关联，且关键词要简练。

怎样活用搜索引擎，成为一个搜索高手呢？

一是尽可能将搜索范围限制在特定的领域里。正如我们在淘宝上网购一样，你所需要的家用暖风机，可以直接在该网站的"家用电器"分类中直接搜索。

二是使用更特定的词汇，比如，不用"服装"这一过于概括的词，而用"西服"这种更为特定的词汇，这样可以很快进入你需要的信息范围。

三是使用具有固定搭配的词。一般在词组的前后加上双引号即可，这样搜索引擎会只查找有这种固定搭配、精确匹配的词组。

四是要尽可能删去一些同义词或近义词。

（3）选取权威信息。一提到收集信息，大多数人马上想到"百度""必应"，利用这些网站进行搜索简单、免费，但是困惑也随之而来：海量的信息鱼龙混杂，找到的资料也不够专业、权威。让我们难以辨别和取舍，容易迷失在信息的海洋之中。那么，怎样才能更快捷、高效地找到自己需要的专业信息呢？这就需要专业的文献资源库。比如，我们常常用到的、非常实用且功能强大的专业数据库——中国知网。该网"中国知识资源总库"收录了各种类型期刊、学位论文、会议论文、报纸文献、图书、年鉴等，内容覆盖自然科学、工程技术、人文及社会科学各个领域，全面集中反映了中国科技、经济、政治、社会、文化各方面的研究成果与发展动态。

3. 在电脑上找已下载的文件

互联网是信息的宝库，各种信息，包括文章、照片、录像、表格、数字、音乐等，都可以迅速地呈现在你的眼前。其中，利用引擎检索是我们在网上和自己的电脑上快速搜索信息的首选途径。

比如，你想在自己的电脑中找出已存储的"石墨烯新能源的应用前景研究报告"文件。这个文件的完整名称你已经记不清了，怎么才能快速找出来呢？

步骤一：明确手上的线索。文件中除了包含字符"石墨烯"，还有别的信息吗？比如大概是什么时候创建的，尽可能想起较为准确的信息。

步骤二：打开电脑，进入 Windows 操作系统。

步骤三：单击屏幕左下角的开始按钮，在弹出的选项中选择"搜索"，将会弹出一个窗口。

步骤四：在窗口中用鼠标单击"所有文件或文件夹"。

步骤五：在"文件中的一个字或词组"输入你的第一个线索"石墨烯"，选择查找的地方，比如整个硬盘，继续输入其他线索。

步骤六：用鼠标单击"搜索"。这时电脑会列出含有"石墨烯"的多个文件，你可以逐一查对，判断究竟哪个是你想要的文件。

二、如何通过阅读法搜寻信息

所谓阅读法，是指通过阅读，从书面媒体或文献资料中收集信息的方法，这是我们最常使用的、应用最广的传统的信息接收方法。

在明确了信息收集的目的后，获取信息前，首先要确定收集信息的对象，即要弄清楚我们要阅读什么资料，我们所要获取的信息会出现在哪一类书面资料中，我们又可以从哪里找到这些资料。我们可以将书面资料的类型限定在一定的范围内，看看这些类型的书面资料是否可以在网络上，或是在自己的书柜、图书馆、书店或朋友那里找到。在阅读之前，如果把所有与所需信息相关的书面资料先准备好，我们搜索起来就会直奔主题了。

（一）如何通过文献检索找到书面文献资料

文献资料是记录、积累、传承知识的最有效手段，是人类社会活动中获取情报的最基本、最重要的来源，也是交流传递情报的最基本手段。通常包括图书、期刊、档案等各种出版物、文献资料。

当我们来到图书馆、档案馆进行馆藏文献资料检索时，通过计算机检索，可以在馆藏文献中查找到相关资料。

（二）怎样快速阅读筛选资料信息

阅读法主要有4种：浏览、略读、寻读、研读。灵活、成熟、高效率的读者能通过调节阅读速度来明确阅读的目的和适应所读的材料。为了获取文章信息大意，通常可以采取浏览、略读、寻读的阅读方法，尽快确定文章大意或中心思想，以确定该资料信息是否有价值。一般文献会有"内容摘要"，主要帮助你确定该资料的主要内容。当确定该资料有重要的应用价值时，再采取研读方式，仔细阅读相关内容，获取有用的信息资料。

1. 浏览：在仔细阅读前，对全文进行浏览式的整体阅读，目的是知其大意，以选择下列不同的方法阅读。

2. 略读：以较快的速度阅读，并略去部分内容，来获取文章的信息要旨和自己需要的信息内容，可选用跳跃式略读，重点式略读和纲目式略读等方法。

3. 寻读：阅读时，注意提示词，从资料中快速找出你关心的某些信息。

4. 研读：当需要对作品作出评价，或者吸收文章的观点、理论时，应进行细致的、思辨性的研读。

（三）如何读懂资料信息

1. 理清资料思路

叶圣陶先生说："大凡读一篇文章，摸清作者的思路是最要紧的事，按作者的思路去理解，理解才能透彻。"叶老的这个思想，揭示了在阅读中抓住文章思路的重要性。阅读时可以按照文体的特点和规律有侧重地进行阅读，便于把握资料所表述的思路、观点。

2. 理解关键信息

阅读的核心是理解，理解内容时需把握几点：

（1）把握文章要点和中心。

（2）正确理解文章层次和各部分的关系。

（3）正确理解文章中常用词语的含义。

（4）正确理解结构比较复杂的长句的含义。

（5）正确说明文章写作上的特点。

（6）理解文章的社会意义。

3. 读懂图表信息

图片、示意图、表格等文字阅读量小、信息量大、直观明了，形式灵活多样。要读懂图表，理解其包含的信息，应注意三点：

（1）读懂标题，明白图表的目的。图表标题即表头，它提供的有效信息往往是图表的中心内容。

（2）理解各项内容及其之间的联系。图表的内容一般由几个项目状况的数据构成。研究图表主题就是要看在图表标题统领下的各个项目，在什么时间处于什么数据状态。通过对图表进行横向和纵向的分析综合，把握其内在联系，归纳出图表的中心观点或结论。

（3）注意图表的说明或图例，以免误解。说明或图例是对不能直接罗列或体现在表中的内容所作的文字补充说明，是图表材料的有机组成部分。它可以使图表的本意得到更全面、更彻底地表达，所以图表如果有附注，在阅读时一定不能忽视，不然会影响对图表的分析和理解。

三、如何通过调研搜寻信息

有些资料没有现成的书面文献，想要搜寻相关信息就需要到实地去观察、询访、调查。比如，上一节案例中的某家电公司的销售情况调查，其中的自己品牌零售终端的"上柜达标状况""产品陈列状""POP布置达标状况"等，都只能通过现场调研观察才能收集到信息。调研搜集信息的主要方法有三种：

（一）观察法

案例

镜头记录顾客消费行为

昂得希尔被称为"商业密探"，他的手下经常在商店里穿行，假装清查存货。他们将顾客作为跟踪目标，不管顾客停留多久，多少次回到同一件商品前面，他们总是紧紧跟进，一边用照相机拍摄，一边用红笔在本子上画出每个顾客的购物路线。纽约全国零售业联合会定期邀请昂得希尔向联合会的成员展示他拍摄的照片，并通过照片给很多商店提出了许多实际的改进措施。例如，他们拍摄一家主要是青少年光顾的音像店，发现这家商店把磁带放在孩子们拿不着的很高的货架上。昂得希尔指出应把商品放低18英寸，结果，磁带的销售量大大增加。

这种获取信息的方法叫观察法。除了文献书面资料阅读法之外，这种方法也是人们获取信息的有效方式，是一种收集社会信息或原始资料的方法。它通过直接感知和记录的方式，获得与研究目的和对象有关的社会现象和行为的资料。它主要依赖视觉获取信息，运用听觉、触觉等作为辅助，同时还通过书面记录、录音、拍照、摄像等手段获取信息。现在，人工智能手段观察可以通过镜头自动跟踪识别，提供相关的信息。

观察法的要领有：① 选定观察的场所；② 把握观察的内容；③ 确定观察的时间；④ 落实观察的方式；⑤ 执行观察的程序；⑥ 注意观察者的角色。

（二）询访法

询访法是信息收集中常用的方法之一，它是指信息收集者通过提问的方式，请对方作答来获取信息。询访法分为面谈询访、电话询访、书面询访三种。

一般来说，收集简单的、时间性强的信息，以电话询访为好；收集涉及面广、深度要求高的信息，则以面谈为佳。

询访法的应用原则是：

（1）及时性。要在有效时间内反馈信息。

（2）范围适用性。要根据信息的涉及面确定适度的范围。

（3）经济性。要以最便捷的方式获得信息，以节省经费和时间。

（三）问卷法

以问卷为信息搜集工具的调查方法，简称问卷法。它是调查者把研究的主题化为详细的纲目，拟成简明易答的一系列问题，编制成标准化问卷，然后根据收回的答案，进行统计分析处理，得出结论的方法。问卷调查法是工作中信息收集常用的一种方法。

1. 调查问卷的设计

设计调查问卷时，需要考虑以下问题：

（1）问题阐述。需要作出何种决策？决策需要收集哪些信息？问什么样的问题可以使受访者提供这些信息？这些问题应该如何措辞？

（2）如何抽样。我们该访问哪些人？访问多少人？如何与受访者接触？

（3）怎样分析数据。所得数据如何制表？选择什么软件统计分析？如何进行推理得出结论等。

2. 实施问卷调查的步骤

（1）根据获取信息的目的和目标，决定调查的规模。

（2）编制问卷。

（3）抽样调查，发放与回收问卷。

3. 问卷调查法的方式选择

问卷调查有多种途径：网络调查、询访调查、电话问卷调查等。随着网络的不断普及，网络调查应用的范围越来越广，其中，网站问卷调查面广量大，多用在舆情调查、公众关注的焦点问题调查方面；二维码在线调查常常借助微信公众号的平台发布，针对特定人群做专题调查；电子邮件调查则广泛应用在大样本数据采集上，比如毕业生的就业质量调查。各种类型的调查方式各有不同的特征，我们调查时，可以根据需要和条件选择使用。

各种调查方式的不同点，如下所示（表4-1）。

表4-1　问卷调查方式比较表

特征	问卷类型				
	网络调查			询访问卷	电话问卷
	网站	微信二维码	电子邮件		
调查范围	很广	较广	可广可窄	较窄	可广可窄
调查对象	难以控制和选择，代表性差	有一定控制和选择，代表性难以估计	可控制和选择，但过于集中	可控制和选择，代表性较强	可控制和选择，代表性较强
影响回答的因素	无法了解、控制和判断	难以了解、控制和判断	有一定了解、控制和判断	便于了解、控制和判断	不太好了解、控制和判断
回复率	很低	很低	高	高	较高
回答质量	较高	较高	较高	不稳定	很不稳定
投入人力	较少	较少	较少	多	较多
调查费用	较低	较低	较低	高	较高
调查用时	较长	较短	短	较短	较短

四、如何选择最便捷的方式搜寻信息

我们获取信息总是在一定的前提和限定条件下进行的，常常会受到时间、财力、人力、物力的限制；另外，获取信息的目的和要求也会有不同，有的要求准确，有的要求及时，有的要求全面。从信息获取者本身来讲，主要面对时间和成本的限制；从

信息的角度来讲，就需要考虑时效性、准确性、全面性等各种不同的要求。一般来说，我们获取信息时，需要考虑的因素有：

（1）获取信息的目的、目标要求。

（2）信息本身的类型、种类要求。

（3）获取信息的时间、财力、人力、物力限制。

（4）本人所掌握的资源的状况等。

各种不同信息资源和收集渠道各有优劣，我们可以根据信息收集的目的和限制条件，灵活选用最便捷的搜寻方式（表4-2）。

表 4-2　不同信息收集方式比较表

信息来源	优势	限制条件
电子媒介物：包括互联网、局域网、个人电脑提供的资源	方便、快捷、资料全面	信息是海量的，需要花极大的精力去搜寻；受上网的条件制约；难以判断真伪、可靠性
职业圈：包括图书馆、档案馆、内部统计资源、财务部门、合作者	在多数情况下，这都是一个非常好的起点	比较费时，需要同事合作
个人资源：包括学习交流、新闻媒体和购买出版物	需要有目的地积累、收集	许多非正式的个人的信息资源难以全部收集
专家：包括管理者、咨询人员、市场信息员、学者观点	专家学者的信息比较权威；专业人员提供的咨询和服务质量较高	需花时间请教，有时需要付费

行动：你掌握信息获取的多种方法了吗

活动一：利用搜索引擎搜寻信息

一、活动要求

1. 请你通过网络搜索引擎，获得关于区块链、AI、边缘计算的解释。

2. 人工智能时代已经来临，请你根据搜寻的信息预测5G新技术会给区块链、物联网、人工智能带来哪些应用场景。

二、讨论和总结

1. 相互交流搜寻结果。

2. 培训师点评。

活动二：学校食堂满意度调查

一、活动要求

假设你是学校的学生会主席，受学校后勤管理处委托，准备在学生中做一次关于食堂满意度的调查。你需要根据自己的现实体验和周边同学的反馈，提交一份调查报告。

二、讨论和总结

1. 首先要明确你想调查的信息内容是什么。结合自身感受与调查，明确学生最关心的是食堂菜品、就餐环境、还是服务。

2. 用什么样的方法收集相关信息内容？可以把你想知道的信息设计成问题，通过问卷调查的方法收集，或是通过口头询问的方法，或是在就餐时间亲自到食堂观察。

反思：是否掌握了信息获取的方法

一、课堂评估：交流完成复杂信息搜寻任务的实例

结合你自己的实际，列举一个你搜寻复杂信息任务的实例。要求有实用性、综合性、复杂性，涉及多种信息源的收集及优化顺序。

把你所选项目的信息源列一份表，在课堂展示介绍一下你的项目实施情况，交流信息收集的经验。

二、自我评估：信息获取能力测试

本测评主要考察职场人士信息获取能力。通过评估，帮助测评者了解自己的信息获取能力，并针对性地进行能力的提升训练。

（一）现状描述与评估

结合自己的实际情况，对以下命题体现的能力水平进行判断，判断结果分别是"很好、好、一般、不好、很不好"。

1. 我了解各种信息获取方法（如阅读法、访谈法、问卷调查法、观察法等）。
2. 我了解网络文献数据库的收录范围、文献类型和检索方法。
3. 我能确定所需信息的关键词、同义词和相关词。
4. 我会使用关键词、图片等进行信息检索。
5. 我会通过引文途径查找相关文献。
6. 我会通过网站、搜索引擎、网络数据库查找信息。
7. 我会向同学、老师、同行求助信息处理的技术。
8. 我能运用观察、调查、访谈或其他方法获取信息。
9. 我能根据任务需要设计可行的调查问卷。

（二）计划与训练

根据自己的判断，看一看哪些方面掌握得还不够好，并针对这些方面制订相应的训练计划，提升自己的信息获取能力。

三、反思提高：明确努力方向

回顾在项目训练过程中的体验，自己能否根据不同的目标和现实的条件，选择最合适的渠道和资源获取信息：

1. 在选择适当信息搜寻方法时，你已经掌握的常用方法有哪些？
2. 你是否每天在手机上、平板上、电脑上浏览信息，但闭上眼睛，似乎一无所获？原因何在？
3. 你的阅读搜集资料的能力如何？
4. 你有没有多种信息收集的方法应对不同的工作和生活需要？
5. 你还需要学习掌握的新方法有哪些，下一步你将怎样提升你的信息收集的能力？

主题三　增强意识　提升素养

问题：互联网时代需要怎样的信息素养

身处信息爆炸的时代，学会搜寻、整理、组织、呈现信息，是未来职场上必须具备的基本素养。

现代人离不开手机，互联网＋、人工智能、区块链等，将所有信息数字化已经是我们21世纪生存的常态，但这也让信息超载成为了一种常态。只有具备信息素养，才能学会对所见、所闻、所读的信息作出谨慎的选择、分析与思辨，从而对所有信息来源保持着质疑与探究的精神。同时，每一位信息使用者也必须遵守互联网的规则和道德，共建共享资源，创造更好的经济社会效益。

无论是学习、工作还是在家庭生活中，都要求我们具备较好的数字化素养：能娴熟地访问、评估、利用和管理信息，能恰当而高效地利用信息资源。懂得怎样从诸多媒体中选择及时又有效的信息，怎样运用不同类型的媒体来传递信息，懂得怎样遵守互联网规则和道德，与别人共享资源。

通过本节的学习和训练，你将能够：

1. 了解数字化信息素养的基本内涵。
2. 掌握互联网使用的道德约束和规则。

认知：提升信息素养　增强安全法律意识

微课：

信息素养与
安全

数字设备和互联网成了当今人们培养能力、展示天赋的有力工具，借助这种工具，可以使我们轻松地与那些有共同兴趣、关注共同问题的人取得联系，更轻松地协调社会和团体事务。

呈现在我们面前的海量资源，既包括合理而可靠的信息，也包括错误甚至有意误导、虚假欺骗接收者的信息。利用当今便捷丰富的信息处理工具时，我们必须具备批判性思维和信息识别能力，才能适应这个时代的生活和工作。因此，从信息的获取、评价和鉴别，到有效利用信息，除了运用数字化工具的能力外，还涉及信息伦理与道德，这些能力和素养构成了信息素养的全部。

一、互联网时代应该具备怎样的信息素养

（一）什么是信息素养

信息素养又称信息素质，指人们识别何时需要信息，知道如何查找、评估和有效利用所需信息来作出决策，解决实际问题的方法能力。信息素养包含以下基本内容：

1. 收集信息的自觉性和敏锐性。善于从纷繁复杂的信息流中分辨出需要的信息，能将来自各方面的零散信息联系起来作为信息系统对待，从中挖掘出最本质的精髓，使之成为制订计划、完成任务的客观依据。

2. 传播信息的自觉性和积极性。要积极宣传自身的良好形象和成就，宣传正能量，提高自己运用、驾驭各种传播媒介和传播形式的能力。

3. 选择真实和适用信息的能力。强调信息的真实性，是因为网络中的信息鱼龙混杂，在传递过程中，有些内容本身可能就是伪信息，有些真实信息由于传递的时间长，也有失效的可能性；强调信息的适用性，是因为真实可靠的信息未必全部适用，只有满足了信息的适用条件，信息才能创造价值。

因此，在收集整理和使用信息时，必须对信息的真实性和实用性进行甄别：一要审查信息来源渠道是否可靠；二要审查信息有无掺杂传递者个人的期望；三要审查信息是否过时；四要审查信息有无适用性。

（二）什么是媒体素养

媒体素养是指通过各种大众媒体进行分析、评价、存取以及制作信息的能力。它不仅包括判断信息的能力，还包括有效创造和传播信息的能力。媒体在今日社会无处不在，了解媒体如何选择、组织与传播信息，甚至学习如何排除、隐藏或扭曲社会形态，是现代公民不可或缺的基本素养。

对待媒体你应该具备的基本认知有：

1. 媒体的信息并不完全真实地反映世界

通常情况下，由媒体发布的信息都会经过复杂地筛选、包装、选择与组合的过程，信息的呈现，可能受到包括媒体记者与编辑者、媒体部门与组织负责人的影响。因此媒体的信息并不绝对真实，可能因加工者的修饰和润色而失去部分信息。我们应谨慎对待媒体信息，认识到它们并不一定真实反映世界。

2. 自媒体时代要有自律意识

互联网是一个协同合作的工作与生活空间。电子邮件、微信、QQ、博客、维基、搜索引擎、小程序、短视频等新的媒体把人们联系在一起，媒体逐渐从一个由高门槛的专业机构操作，变成越来越多的普通人也可以发布信息、传播信息的工具，所有人都可以在其上自由发声，展示自我，发表言论，炫才炫技。从论坛、社区到博客，再到现在的微博、微信、短视频等，媒体变得越来越个性化，每个人发声的自由空间越来越大。同时，微博对许多重点、热点事件能起到重要的推动作用，微信则通过朋友圈的转发功能在极短时间内实现信息的辐射扩张，从而产生重大的影响力。而短视频

可以直接采用手机直播的形式，通过"抖音""快手"等平台，可视化地发布真实生活场景，成为现代生活新的信息交流工具。

因此，每个人对媒体内容的品位与观点应该受到尊重，同时也要以社会的道德评判基准，遵守法律，遵守社会公德，自觉把握自己的媒体行为。

3. 信息共享时代要有合作意识

由于收音机和电视的普及，20世纪成为广播的世纪。传统的媒体由一小群专业人员制作内容后，再把它发送给庞大的消费群。现在，随着移动网络的不断发展，人们可以利用众多媒体工具来分享文字、图像、视频，并以共享为基础，形成了不同的信息社区，实现人与人之间的相互合作，互联网从根本上改变了全世界工作、娱乐、生活和思考的方式。

在信息共享时代，我们使用互联网要有合作的意识，不制造垃圾信息，不传播虚假错误信息，共同净化网络空间，造福人类。

二、怎样维护信息安全

信息网络具有开放、共享、个性的优点，使人们在信息的获取、使用、控制、传递越来越方便的同时，也面临着信息安全的问题。计算机病毒、黑客攻击、信息诈骗等都在不断警示人们，信息安全不再是信息专业人士所要关注的问题，掌握一定的信息安全常识，增强信息安全与防范意识，成为每一个现代人必须具备的素质。

实现信息安全的基本方法有：

1. 技术控制

（1）设置密码进行身份认证。密码验证是一种保护信息安全的最基本的方式。通过密码来保护自己的信息资料数据时，要防止下意识地把简单、有规律的生日等符号设置为密码，以防被轻易破译泄露。

（2）利用生物特征识别技术。生物特征识别具有不易遗忘、防伪性好、不易被盗、随身携带、随时可用的优点。现在常用的指纹识别、虹膜识别、面部识别、声音识别、签名识别等都属于生物特征识别。

2. 病毒预防与处理

（1）安装杀毒软件和病毒防火墙。利用杀毒软件定期查杀病毒，并及时更新病毒库，以便及时发现和消除病毒。

（2）随时消杀。对外来文件要先进行病毒检查，确认无病毒后再使用，电子邮件附件也应先查毒再下载。

另外，对于重要的系统、数据、文件，要注意经常进行备份，以保证系统或数据遭到破坏后能及时修复或恢复。

三、怎样保护网络的知识产权

在信息时代，保护知识产权面临着更为严峻的挑战，目前，尽管我国在知识产权方面已经建立了不少的法律法规，但在知识产权保护领域中的涉及范围、保护水平、保护力度等方面仍然存在很多问题，随着信息化的发展，相关的法律法规也在不断地修改和完善。网络资源虽然可以共享，但对于具有知识产权的作品（文字、图片、音乐、视频），我们必须尊重原作，必须依法依规使用和传播，不能因为便捷就随意剽窃抄袭，侵犯他人版权。

互联网时代，信息就在我们指尖的一起一落间传递，能进行批判性思考是一种生存技能，传输到网络上的每一个词语和每一张图片都应该展示现代人的素养，自觉维护和遵守互联网的秩序，是互联网时代的生态法则。

行动：提升信息素养水平

活动一：你是一个对职业信息敏感的人吗

一、活动资料

判断自身对信息是否敏感的关键在于自身有无较强的信息意识，特别是有无较强的信息感受、观察能力。对信息的关注应该成为一种习惯性倾向，而不受时间和空间的限制。信息意识主要包括对信息功能的认同意识，对信息来源的选择意识，对信息的检索、利用和开发意识等多个方面。现代社会日益激烈的竞争，刺激了人们对信息的渴望和对信息的敏感性，从而使得人们的信息意识不断强化。

二、活动内容

1. 举例说明你的职业敏感状态。

2. 谈谈提高信息敏感有哪些方法。

3. 回顾自己有无曾经因信息不敏感而错失良机的事，以后如何吸取教训避免重蹈覆辙。

三、讨论和总结

1. 互联网时代我们应该具备怎样的职业信息敏感性？

2. 谈谈提高信息敏感性对自己的职业发展有何积极意义。

活动二：为自己家乡的特色产品或著名景点撰写宣传单

一、活动内容

为你家乡的特色产品或著名的旅游景点撰写一份宣传单，上网或到当地图书馆、档案馆，收集相关资料。

二、活动提示

1. 确定上网搜索的关键词，如"××县/市（镇）""地理位置""自然风景""人文特色""历史掌故""物产资源""交通状况""××产品"等。

2. 上网收集，或到当地图书馆、档案馆查找与主题相关的地方特色资料。

三、讨论和总结

学员分组，在小组内展示讨论收集和阅读的成果资料，组员互评或培训师点评。

反思：你的信息素养如何

一、借鉴应用，评估自己

美国图书馆协会和美国教育传播与技术协会1998年在《信息能力：创建学习的伙伴》一书中，提出了学生信息素养教育的3个部分、9条标准和29项具体指标，请对照检查自己，有哪些达标了，哪些还没有达标，填写在资料的后面，并思考怎样进一步提高这方面的素养。具体内容如下：

第一部分：信息素养

标准一：具有信息素养的学生能够有效地、高效地获取信息。

指标1：认识对信息的需求。

指标2：认识到准确和综合的信息是进行智力决策的基础。

指标3：基于信息需求而形成问题。

指标4：确定各种潜在的信息资源。

指标5：发展和使用查找信息的成功策略。

标准二：具有信息素养的学生能够熟练地、批判性地评价信息。

指标6：确定准确性、相关性和综合性。

指标7：在事实、观点和意见中作出区别。

指标8：确定不准确的误导的信息。

指标9：选择适合目前的难题和问题的信息。

标准三：具有信息素养的学生能够精确地、创造性地使用信息。

指标10：为实际应用而组织信息。

指标11：把新信息整合到自己的知识中。

指标12：在批判性思维和问题解决中应用信息。

指标13：用适当的形式制造和交流信息和理念。

第二部分：独立学习

标准四：作为一个独立学习者，应具有信息素养，并能探求与个人兴趣有关的信息。

指标14：查询与个人福利相关的各种信息，如职业利益、社区融入度、健康事宜和娱乐追求。

指标15：设计、开发和评价与个人兴趣相关的信息产品和信息资源。

标准五：作为一个独立学习者，应具有信息素养，并能欣赏作品和其他对信息进行创造性表达的内容。

指标16：成为一个有能力的和自觉的阅读者。

指标17：从被创造性的、以不同形式呈现的信息中获得意义。

指标18：开发不同形式的创造性产品。

标准六：作为一个独立学习者，应具有信息素养，并能力争在信息查询和知识创新中做得最好。

指标19：评估个人信息查询过程和结果的质量。

指标20：设计策略来修正、改进和更新自我生成的知识。

第三部分：社会责任

标准七：对学习社区和社会有积极贡献的学生，应具有信息素养，并能认识信息对民主化社会的重要性。

指标21：从不同资源、背景、学科和文化中查询信息。

指标22：尊重平等存取信息的原则。

标准八：对学习社区和社会有积极贡献的学生，应具有信息素养，并能实行与信息和信息技术相关的、符合伦理道德的行为。

指标23：尊重智力自由的原则。

指标24：尊重知识产权。

指标25：负责地使用信息技术。

标准九：对学习社区和社会有积极贡献的学生，应具有信息素养，并能积极参与小组的活动来探求和创建信息。

指标26：与他人共享知识和信息。

指标27：尊重他人的想法和背景，承认他人的贡献。

指标28：通过面对面或技术与他人合作，来确定信息问题并寻找解决方法。

指标29：通过面对面或技术手段与他人合作，来设计、开发和评价信息产品和解决方法。

对照检查，你在信息素养方面已经具备哪些基本素质，还有哪些不足有待改进。

请你做：

（1）9条标准中，已经达到的指标是（打√）：

① ＿＿＿＿　② ＿＿＿＿　③ ＿＿＿＿　④ ＿＿＿＿　⑤ ＿＿＿＿　⑥ ＿＿＿＿

⑦ ＿＿＿＿　⑧ ＿＿＿＿　⑨ ＿＿＿＿

（2）9条标准中，未达到的指标有（打×）：

① ＿＿＿＿　② ＿＿＿＿　③ ＿＿＿＿　④ ＿＿＿＿　⑤ ＿＿＿＿　⑥ ＿＿＿＿

⑦ ＿＿＿＿　⑧ ＿＿＿＿　⑨ ＿＿＿＿

二、反思提高

结合本节所学的知识，回顾在项目训练过程中的体验，检查一下自己的自媒体使用情况，并说明在传播信息、获取信息、利用信息中存在的主要问题。

三、借鉴应用：工作中的信息素养

拥有好奇心是优秀学员的一个重要品质。如果要回答一个问题，优秀学员会从合适的来源找到信息，评估这些信息，然后进行组织，利用它们来达到目的。在当今时代，数据就在你指尖敲击键盘的一起一落之间产生与传播，而在这样一个世界，能完成上述信息处理活动的能力就是信息素养。那么，在日常生活和工作中该如何利用你的信息素养呢？

1. 在职场中运用信息素养。你的上司可能会问："我们的产品价格在这一区域是高还是低？"或者"我们的服务产品跟竞争对手比有什么特别之处？"运用你的信息素养策略就能快速、准确地回答这些问题。

2. 扩展你的词汇量。在职场成功的关键之一就是知道怎么说术语。好好学习一下你所在行业或公司中同事们经常用到的词语。看看他们平时都看什么书、上什么网站。你自己也要去看这些内容，看到新的概念和观点，就记下来，将它们转换成自己的知识。

3. 有效率地阅读电子邮件。收到每一条新的电子邮件后都浏览一遍，然后立即归类。如果某些邮件需要回复，将其放入"待回复"的文件夹里，每天都看看这个文件夹；如果有的邮件不需要回复，但你后面可能需要查看，就把它放进"记录"这个文件夹里，然后在需要的时候进行查看；如果一封邮件既不需要回复，也不会再看，就把它放进垃圾箱吧。

4. 带着目的阅读。工作中的阅读都是以结果为导向的，你需要知道阅读每一份文件的目的，然后抓住为目的服务的内容就可以了。

5. 带着"要开始行动"的想法阅读。阅读中可能会遇到需要你行动的部分。用相关的符号将这一段落标出来。比如，在需要行动的段落标一个"A"，代表行动（Action），或者画一个小小的方框，行动之后在方框里画钩；另一个选择是直接将需要作出的行动写在日历上或者加入任务列表。

6. 建立一个"可随时阅读"的文件夹。你的电脑里都会有很多的文件，它们中的某些都具有相同的基本特征——它们重要，但不紧急。通过建立"可随时阅读"的文件夹，重要而不紧急的事会得到及时处理，从而提高你的工作效率。

你准备好未来工作中需要的信息素养了吗？你打算怎么做来提高自己的信息素养？

模块十一

整理开发信息：用数字化技术加工信息

我们生活在纷繁复杂的多元世界，耳濡目染五颜六色的精彩瞬间，并且与这个世界发生各种各样的关系。每一天，我们从既定的需求出发，接触不同的信息点，作出明确的判断与选择，这就是我们每天要做的一项重要工作——信息的整理与开发。

"整理开发信息"能力要求：

1. 能对信息进行分类，筛选所需信息，看懂资料所表达的观点，归纳信息要点。

2. 能根据工作需要归纳汇总，利用计算机、智能手机等数字技术工具形成目录、索引、文摘、简介类信息。

3. 能用工具和软件对数据进行计算，处理较为复杂的数据。

4. 能发现错误信息及其产生原因。

5. 能用数字技术工具（计算机、智能手机等）对文本、数据、表格、图形、音视频信息进行编辑，扩展生成信息并保存管理。

6. 能使用计算机软件制作PPT及Excel表格。

7. 能使用智能手机等数字技术工具制作短视频。

本模块训练重点：

1. 能够确定信息用途，定量筛选有效的信息。

2. 能够分类综合信息，形成信息检索和摘要。

3. 能够根据信息资料，编辑生成新的信息。

4. 能够存储备份信息，注意知识产权保护。

案例示范：苏格拉底的"困扰"

有一次，苏格拉底的一位学生气喘吁吁地跑来找他，说道："我告诉您一件事情，您可能绝对想不到……"

学生本想卖个关子，引起苏格拉底的好奇心，谁知苏格拉底却打断了他，严肃地问道："你要对我说的事情，经过三个筛子筛选过了吗？"

学生一头雾水，摇了摇头。

苏格拉底说道："当你要告诉别人一件事情的时候，至少应该在心中用三个筛子先过滤一下，第一个筛子叫作真实，那么现在先问问你自己。你要告诉我的事情是真实的吗？"

学生回答道："这是我从街上听来的，大家都在这么说，我也不知道究竟是不是真的。"

苏格拉底说："既然无法判断，那你现在就应该用第二个筛子来筛一下，这件事情如果不是真的，至少也应该是有善意的，那么你要告诉我的这件事情有善意吗？"

学生羞愧地低下了头，没有回答。

苏格拉底接着说："好吧，现在我们用第三个筛子筛一下，你要告诉我的这件事情，就算不那么真实，也未必充满善意，那么它是重要的事情吗？"

学生摇摇头说："不是。"

"那么，既然这个事情不重要，又没有善意，也未必是真的，那你还有什么必要告诉我呢？告诉我只会徒增我们两个的困扰罢了。"

学生的头埋得更低了。苏格拉底继续说道："其实我只是想告诉你，不要随便听信那些搬弄是非或者诽谤的话，因为传播这些话的人并不是出于善意来告诉你的，他既然会揭发别人的隐私，搬弄别人的是非，自然也会这样对待你。"

分析："良言一句三冬暖，恶语伤人六月寒"，在职场中，想要依靠搬弄是非来扳倒对手实在是不明智的做法，有时候不但中伤他人，还可能惹祸上身。案例中，苏格拉底教导给学生的三把筛子，其实就是过滤有效信息的方法：真实、善意、有价值。

主题一　分类信息　定量筛选

问题：如何对信息进行辨别分析

小王是某连锁超市的市场部经理，该超市拟决定在某城市某区域增开一家门店，要求小王进行市场调查，并将调查的结果形成分析报告递交给公司的相关领导。经过前期的调研，小王主要在以下几个方面做了调查：

1. 人口调查：包括该区域的人口数量、人口结构、购买习惯、收入水平、人流量等。

2. 城市设施状况：包括学校、企业、政府机构、娱乐场所等。

3. 交通条件：包括车流密度、人流密度、道路宽度、停车场数量等。

4. 竞争环境：包括周边竞争品牌的数量、品牌结构、潜在竞争品牌等。

5. 基本费用：包括租金、物业管理、税收、员工工资与五险一金等。

现要对以上调查的信息进行分析，并将分析的结果以报告的形式递交给公司领导。如果你是小王，你该怎么做呢？

在工作中，我们经常会接到市场或营销方面的任务，在确定了信息任务并做了市场数据搜集后，紧接着需要做的就是对收集来的信息进行分类、筛选。我们必须要考虑，如何进一步确认信息处理的用途？该用什么标准对信息进行分类筛选？

信息是一种资源，其中蕴含了使用的价值。开发信息就是根据信息的用途进行归类整理后，对信息进行定量分析，重组再生，把信息中隐藏的内容和可利用的价值开发出来。

通过本节的学习和训练，你将能够：

1. 确定什么信息跟用途有关，定量筛选有效信息，使用裁剪、复印、摘记、标记说明等方法选择和收集信息。

2. 能进行信息辨别，并能按对象、主题、形式、来源、内容和通用方式进行归类，形成剪报、汇编等资料。

认知：确定信息用途　辨别筛选信息

微课：

信息的整理

一、怎样进行信息的综合分类

1. 学会分类整理等于学会了抽象思考

在我们的日常生活中，报纸、电视和网站都是信息传播的重要工具，报纸分出不同的版面，在报头上标明"新闻""经济""生活""综合""文化""地产""汽车""广告"等类别；电视分出不同的频道和栏目，如"新闻""经济""综艺""体育""戏曲""少儿"等；网站则提供了方便读者的导航栏，如"新闻""财经""科技""体育""游戏""教育"等，这些都是对信息进行分类，以方便接收者快速阅读、收看所需信息。

当你收集到信息后，分类处理信息十分重要，它是对信息进行抽象思考，实施筛选的第一步，是提高信息利用价值的重要步骤。

比如，一次商务性的会议开完之后，总会有很多有价值的信息需要综合整理：会议形成的资料汇编，会议的照片、音像资料，会议简报，与会情况数据资料，这些信息资料的整理过程包含了很多技能要素，分类归并是第一道功夫，我们的工作和生活需要掌握这些技能。

2. 信息归类的类型与方法

把信息资料以文本的方式呈现出来，可根据不同的文本特点和资料用途，有目的、有选择地编辑信息。有些信息虽然是文本信息，但往往也包括表格、图片等。

收集信息，编辑资料，从内容上形成归并的类型有：

（1）资料汇编：同一性质或用途的信息资料集。

（2）资料摘录：对有价值的资料有目的的主动记录。

（3）资料评述：传播信息事实的同时发表评论。

（4）剪报或复制粘贴：以剪贴的形式编辑有价值的信息资料。

二、怎样进行信息的定量筛选

1. 确立标准选留信息

信息不是越多越好，而是越有用越好，能解决问题的信息才是有效信息。我们需要对信息资料进行有目的的探究和发掘，筛选出有效的信息。

我们收集到的各类资料在录入整理的时候，必须先立标准，依据标准进行定量选择。

标准的确立，取决于我们工作任务目标的需要，同时，对目标要求比较熟悉，比较专业，标准就比较容易确定，但如果是第一次筛选，标准的把握就需要斟酌。

2. 筛选信息的常用方法

笔记法是查阅文献资料、记录资料、筛选信息常用的方法。

笔记法使用形式多种多样，如何筛选信息，首先取决于收集的目的和用途，有时也取决于资料的类型、性质以及个人习惯等。

笔记法的形式主要有以下几种：

（1）写批语或做记号。所谓批语，就是在所读著作的空白处写上自己的见解，或者评语，或者解释，或者质疑。而记号，是读者对重点、难点、精彩之处或自己感兴趣的内容画上的各种标记。如直线、双线、曲线、红线、圆圈、箭头、括号、着重号、问号、感叹号等。这些记号代表什么意思可自己规定。

（2）做摘录。摘要是记下原文重要处、精彩处的内容，以作今后写作时论证、引证之用。摘录时应注意不要断章取义，不要改动原文的字句和标点。此外，还要注明出处，包括书名或论文题目、作者姓名、出版单位、版本、出版时间（期刊年号、期号，报纸年、月、日）等，而且要查对无误。

（3）做提要。所谓提要，就是把原文的基本内容、主题思想、观点、独到之处或其他数据，用自己的话加以概括，或引用原文也可以。做提要时必须注意，概括一定要忠于原文作者的观点。

（4）做札记。做札记就是在笔记本上随时记下自己读书时的心得体会和各种想法。这也是古人治学特别注重的一种方法。

以上几种笔记方法，除了写批语、做记号需写在原作旁边外，其余皆可写在笔记本上。但使用笔记本有一个缺点，它不便于资料的归类、整理、使用，因此，很多学者主张使用卡片做笔记。卡片的长处在于便于保存、携带、分类、归纳、查找和使用，不少有成就的学者都善于做卡片。做卡片时，最好使用大小一致的卡片纸，每张卡片一般只记一个事例，或一个问题。每张卡片要注明内容的原始出处，一般性的知识或有工具书可查的内容可不记卡片。

三、怎样识假防骗，确保信息真实

在《西游记》中，有一段我们非常熟悉的故事：孙悟空火眼金睛，识破了白骨精的诡计，可唐僧却多次中计，被白骨精故意制造的虚假面孔蒙蔽，作出错误的决定，把孙悟空逐出师门。这个故事告诉我们：信息有真伪之别，收集来的信息必须准确可靠，否则会误导决策。

信息是决策的基础，决策是否正确，很大程度上取决于所掌握的信息是否准确。在各类信息鱼龙混杂的当今社会，防止信息失真，注意识假防骗，似乎是人生的重要功课。在职业生涯中，掌握判断信息真伪的方法，具备甄别真假信息的能力十分重要。

信息的真实是指所收集的信息要准确地反映客观事物，符合事实的本真面目。鉴别信息真伪应该注意以下几点：

1. 所收集的信息必须完全准确无误

仔细查看收到的信息是否包含专业术语、技术术语、历史事实等专业性的内容，并核查这些内容在被使用或引用的过程中是否正确。包括时间、地点、人物、事件起因和结果，以及背景材料、情节、细节、数字、语言等。一条可靠的、正确的信息，其专业性方面的内容必须是准确无误的。较为简便的核查方法是上网搜寻核实，或向相关领域的专家学者提问来获得帮助。

信息搜集应以公开信息渠道作为首选，这个渠道的信息数量大，任何想得到信息的人都能得到，主要有政府部门、证券交易所、媒体、报纸、行业协会、商品展销会等。

2. 对信息进行加工之前，必须对其进行辩证的分析

虚假消息随处可见，若不加以鉴别地信以为真，很可能会造成不必要的损失。网络往往是虚假消息的集散地，上网，看微信的过程应时刻保持警觉。在对信息进行加工之前，对其进行辩证分析和辨伪处理，不仅是必要的也是必须的。

3. 几种常见的信息真伪核实方法

（1）调查法。调查法主要是对信息的来源、信息关键点和与之有关的人进行直接或间接的调查访问，以辨别信息的真假。

如果收集到的信息包含地址内容，如信息中某公司强调有最先进的机械设备，产品有质量保证，在某地有若干面积的厂房，那么为了避免因虚假信息而导致的经济损失，可以实地探访信息中注明的地址是否真实。真实性包括：信息中注明的地址是否存在，该地址实际用途和信息中标注的是否一致等。

信息发布源头追寻。如果收集到的信息是突发的爆料，那么应该首先查看发出此信息的源头，如果是实名爆料，则可信度较高，因为可以对实名进行验证；无实名爆料的信息则可以搜索关键词，查看发布源头的级别，确定其可信度。

（2）核对法。核对法主要是对信息中出现的重大数据、前因后果等进行比照式核对，诸如使用史证、考证、实证、询证等方法。

资质文件查实。资质文件是指某企业及民间团体从事相关活动的必要的证明文件。一般而言，某企业或民间团体为了证明其发布消息的可信度，会把它能提供的证明材料尽可能详尽地展示出来。若一则信息本应包含资质文件内容实际却未包含，此信息的可信度基本为零；若包含资质文件，则应对资质文件涉及的内容逐一核对。

（3）逻辑法。逻辑法主要是看信息是否符合一般公理、科学原理、普遍常识，依此判断真假。

从逻辑上进行推理，是一条很重要的辨别信息真伪的途径。一般推理离不开论点、论据、论证三个元素，当收集到某个信息之后，可以推敲一下信息中显示的论据是否能够证明论点，论据是否正确，论证过程是否符合逻辑。常见的推理法有因果、假设、归纳、类比、三段论等。

从常识、常理上对其进行真伪判断。信息如果仅仅是凭耳朵听来的，或是从文件上抄来的第二、三手材料，由于这些材料是间接的，几经转手，难免离谱离调，偏离事实。因此，对信息的来源需要进行溯源式核查，有时还要亲自到现场采访，才能避免让收集到的假信息影响正确的决策。

行动：提高信息分类和定量筛选能力

活动一：新开业的水果店怎么定价

一、活动资料

王磊与李涛是同学，一同在南方某大学读书，每次返校带回老家当地盛产的水果都受到了同学、朋友的欢迎。毕业后，两人筹备合伙开一家水果店。在解决了水果的供应渠道、开店选址、店面装修等准备工作之后，在准备给主打的几种南方水果定价时，他们困惑了：什么样的价格定位才是最佳的？价格是由商品的价值决定的，但是在竞争日益激烈的今天，价格定位是一件很复杂的事情。其中有一项工作是不能省略的，那就是调查竞争对手的相关产品的价格信息。

二、活动要求

假如你是他俩的创业顾问，帮助他们收集、辨别、分类、筛选信息，并且解答他们的疑问，那么你需要回答并解决以下问题：

1. 需要什么信息？

请你与同组的队员一起讨论哪些信息是必须掌握的，列在下面的横线上。

_____

_____

_____

2. 制作有一定比较性的表格

汇总所有列出的要点，然后给它们进行必要的归类，并且制作成一份或几份目的不一的表格。阅读收集到的信息，你会知道信息的可信度是不同的，有些信息可能是错误的，要注意辨别，这是我们确定信息是否有用时必须考虑的。

3. 在信息中寻找答案

按照实际任务分配到人。等所要的信息收集回来后，再对价格进行定位。

三、活动提示

1. 本次活动主要是为了说明在信息收集过程中，有些信息虽然符合既定的标准，但可信度是有限的，甚至是负面的，这一点应该在收集信息时尽可能地避免。

2. 可以用列表的方式，至少采集3个主要竞争对手关于主要水果品类的定价，归类、整理，参照竞争对手的价格，并以此为基准价来确定本企业产品或服务的价格。

活动二：学会用颜色管理文件

一、活动资料

管理文件是办公室人员经常要做的工作。怎样才能将文件进行整合，并能够用非常方便、实用和有效的方式进行收藏、查阅、使用？用颜色进行检索，是管理文件的方案之一。

二、活动内容

利用不同颜色的文件夹，区分不同类型的文件，例如：公司外销部门客户管理档案中，东北亚的客户用红色卷宗、东南亚的用蓝色卷宗、中东的用白色卷宗、欧洲的用绿色卷宗、北美的用紫色卷宗等，并以斜线贴纸标示每份文件的时间顺序及特性（如红贴纸代表信用状、金色代表往返书信、蓝色代表订单、绿色代表押汇文件……），如此一来，便可快速地找到所需文件，并可清楚地看出有没有文件被取出。

另外，用红色代表机密件、黄色代表急件、青色代表一般件，可以让高级主管在有限的时间内，对批阅的顺序作出取舍。

三、活动提示

这个方案对于文件夹的管理是相当实用的，尤其是小规模的公司。也就是说，信息的开发并不一定要按照文献或档案的方式进行组织编排，只要方便使用，什么方法都是可行的。

检索的分类方式有很多，利用颜色区分是很形象、直观、方便的一种。

活动三：朋友圈的八大骗局你中过招吗

一、活动资料

你知道吗？朋友圈常见的集赞得奖、爱心筹款、拼团买水果，这些看似是优惠或献爱心的活动，可能会悄悄地盗走你的信息和钱财！《人民日报》曾曝光朋友圈八大骗局：

骗局1：性格测试

"我是×××，直觉准到爆、判断力超强……"性格测试。

类似：免费设计签名、测测另一半长相、查查有多少人在暗恋你、你是电视剧里的谁、测测你的名字值多少钱等。

真相：这些可能是某个App开发的营销测试，需要填写姓名和出生日期，用自己的微信号登录，导致隐私泄露。这些都是有后台服务器在操作的，其后台本来只能得到用户的微信号，但只要你在测试中填写了自己的真实姓名，你的姓名就会与微信号在数据库中关联起来，这样你的微信号、姓名、生日等私密信息也许就会被对方全部获得。

骗局2：投票获奖

"十万大奖萌宝宝大赛开始报名啦，关注公众号，发宝宝照片参与投票，就有机会获奖。"

结果：参加后却始终无法获得第一名，于是花钱刷票，要求客服退款却被拉黑；关注和绑定手机，点击"毒链接"，导致资金被盗。

真相：通过恶意刷票获取较高名次就有可能涉嫌诈骗！客服收取费用，但却可以随时更改名次。

这类活动的主办单位往往真实性成谜，而且发送奖品的方式语焉不详。一些刷票公司与活动主办方都是"利益共同体"，诱使你不断投钱。另外，该类活动里面的"毒链接"更是让人防不胜防。

骗局3：集赞换奖品

"得到80个赞，免费拍摄结婚纪念照""收集150个赞免费赢空调"……

结果：照片免费，但相框收高价，信息泄露后收到各种广告、垃圾短信；买到假货等。

真相：很多集赞活动都打着免费旗号，但兑现时仍有各类消费。不少往往是空头支票，兑换难度大。还可能泄露信息，或买到假货。

骗局4：筹款治病

为孩子筹措医疗费；寻人、济困帖。

结果：即使信息属实，仍存在善款被滥用的可能；如果信息虚假，对方会在你拨打其留有的电话时，进行电信诈骗。

真相：这类案件犯罪对象不明确，犯罪地点甚至跨国，财产难追回。骗局的手法通常是将虚构的寻人、济困帖子发布到朋友圈引起不少人转发，但帖内所留联系方式多为外地号码，打过去一般不是吸费电话就是通信网络诈骗。一定要提高警惕，不轻信、不贪心、重核实。

骗局5：拼团买水果

"进口车厘子5元1公斤！进口榴莲5元1个！"在微信凑齐所要求人数，可以低价买水果，如果人数未达要求，则拼团失败，预收款项会打回微信账户；当人数满足时，则会显示拼团成功。

结果：长时间收不到水果，屡遭退款；个人信息泄露，收到各类推销电话。

真相：这种拼单主要是为了商家增加App下载量和收集消费者信息。若不法分子掌握了手机号、身份证、银行卡等个人信息，银行卡内的资金可能会被套取。不法分子先用超低的价格吸引消费者购买，累计的销售量可以高达数千甚至上万，让涨价后看到商品的消费者产生这店靠谱的错觉，而卖家只会选择后面高价付款的部分人进行发货，但这批货基本是残次品。

骗局6：帮忙砍价

请朋友在链接中帮忙"砍价"，若砍到0元，可免费获iPhone、相机甚至价值十几万的车。

结果：付钱后没收到货物，收到诈骗短信。

真相：该类"砍价"链接都要求填写姓名、手机号码，甚至身份证号，可能成为不法分子作案手段。朋友圈"帮忙砍价"获赠商品、低价购买商品的商家良莠不齐，不排除有部分商家确实给消费者带来实惠，但大多数则另有所图，或借此推广营销，或涉嫌欺诈，或骗取个人信息。

骗局7：转发免费送

"我已经领了，是真的哦。"转发并发送截图，免费送。

结果：快递收钱才让看，结果收到假货。

真相：据调查，免费送的所谓"品牌商品"，一般都是从购物网站批发的假货，成本价极低。此类骗局一般会填写个人信息，结果却发现要么根本没有奖品，要么收到时却货不对板。这其实都是不法分子为了获取个人信息专门设的陷阱。

骗局8：转发领流量

"您的好友已免费领取*M流量，输入手机号码送几个G的流量，赶快抢抢抢！"

结果：输入手机号后，发现并没有流量到账；收到垃圾信息，骚扰电话等。

真相：其实是广告公司想筛选哪些手机号是有效的。以前都是一个个试，现在直接做个网页等着人分享，然后就可以发广告信息或打推销电话了。此类骗局中不法分子可能会把你的手机号码泄露给广告公司或推销公司，随之而来的也许就是广告短信的"轰炸"与推销电话的骚扰，甚至还会收到诈骗短信。

二、讨论与总结

请你先独立完成对这8种骗局的识别与判断，把典型的经历或案例记录下来，然后在小组成员之间分享并交流：

比较并统计一下，中招概率最高的是哪几种？

1. 这种骗术主要利用什么方法？适应了人们什么样的心理需求？

2. 您是否还遭遇到其他的网络诈骗方法？我们该如何识假防骗？

反思：是否掌握了信息分类、筛选和辨伪的要点

一、自我评估：信息分类整理能力测评

（一）情景描述

请根据你的实际情况，回答下列问题，如果回答"是"，就在后面的括号内打"√"，否则打"×"。

1. 你衣柜中的衣物分类存放且叠放整齐。（　　　）

2. 你书架上的书排列很有规律，找书很快。（　　　）

3. 你电脑硬盘或U盘中的文件的存放非常有条理，而且文件和文件夹的命名都有一定的规律。（　　　）

4. 你习惯在考试前详细地规划演算纸，以便进行复查。（　　　）

5. 你在开完会或参加培训后，会重新整理会议记录和培训资料。（　　　）

6. 你能从一大堆杂乱的东西中快速找到你需要的东西。（　　　）

7. 你能快速找到两个相似事物间的细微区别。（　　　）

8. 你能在两个不相干的事物中间找到联系或共同点。（　　　）

9. 你能将一堆杂乱无章的信息快速整理出头绪来。（　　　）

10. 当你面对一堆繁杂信息时，你能够保持头脑清醒。（　　　）

11. 当你看到一个新事物时，你会马上联想到与之相似或相近的事物，并会思考它的类别归属问题。（　　　）

12. 你对动物、植物及自然界其他事物的分类非常感兴趣。（　　　）

13. 你能将一堆繁杂的信息分成若干类别，并能清楚地表述分类的理由。（　　　）

（二）评估标准和结果分析

1. 如果1—5题中，你至少画了3个"√"，表示你是一个条理性强且具有良好整理习惯的人。

2. 如果6—10题中，你至少画了3个"√"，表示你是一个具有整理归类信息潜质

的人。

3. 如果11—13题中，你至少画了2个"√"，表示你是一个信息分类意识很强的人。

二、反思提高

结合本主题训练，检查一下自己：

1. 能否根据不同的要求，使用裁剪或粘贴、复印、摘记、标记说明等方法选择收集信息？

2. 对收集到的信息能否按对象、主题、形式、来源、内容以及通用方式等进行归类？

3. 在这个信息爆炸的时代，各类信息铺天盖地，谣言到处乱飞，你是怎样分析各种信息，得出自己的判断的？有没有中招谣言的经历？识假防骗是一生要做的功课，今后该怎样在信息爆炸的时代锻炼一双火眼金睛？

主题二　综合信息　加工分析

问题：如何对信息进行综合分析

　　三国时，曹操步步逼近荆州，刘备应刘景升之请，在新野防御。但刘备军马只有几千，只好带着军马往江夏移动，而江夏的刘琦全军不过一万，如何能抵抗曹操二十万大军？有鉴于此危险之势，诸葛亮综合各方信息，决定联吴抗曹，于是到江东游说，上演了有名的舌战群儒。诸葛亮审时度势，将天时、地利、人和三类信息进行综合加工，才制定出联吴抗曹，三分天下的战略。

　　通常情况下，信息反映的事项，多是零星、粗糙的表面现象，属于原始的浅层次信息。因此，需要使信息系列化、系统化，反映事物的本质，并生成新的信息。

　　在信息处理过程中，根据已知的信息，运用逻辑推理得出新的结论；透过具体的信息，通过综合分析能得出较抽象的理论，能提供一种有信息资料依据的参考意见。这些都是十分重要的本领。

　　通过本节的学习，你将能够：

　　1. 学会分析加工信息。

　　2. 学习信息资料的综合技能，能独立形成简讯、综述、述评、调查报告、商业计划书等。

微课：

信息的分析

认知：学会分析整理　学会综合表达

　　信息分析，是联结信息收集与事务活动的纽带，世界上一切信息收集，不管多么高效，都不过是分析家用于酿制美酒的材料。如果没有分析，收集到的任何信息都是一堆杂乱无章的文字、数据，没有内在联系，不能彰显实质。

一、怎样综合信息，服务工作目标

　　综合信息、分析信息的主要目的是服务自己的工作目标。分析、综合信息是否及时和有效，体现的是收集者对信息的敏感程度和专业水准。

　　信息加工的主要形式有：

1. 综合加工

　　综合加工是围绕某一问题的需要，将与之相近似或相反的原始信息汇集在一起，

并作为一个整体加以研究的深加工过程。

对信息进行综合整理一般从三个方面着手：

（1）充实内容。对零碎、肤浅、杂乱而有用的信息，要弄清楚它的性质、范围、意义和发展趋势，充实、丰富它的内容，使之成为完整、深刻和系统的信息。

（2）从总体上进行系统的归纳、分类，作出定性、定量的分析和判断。通过综合分析，往往能发现有规律的变化和倾向性的问题，对掌握整体情况、指导工作、预测未来具有重要的参考价值。

（3）提出意见。在综合分析的基础上，提出自己的看法，如果是给上级提供综合的信息，可在综合的基础上提出自己相应的处理意见，给领导参考。

2. 提炼加工

提炼加工是从各种信息中摄取所需要的信息进行深加工的过程，如主题、观点、材料的提炼等。这是更高一级的综合加工，有共性提炼、特性提炼和典型提炼。比如，对病毒的潜伏期时间长度和传播感染规律的总结，就属于这类型的提炼，其中，就有共性规律的提炼，比如卫健委的防控指引中，某病毒一般为两个星期共14天的潜伏期。这是共性的信息提炼结果，而有的人感染后潜伏期可能较短，或者更长，这属于个别的典型的潜伏时长。

3. 推导加工

推导加工是根据已知的信息、运用逻辑推理得出新结论的信息加工过程。这样的加工需要更多的准确信息支撑，需要有扎实的专业知识基础作为判断的依据。比如，新冠病毒疫情防控过程中，对疫情控制拐点的预测，就需要综合准确信息、基本的发病规律和控制措施等多方面的专业知识，不然，就会误判、错判。常用的推导加工有判断推导和预测推导。

二、信息综合加工的表达形式

经过整理加工的信息可用多种方式表达，除了口头陈述和在新闻领域的报刊、电视进行报道外，在行政和商务公文里，一般书面的表达形式有：

1. 简讯

简讯是简要概述信息的书面形式，又称"简报"。简讯一般包括标题、导语、主体、结尾几个部分。标题概括简要信息的主要内容；导语是简讯开头的一段话，要求用极简明的语言概括简讯的最基本内容；主体是简讯的主要部分，要求具体清楚、内容翔实、层次分明；结尾是对简讯内容的小结。有些简讯也可无结尾。

2. 综述

综述是对专题性的复杂信息的总结性叙述。公文类的"情况综述"一般包括题名、摘要、关键词、正文、参考文献几个部分。其中正文部分又由前言、主体和总结组成。

3. 述评

述评是信息加工后的成果，不只要报道事实，还需要对事实进行必要的分析、解释，或者对某种形势、某个带普遍性的问题发表意见和看法。写信息述评必须在掌握大量信息的基础上总揽全局，抓住事由，以有述有评、评述结合的方式，及时剖析信息事件，揭示事物或形势的特点、本质和趋势，用以深入认识现实，指导实际工作，达到启发、引导读者的目的。

4. 调查报告

调查是信息收集的重要手段，信息收集后的专题报告是我们常常说的调查报告，是专题性信息收集整理的成果报告。

调查报告一般由标题、正文、署名构成。正文一般由前言、主体、结尾组成。前言介绍调查事由与目的，调查的背景和经过（时间、地点、对象），调查信息的采集方式（调查方法、组织者和参加者）及相关情况。

主体主要介绍调查所得的基本情况、信息分析和形成的基本结论。一般分为三层：

（1）情况部分。交代所调查事情的经过、发展过程或主要问题。

（2）分析部分。这是信息加工后的内容，分析原因，总结带规律性的东西。

（3）建议部分。在分析基础上，提出解决的办法和建议。

结尾的表达多种多样，或总结全文，深化主题；或提出问题，启发思考，或提出处理意见，补充相关资料。当然，如果在主题部分已经陈述清楚了，有时候结尾也可以省略。

如果是以单位名义进行的调查要署单位名称，如果是个人调查的则写个人姓名，还须注明调查或写作的日期。

5. 商业计划书

在企业，商业计划书是项目论证的重要文书，是信息收集和整理的结晶。在大量收集项目的信息后，针对项目的商业目的，分析综合有效信息，作出重要结论，是项目开发和运行的重要依据。商业计划书包括了大量的信息和资料，主要有：

（1）公司介绍。包括公司简介、公司战略、宗旨、产品及服务、技术（专利）、价值评估、公司管理、场地与设施。

（2）市场分析。包括目标市场、销售策略。

（3）产品与服务。包括产品品种规划、研究与开发、服务与支持。

（4）市场与销售。包括市场计划、销售策略、销售渠道。

（5）竞争性分析。包括竞争者、竞争策略。

（6）财务计划。包括资金需求、预计收入。

（7）风险分析。包括风险识别、风险估计、风险解决等。

商业计划书的撰写难度比较大，除了需要掌握大量的信息资料外，还需要商业的运作经验，宏观的决策能力，其中还涉及一些专业的知识，如财务分析等，一份商业计划书往往需要集体合作，要集中团队的智慧进行撰写。

行动：学会信息分析的方法

活动一：综合分析 借鉴学习

一、学习资料

以下是国务院办公厅2020年发布的《新能源汽车产业发展规划（2021—2035年）》中关于"推动产业融合发展"资料，阅读后完成后面的练习。

资料

推动产业融合发展

第一节 推动新能源汽车与能源融合发展

加强新能源汽车与电网（V2G）能量互动。加强高循环寿命动力电池技术攻关，推动小功率直流化技术应用。鼓励地方开展V2G示范应用，统筹新能源汽车充放电、电力调度需求，综合运用峰谷电价、新能源汽车充电优惠等政策，实现新能源汽车与电网能量高效互动，降低新能源汽车用电成本，提高电网调峰调频、安全应急等响应能力。

促进新能源汽车与可再生能源高效协同。推动新能源汽车与气象、可再生能源电力预测预报系统信息共享与融合，统筹新能源汽车能源利用与风力发电、光伏发电协同调度，提升可再生能源应用比例。鼓励"光储充放"（分布式光伏发电—储能系统 充放电）多功能综合一体站建设。支持有条件的地区开展燃料电池汽车商业化示范运行。

第二节 推动新能源汽车与交通融合发展

发展一体化智慧出行服务。加快建设涵盖前端信息采集、边缘分布式计算、云端协同控制的新型智能交通管控系统。加快新能源汽车在分时租赁、城市公交、出租汽车、场地用车等领域的应用，优化公共服务领域新能源汽车使用环境。引导汽车生产企业和出行服务企业共建"一站式"服务平台，推进自动代客泊车技术发展及应用。

构建智能绿色物流运输体系。推动新能源汽车在城市配送、港口作业等领域应用，为新能源货车通行提供便利。发展"互联网+"高效物流，创新智慧物流营运模式，推广网络货运、挂车共享等新模式应用，打造安全高效的物流运输服务新业态。

第三节 推动新能源汽车与信息通信融合发展

推进以数据为纽带的"人—车—路—云"高效协同。基于汽车感知、交通管控、城市管理等信息，构建"人—车—路—云"多层数据融合与计算处理平台，开展特定场景、区域及道路的示范应用，促进新能源汽车与信息通信融合应用服务创新。

打造网络安全保障体系。健全新能源汽车网络安全管理制度，构建统一的汽车身份认证和安全信任体系，推动密码技术深入应用，加强车载信息系统、服务平台及关键电子零部件安全检测，强化新能源汽车数据分级分类和合规应用管理，完善风险评估、预警监测、应急响应机制，保障"车端—传输管网—云端"各环节信息安全。

第四节 加强标准对接与数据共享

建立新能源汽车与相关产业融合发展的综合标准体系，明确车用操作系统、车用基础地图、车桩信息共享、云控基础平台等技术接口标准。建立跨行业、跨领域的综合大数据平台，促进各类数据共建共享与互联互通。

智慧城市新能源汽车应用示范行动
开展智能有序充电、新能源汽车与可再生能源融合发展、城市基础设施与城际智能交通、异构多模式通信网络融合等综合示范，支持以智能网联汽车为载体的城市无人驾驶物流配送、市政环卫、快速公交系统（BRT）、自动代客泊车和特定场景示范应用。

二、活动要求

1. 阅读思考：阅读《新能源汽车产业发展规划（2021—2035 年）》，思考未来 15 年新能源汽车发展趋势如何。

2. 分析资料：结合所学专业，产业融合发展，对劳动者的职业能力提出了哪些新要求？

3. 借鉴练习：请使用这种综合分析、提炼加工和推导加工的方式，练习：

（1）对共享交通工具（单车、汽车）做发展趋势的预测。

（2）统计 3~5 个短视频平台，如抖音、快手、微视频等，分析其共同点和不同点，并提出一些合理化建议。

（3）阅读一份经济类的电子报纸，研究一篇数据分析类的文章，找出数据与结论之间的关系。

活动二：完成一份商业计划书

一、活动资料

商业计划书是创业的重要信息资料，是通过收集信息，加工信息形成的重要成果，也是职业人处理信息能力和水平的重要表征。

下面，我们来进行这个有挑战性的练习：简要描述你拟创业项目的背景、项目介绍，重点说明目标用户的确定及市场定位，创业团队、你的财务计划、资金计划等。完成一份创业计划书。

商业计划书的格式可以参考相关的资料，上网搜一下"创业计划书""商业计划书"，可以搜到模板，你可仿照撰写。关键是内容，这是你的信息收集、整理的成果，需要动用你的信息处理能力和策划的智慧。

二、活动内容

1. 上网搜《商业计划书》的模板，仿照、改造模板，形成你的商业计划的框架。

2. 提炼你的创业信息资料，撰写你的《商业计划书》。

三、讨论和总结

1. 在撰写《商业计划书》信息的分析过程中，你面临的最大困难是什么？为什么？

2. 结合前面所练习的信息处理能力，怎样做到信息收集全面、信息真实有用？

3. 你在预测项目的市场前景，进行信息发展趋势分析时，依据了什么样的信息资料？

反思：你掌握信息分析的多种方法了吗

一、课堂评估：就自己的创业项目进行路演交流

在课堂上，或者在学习群中展示小组或个人完成的《创业计划书》，请同学和培训师点评。

二、反思提高

结合本节所学的知识，回顾在项目训练过程中的体验，检查一下自己能否根据不同的目标和现实的条件，选择最合适的工具和方法整合信息、形成综合信息，服务工作目标：

1. 你分析掌握的信息时，常常使用什么样的方法得出结论？

2. 你做一份《创业计划书》还有什么困难？原因何在？

3. 今天信息很多，查询信息的手段也很便捷，但能够有效收集整理信息，有效利用信息服务工作需要的人不是很多。你认为自己的信息综合处理能力如何？下一步你将怎样进一步提升自己的信息分析能力？

主题三 编辑信息 生成文本

问题：如何通过计算机整合生成新的信息

现代社会，人类用文字、数字、图表、视频等表达和记录着世界上各种各样的信息。互联网时代，计算机是我们处理信息的好帮手，是我们信息处理的主要手段。在互联网上搜集信息，通过计算机输入、整理信息，通过计算机或互联网云端存储信息，是现代职业人不可或缺的重要技能。学会用计算机编辑整理信息，生成新的信息，将会大大提高我们的工作效率。

通过本节的学习和训练，你将能够：

1. 学会利用计算机文字编辑工具，整理生成新的信息。
2. 掌握 Excel 图表的制作方法。
3. 掌握如何用合适的格式保存文件。

认知：编辑整合信息 生成新的信息

一、如何扩展生成信息

（一）利用文字编辑软件 word，整理生成文档

计算机的一个重要功能是可以进行文字的处理，在工作中掌握了处理文字的技能，可以十分方便地收集整理信息，生成新的文本，开发出新的信息资料。在信息的整理阶段，处理文字的技能非常有用。

微课：

信息的存储和
备份

（二）从事实和数据资源中，提炼生成新信息

"没有调查，就没有发言权"，这是毛泽东同志谆谆告诫过我们的。"调查"就是信息收集，"发言"就是输出信息成果。我们用事实说话，用数据说话，通过提炼，可以整理出新的成果。在事实信息中，通过归纳、演绎等逻辑方法，可以得出新的观点；在数据中，我们通过数据的分析，得出新的结论，特别是今天，我们还可以通过大数据的手段，收集更多、更全面的信息，形成准确的信息成果，以服务于我们的管理决策。

例如，某企业进行开放式问卷调查后，有3个整理好了的问卷数据表（表4-3、表4-4、表4-5）。

表 4-3　吸引员工进入的三大原因

原因	百分比（%）
企业规模	21.49
企业形象	15.38
上班地点	13.12

表 4-4　最令员工满意的三件事

原因	百分比（%）
工作环境	21.30
福利	14.58
同事间相处	14.58

表 4-5　最令员工不满意的三件事

原因	百分比（%）
薪资	16.07
休假	10.07
组织气氛	8.87

根据各调查表的数据特点，我们可以对其进行综合分析，提炼出倾向性观点，得出新的信息成果：

1. 参与问卷调查的员工多数认为吸引同行进入企业的原因是企业规模及企业良好的形象。

2. 最令员工满意的前三项是工作环境、福利与同事间的相处。

3. 薪资最令员工不满意。

综合后，我们可以形成建设性反馈意见：

工作环境、主管领导、组织沟通与福利制度是该企业应该继续发扬和总结的主题。但薪酬制度在该企业将是值得注意的重点。

（三）用Excel制作图表，生成新的信息表达形式

工作总结、行业研究、新闻热点解读、企业生产情况分析、年度发展报告等，图表是不可缺失的重要元素，一图胜千言，表格更可让人一目了然，我们用图表可以把原来枯燥的数字更形象直观地展示出来。

277

1. 什么是工作簿和工作表

学习和使用Excel，肯定要和两个概念打交道，那就是"工作簿"和"工作表"。工作簿是一种由Excel创建的文件，其扩展名为".xlsx"，而工作表则是工作簿的组成部分。可以这样形象的理解，工作簿是一个笔记本，而工作表是这个笔记本里的每页纸。操作和使用Excel，绝大部分工作是在工作表中进行的。

2. 认识Excel的工作环境

启动Excel后，我们将看到Excel的工作窗口（图4-2）。若你有使用Office家族中如Word等应用程序的经验，那么应该有似曾相识的感觉。因为它们的菜单、功能区和编辑窗口的布局大体相同。

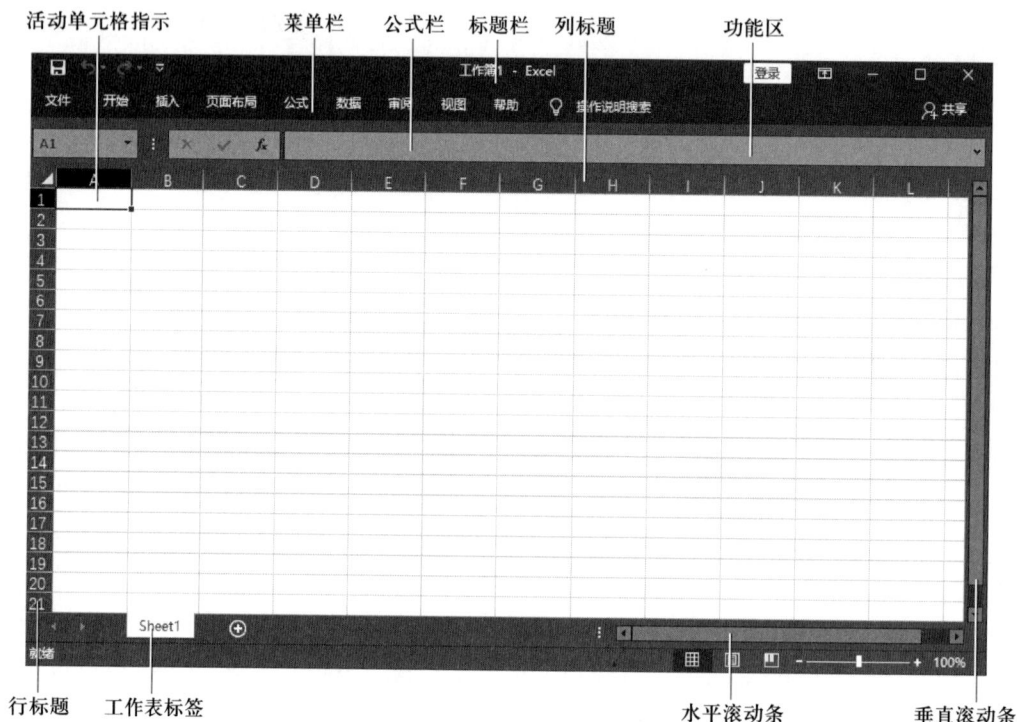

图 4-2 Excel 的工作环境图

（1）标题栏。这里显示程序的名称，以及当前工作簿文件的名称。

（2）菜单栏。可以通过选择相应的菜单命令来向Excel发出命令。Excel为了用户便于记忆，将类似的命令分门别类地放到同一菜单项目中，菜单可以根据自己的习惯定制。

（3）功能区。新版Excel的功能区将旧版的工具栏及任务窗格进一步组合，界面更直观，调用更方便，且可以折叠、固定，可以通过单击相应按钮来向Excel发出相应的命令。

（4）公式栏。在单元格中输入数据或公式后，将在这里显示输入的内容。输入数据或编辑公式在这里相当方便。

（5）列标题。从A到IV共256个字母，每个字母代表工作表256列中的一列，从英文字母顺序A开始到Z，Z之后是AA、AB、AC，依此类推到AZ。AZ之后是BA、BB、BC，依此类推到BZ，最后一列是IV。单击列标题可以选中整列。

（6）活动单元格指示器。这个绿色边框的指示器代表当前活动的单元格，所谓活动，即当前被选中的单元格。

（7）行标题。从1到65 536的数字，每个数字代表工作表的一行。单击行标题可选中整行的单元格。同时，由于有256列，则Excel工作表的单元格总数为256×65 536＝16 777 216个，我们用列标题和行标题就可以确定一个单元格，如A4，代表第A列第4行的单元格，其余以此类推。

（8）垂直滚动条。使用该滚动条可以垂直滚动工作表。

（9）水平滚动条。使用该滚动条可以水平滚动工作表。

（10）工作表标签。每个标签代表工作簿中不同的工作表，每个工作表的名称都显示在标签上，单击标签即可切换到相应工作表。一个工作簿可以包含多个工作表，但是为了方便管理，工作表数量最好不要太多。

3. 基本操作

（1）启动Excel。

（2）保存工作簿。第一次保存工作簿时，应为工作簿分配文件名，并在本机硬盘或其他地址为其指定保存位置。以后每次保存工作簿时，将用最新的更改内容来更新工作簿文件。

（3）单元格的操作。单元格是组成工作表的最小单位。要输入单元格数据，首先要激活单元格。在任何时候，工作表中有且仅有一个单元格是激活的，鼠标单击单元格，单元格被粗边框所包围，此时表示该单元格被选中；鼠标双击单元格，单元格被细边框所包围，此时输入数据即出现在该单元格中。

单元格的选取是单元格操作中的常用操作之一，它包括单个单元格选取、多个连续单元格选取和多个不连续的单元格选取。

（4）建立工作表。

① 在单元格里输入数据。我们在建立表格之前，应该先把表格的大概模样考虑清楚，比如表头有什么内容，标题列是什么内容等。因此，在用Excel建立一个表格的时候，最先应建立一个表头，然后就是确定表的行标题和列标题的位置，最后才是填入表的数据。

输入的时候要注意合理地利用自动填充功能，先在单元格中输入一个数据，然后把鼠标放到单元格右下角的方块上，看鼠标变成一个黑色的十字时就按下左键向下拖动，到所需的数目就可以了。填充还有许多其他的用法：例如，输入TF001，按下回车，它就自动变成了一个序列向下填充的编号，编号会按照顺序变化。输入"市场部"，拖动十字（图4-3），自动生成多个相同文本内容。

279

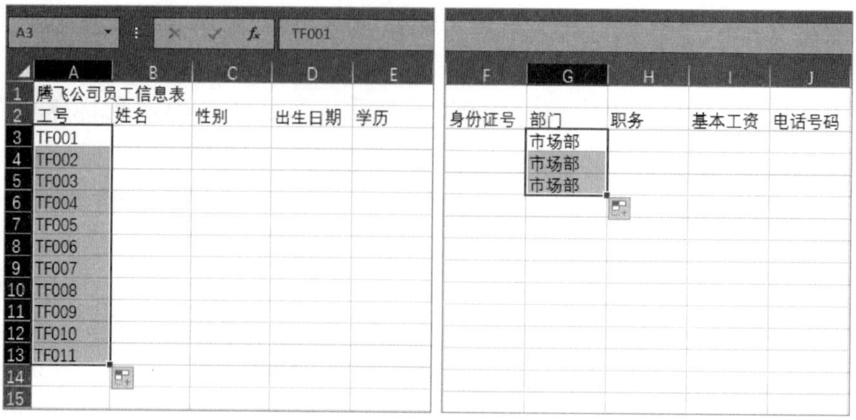

图 4-3 工作表创建过程（1）

② 简单的计算。在电子表格中经常需要计算数据，当然可以在外面把数据计算好了再输入进来，不过，我们最好还是使用Excel自身的计算功能，这样改动起来就很方便。现在我们来看一个表格，把每种饮料的销售额计算出来：选中"销售额"下第一个单元格，在编辑栏中单击，直接输入"=G3*D3"（依据公式：销售额 = 售价 × 数量），在这里，不用考虑大小写，单击"输入"按钮，确认我们的输入，就在这个单元格中输入了一个公式，并自动计算出了结果。通过单元格右下角下拉，可以复制公式，自动算出其余饮料的销售额（图4-4）。

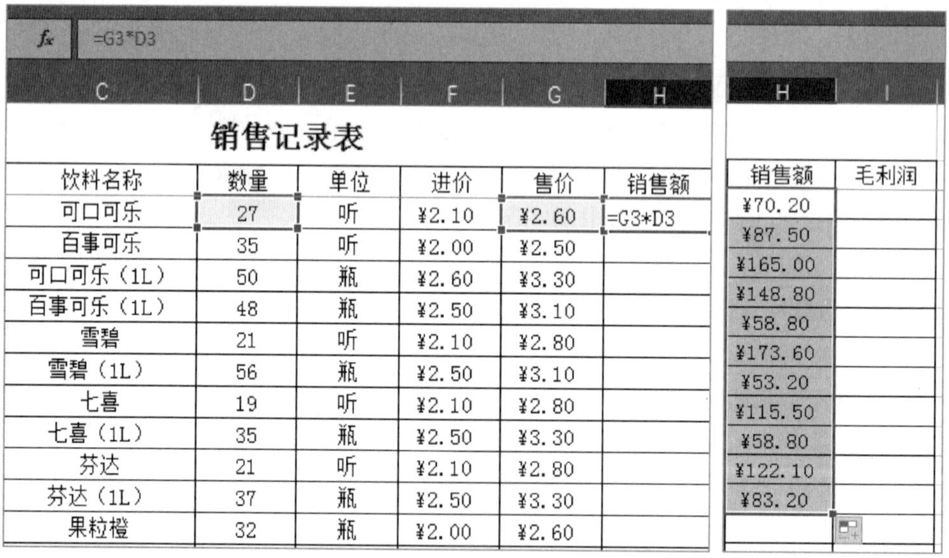

图 4-4 工作表创建过程（2）

公式可以从表里选，也可以直接输入，只要保证正确就行了。这两种方法各有各的优点：有时输入有困难，就要从表里选择；而有时选择就会显得很麻烦，那就直接输入。还有一点要注意，在编辑公式时，一定要在开始加一个等号，这样就相当于在开始单击了"编辑公式"按钮。

③ 调整行、列宽度。调整单元格的宽度，可以使表格看起来更整齐一些。拖动两个单元格列表中间的竖线可以改变单元格的大小，调整单元格的列宽度。当鼠标变成如下图所示的形状时，可以手动左右拖动调整，也可以直接双击这个竖线，Excel会自动根据单元格的内容给这一列设置适当的宽度。单元格行宽度与列宽度的调整方法相同（图4-5）。

单位	进价	售价	销售额	毛利润		单位	进价	售价	销售额	毛利润
听	#####	¥2.60	¥70.20			听	¥2.10	¥2.60	¥70.20	
听	#####	¥2.50	¥87.50			听	¥2.00	¥2.50	¥87.50	
瓶	#####	¥3.30	¥165.00			瓶	¥2.60	¥3.30	¥165.00	
瓶	#####	¥3.10	¥148.80			瓶	¥2.50	¥3.10	¥148.80	
听	#####	¥2.80	¥58.80			听	¥2.10	¥2.80	¥58.80	
瓶	#####	¥3.10	¥173.60			瓶	¥2.10	¥3.10	¥173.60	
听	#####	¥2.80	¥53.20			瓶	¥2.10	¥2.80	¥53.20	
瓶	#####	¥3.30	¥115.50			瓶	¥2.50	¥3.30	¥115.50	
听	#####	¥2.80	¥58.80			听	¥2.10	¥2.80	¥58.80	
瓶	#####	¥3.30	¥122.10			瓶	¥2.50	¥3.30	¥122.10	
瓶	#####	¥2.60	¥83.20			瓶	¥2.00	¥2.60	¥83.20	

图4-5 工作表创建过程（3）

（5）编辑工作表。

① 复制单元格。选中要复制内容的单元格，单击工具栏上的"复制"按钮，然后选中要复制到的目标的单元格，单击工具栏上的"粘贴"按钮就可以了。

② 移动单元格。有时我们会对表格或部分单元格的位置进行调整，此时用移动单元格是很方便的。选中要移动的单元格，把鼠标移动到选区的边上，鼠标变成我们熟悉的双十字箭头的形状后按下左键进行拖动，会看到一个虚框，这就表示我们移动的单元格到达的位置，在合适的位置松开左键，单元格就移动过来了。

如果单元格要移动的距离比较长，超过了一屏，用上述方法拖动起来就很不方便了，这时我们可以使用剪切的功能：选中要移动的部分，单击工具栏上的"剪切"按钮，剪切的部分就被虚线包围了，选中要移动到的单元格，单击工具栏上的"粘贴"按钮，单元格的内容就移动过来了。

③ 插入和删除行、列、单元格。右键单击左边的行标选中一行，然后从打开的菜单中选择"插入"命令单击，就可以在选中的行前面插入一个行。然后就可以输入数据了。

插入列和插入行差不多，选中一列，从右键菜单中选择插入，就可以在当前列的前面插入一列。

还可以插入一个单元格，右键单击一个单元格，从打开的菜单中选择"插入"命令，打开"插入"对话框，选择"活动单元格下移"，单击"确定"按钮，就可以在当前位置插入一个单元格，而原来的数据都向下移动了一行（图4-6）。

图 4-6 插入对话框

有插入当然有删除了，这个很简单，可以选中要删除的一行，然后从右键菜单中选择"删除"命令；列则可以选中列，从右键菜单中选择"删除"；单元格也是一样，只是会弹出"删除"对话框，选择"下方单元格上移"，单击"确定"按钮，单元格删除了，下面的记录也可以移动上来了。

（6）图表的使用。

① 建立图表。图表在数据统计中用途很大。如饮料销售记录表，显示了某店单日销售数量（图4-7）。

选择包含数据及文本的单元格，打开"插入"菜单，单击"查看所有图表"命令，打开"所有图表"对话框，第一步是选择图表的类型，我们从左边的"类型"列表中选择"柱状图"，从右边的"子图表类型"列表中选择默认的第一个，单击"确定"按钮。

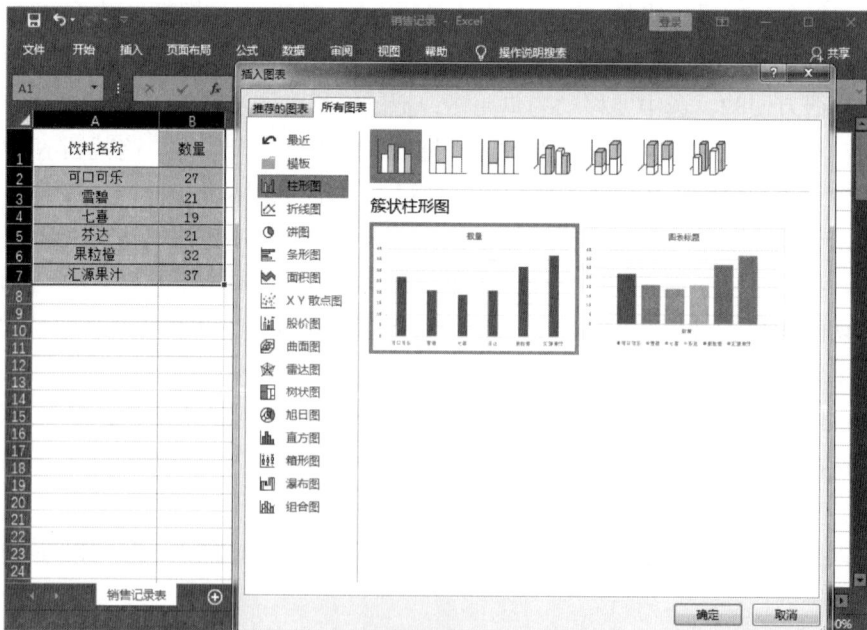

图 4-7 图表建立过程图（1）

出现默认图表柱状图，单击图表任意位置，弹出编辑提示按钮，"图表元素""图表样式""图表筛选器"。通过图表元素列表，可以对需要显示的内容进行设置。现在要设置图表标题为"饮料销售记录表"，X轴"类型"，Y轴"数量"，单击"下一步"按钮（图4-8）。

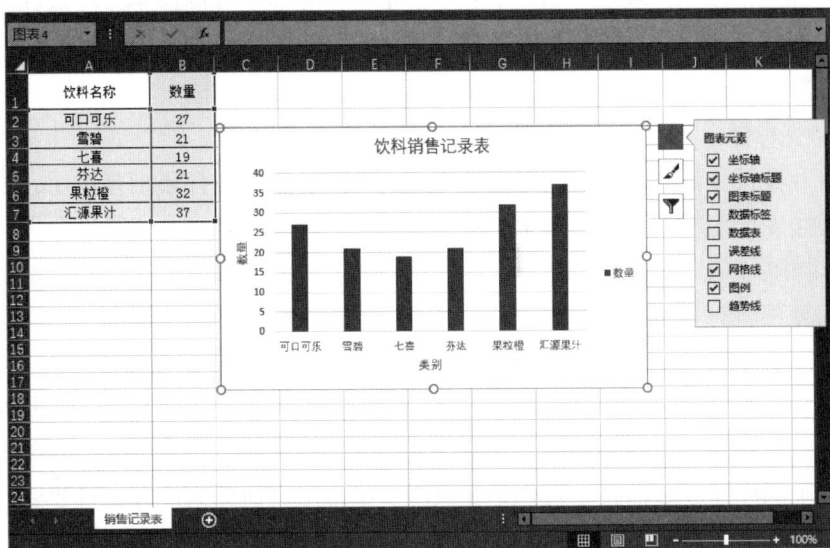

图4-8　图表建立过程图（2）

点击图表样式，还可以选择适当的样式及颜色。

接下来选择生成的图表放置的位置。选择"作为其中的对象插入"，单击"完成"按钮，柱状图就完成了。生成的图表可以直接复制，粘贴至文档、PPT使用，在使用时可以继续根据需要调整呈现效果。但以图片方式复制，则可以固定图表信息，不能进行二次编辑。

② 修改图表。我们选中图表，点击"图表工具"中的设计，可以重新对图表布局、颜色风格、图样格式、数据源、图表类型、位置等进行设定优化。限于篇幅，这里不作详细介绍。

Excel具有强大的数据整理、统计分析能力，制作图表可以信手拈来，在新版的Excel中，能够制作柱状图、条形图、折线图、散点图、雷达图、饼图、瀑布图、着色地图等将近20个大类、数十种图表。常用的图表制作方法请查看本部分"数字信息处理"第一节。其他丰富多样的图表制作方法，你可上网或打开抖音搜一搜"××图的制作"，老师就在你的身边，你可以很方便地进行学习。

二、如何储存和备份信息

（一）电子信息的储存

信息的存储是信息系统的重要组成部分，如果没有信息储存，就不能充分利用已收集、加工所得信息，同时还要耗资、耗人、耗物来组织信息的重新收集、加工。有了信息储存，就可以保证随用随取，为单位信息的多功能利用创造条件，从而大大降低开发和使用成本。信息的储存从介质变化来看经历了实物存储、印刷存储、缩微存储、磁盘存储与激光存储等不同阶段。这里重点介绍电子信息的存储。

1. 磁盘存储

磁盘存储是指通过磁盘介质将信息或数据进行相应的存储保护。磁盘存储具有容量大、存取速度快、随机随时可取的特点，成为最主要的计算机系统存放文件方式。硬盘、U盘、移动硬盘及各种存储卡都是常见的磁介质存储器。

2. 激光存储

激光存储又称光盘存储，它采用激光照射介质，激光与介质相互作用，导致介质的性质发生变化而将信息存储下来。激光存储具有存储密度高、存储寿命长、非接触式读写和擦除、信息的信噪比高等优点。我们听的CD，看的VCD、DVD都是应用激光进行信息存储的。

3. 网盘存储

网盘，又称网络U盘、网络硬盘，是由互联网公司推出的在线存储服务，向用户提供文件的存储、访问、备份、共享等文件管理等功能。用户可以把网盘看成一个放在网络上的硬盘或U盘，不管你是在家中、单位或其他任何地方，只要你连接到互联网，你就可以管理、编辑网盘里的文件，不需要随身携带，更不怕丢失。百度云网盘、阿里云盘、360云盘、联想企业网盘等是国内较为常用的网络硬盘。

（二）信息的备份与还原

计算机里面重要的数据、档案或历史记录，不论对企业用户还是个人用户，都至关重要。为了保障生产、销售、开发的正常运行，企业用户或者我们，都应该采取先进的、有效的措施，对数据进行备份，防患于未然。

企业用户常见的备份方式有：

（1）定期磁带备份数据。远程磁带库、光盘库备份，是将数据传送到远程备份中心制作完整的备份磁带或光盘。

（2）远程数据库备份。在与主数据库所在生产机相分离的备份机上，建立主数据库的一个拷贝。

（3）网络数据镜像。这种方式是对生产系统的数据库数据和所需跟踪的重要目标文件的更新进行监控与跟踪，并将更新日志实时通过网络传送到备份系统的备份方式，备份系统则根据日志对磁盘进行更新。

（4）远程镜像磁盘。通过高速光纤通道线路和磁盘控制技术将镜像磁盘延伸到远离生产机的地方，镜像磁盘数据与主磁盘数据完全一致，更新方式为同步更新或延迟更新。

个人用户常见的备份方式有：

（1）操作系统数据。操作系统和常用软件实际上无须备份，最多制作一个操作系统的启动U盘，里面再复制一些常用软件就行了，这样，一旦操作系统出了问题，可以用U盘启动后重装操作系统。实在想备份操作系统的话，可以使用一键Ghost工具对其进行备份，这样可以减少重装操作系统所花费的时间。

（2）个人文件备份。对于保存在"我的文档"里的个人创作数据，例如工作类的

Office文档等，这部分数据是最重要的数据，不仅应该备份，还应该进行文件版本备份，因此，建议这个重要文件夹使用具有文件版本功能的同步盘来进行备份和同步。个人创作的大型数据文件，例如自己拍摄的照片、视频等，由于文件数量大，容量也大，并且没有版本变化，建议购买一个网络附属存储搭建一个家庭私有云盘，将个人照片、影音类数据备份在家庭私有云盘上。一些重要的个人数据可以刻录在光盘里，并注明时间，可以人为保存下该文件各个时间段的版本。如果用户使用的是笔记本电脑，那么建议购买大容量移动硬盘，将数据定时备份到移动硬盘上。

（3）下载数据备份。个人下载的文件、安装包、音乐、电影等，建议以原始格式保存在多个网盘中，网盘通常有数T的容量，并且大多支持“秒传”等功能，因此，这类文件备份在网盘中最为合适，即使被破解也不会泄漏个人隐私。有些时候下载站还会提供网盘链接下载，那么，直接将文件另存在自己的网盘即可实现备份。

行动：提高你的计算机信息生成能力

活动一：用计算机建立工作簿，扩展生成信息

一、活动资料

康养学院毕业的路明同学在社区健康站工作，准备给社区居民做一场“高血压健康知识讲座”，路明在问卷调查了解社区居民的一般情况及高血压患病情况后，需要将所获的信息以表格的形式进行整理，形成相应的数据，并计算平均年龄，如果你是路明，该怎么做？

二、活动要求

使用文档处理软件Microsoft Excel，建立一个工作簿。

三、活动提示

步骤一：打开文档处理软件Microsoft Excel，新建一个工作簿。

步骤二：输入你调查的每个居民的姓名、年龄、文化程度、血压情况等数据，并在保存时命名为你自己便于查找的某一文件名（图4–9）。

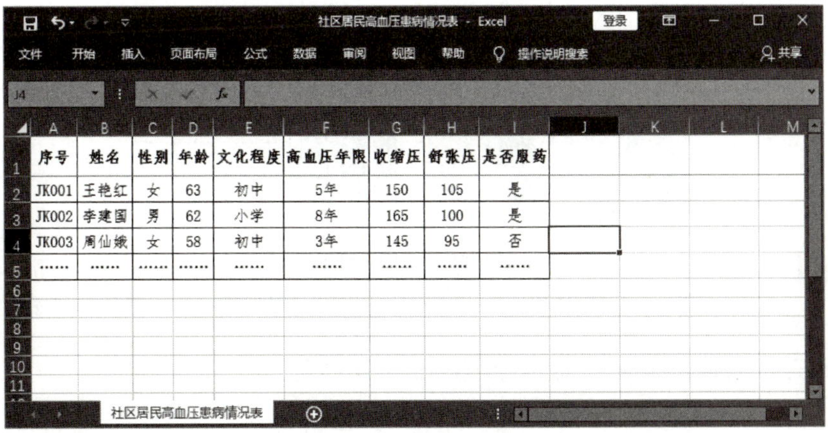

序号	姓名	性别	年龄	文化程度	高血压年限	收缩压	舒张压	是否服药
JK001	王艳红	女	63	初中	5年	150	105	是
JK002	李建国	男	62	小学	8年	165	100	是
JK003	周仙娥	女	58	初中	3年	145	95	否
......	......	......	......	......	......	......	......	......

图4–9 社区居民高血压患病情况表

步骤三：选择要存放计算结果的单元格，单击"常用"工具栏上的"自动求和"旁的箭头，再单击"平均值"，选择求平均值的数据区域，然后按回车键。

步骤四：保存文档。

活动二：用计算机扩展生成图形信息

一、活动资料

随着职业教育的蓬勃发展，兴业技术学校招生数量逐年增加，最近三年的招生录取及报到情况统计如下表（表4-6）：

表 4-6　兴业技术学校近三年招生情况表

年度	计划录取	录取人数	报到人数	录取率	报到率
2017年	1 000	846	823	85%	97%
2018年	1 200	1 072	1 024	89%	96%
2019年	1 600	1 425	1 403	89%	98%

二、活动要求

根据这个招生情况统计表，制作相应的柱状图。

三、活动提示

利用计算机上的"图表"绘制功能，生成柱状图，具体操作过程如下：

1. 点击菜单栏中的"插入"，在其下拉式菜单中选择"图表"，或者直接在工具栏中选择"图表"，这时系统自动进入图表向导，选择合适的图表，点击"下一步"。

2. 弹出图表向导，选择图表数据范围，可输入图表标题、X轴及Y轴名称，也可不输，直接点击"下一步"。

3. 弹出图表向导，选择第二项，作为图表直接插入，点击"完成"，即可形成下列图表（图4-10）。

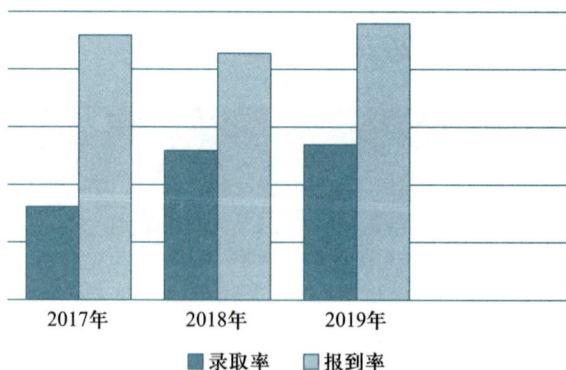

图 4-10　近三年招生录取率与报到率

活动三：拓展训练——个人数据信息的网络备份

一、活动资料

网络备份也叫虚拟备份。对一般用户来说，有两种常用的网络备份方式：一种是利用免费邮箱附件进行数据的网络备份；二是利用免费网络进行数据的网络备份。使用网络备份的好处是无论何时何处，只要能上网就可以将已保存上传的文件调出来。

二、活动要求

1. 利用免费邮箱附件将20MB以下的数据信息进行备份。

2. 申请免费网盘，并学习如何利用网盘进行个人文件的网络备份。

3. 你经常使用的是哪种网盘？它有什么优点？互相交流使用网盘的心得。

反思：是否学会了生成并存储信息

一、课堂评估：交流个人信息编辑与生成、保存与备份的实例

1. 结合你自己的工作实际，列举一个你编辑与生成新信息并保存的实例，在课堂或学习群中介绍你的例子，相互交流信息存储及备份的经验。

2. 请指导师或同学评价你现在达成的水平。

二、反思提高

信息的生成处理是十分重要的能力。结合本节的训练，检查自己能否根据不同的要求对信息进行基本加工，同时，能否对整理生成的信息进行有序的储存与备份？如果还不够，规划一下，怎样进一步努力，不断学习，才能成为信息处理的达人？

模块十二

展示应用信息：用数字化技术交流信息

收集整理信息最终的目的在于满足我们的工作需要，并对信息进行展示、交流和应用。随着技术的不断发展，人们传递信息的手段方式不断变化，不断丰富，传递信息的速度、水平和质量也不断提高。

"展示应用信息"能力要求：

1. 能选择规范方式，用合适版面编排的书面形式展示组合的信息。
2. 能将整理的信息通过演讲、报告等口语方式进行汇报交流。
3. 能用计算出来的数据结果准确说明工作任务或现状，给出简单的判断、预测，用适当方法展示数据结果。
4. 能根据任务和信息类型显示相关信息，确保交流的信息准确、清晰、重点突出，能妥善保存管理信息。
5. 能将制作的音频、视频等多媒体信息使用网络、智能手机数字通信技术进行传递交流。
6. 能遵守版权规定，维护信息安全，有良好的信息素养。

本模块训练重点：

1. 怎样通过电话、产品发布等形式，口头传递整理的信息。
2. 怎样通过书面的方式传递信息。
3. 怎样综合多媒体辅助手段展示信息。
4. 怎样使用不同类型的传输手段交流信息。

案例示范：智绘梦乡——数字文旅赋能乡村振兴

数字文旅产业已成为文化和旅游融合、供给以及产业转型升级的重要引擎。2022年中央1号文件指出：要"着眼解决实际问题，拓展农业农村大数据应用场景"。为此，华中师范大学"智绘梦乡"项目团队以"数字文旅+游戏化体验+平台化运作"的创新模式，解决乡镇景区资源无人问津、农产品营销难等痛点问题，成效显著。

"智绘梦乡——数字文旅赋能乡村振兴"项目采用物联网+AI的设计，融合云计算、移动通信等核心技术，针对乡村景区进行智慧化改造，通过虚拟互动、历史微剧场、角色扮演等特色功能，助力景区资源深度开发。

北京大学新农村发展研究院联合阿里研究院线上发布的《县域数字乡村指数报告》显示，浙江余姚进入全国四强，而余姚市正和华中师范大学的"智绘梦乡"项目团队有着多项深入合作。

"智绘梦乡"项目团队负责人、华中师范大学地理学专业学生闫岩介绍，"智绘梦乡"项目运用云计算、物联网和互联网、人工智能、移动通信等四大核心技术，对乡村景观进行智慧化改造，充分利用有限的乡村生态资源，形成了乡村文化振兴和产业振兴的一体化智慧服务平台。

据了解，2016年，浙江省秦山村在与"智绘梦乡"团队合作前，村民人均年收入不到1万元；但在之后合作的两年时间里，秦山村村民人均收入增长一倍；并在2019年获评3A级景区村庄，实现了由"旮旯村"到3A景区的转变。

近些年，"智绘梦乡"团队在浙江省余姚市进行实践，以"村集体+旅行社+智绘梦乡+资本"的方式绘制"乡镇红色数字地图"，让用户体验红色历史，促进乡镇发展，使红色文化和党建工作更深入人心。

"智绘梦乡是引擎驱动式，携手各个乡镇构建粉丝商业·生态圈，依托物联平台和实景资源构建游玩场景，它不仅为来到乡村的游客创造虚拟与现实结合的独特游戏化互动旅游体验，还能助推乡镇产业消费的提质升级。"项目指导老师冯娟说道。

"未来五年内，我们将由东南沿海地区转到中西部内陆乡村，进一步拓展业务范围，预计在全国范围内实现服务300个乡村，提供20万个就业岗位，带动30万名农民增收，用数字文旅助力更大规模的乡村振兴。"闫岩表示，"智绘梦乡终有一天将成为我国乡村旅游第一品牌！"

分析：在这样一个万物互联时代，华中师范大学地理学专业学生闫岩"智绘梦乡"项目，成功把云计算、物联网和互联网、人工智能、移动通信等四大核心技术有效集成，对乡村景观进行智慧化改造，充分利用有限的乡村生态资源，形成了乡村文化振兴和产业振兴的一体化智慧服务平台，既服务了乡村振兴，又赋能于文旅产业，实现了个人理想与社会发展的有机统一。

主题一　口语传递　应用信息

问题：如何用口语准确传递信息

随着市场经济的发展和人际交往的频繁，在工作和日常生活中，使用口语传达和交流信息的场景越来越多，对口语的能力要求也越来越突出，在现代职场，不少单位在招聘时将语言表达能力，特别是口语交流能力排在综合素质的首位。在不少领域，看一个人是不是人才，首先是看他有没有好的口语表达能力，人们正在把口语能力作为衡量人才质量的重要标尺。因此，准确得体地用口语传递信息，是现代人十分突出的能力要求。

2010年，毕业生就业数据调查公司麦可思，调查了不同类型的用人单位对高校毕业生就业的基本能力要求，统计分析了最重要的三项基本工作能力（表4-7）。

表4-7　不同用人单位对毕业生最重要的三项基本工作能力排序表

用人单位类型	最重要的基本工作能力		
国有企业	积极学习	有效的口头沟通	疑难排解
民营企业/个体	积极学习	有效的口头沟通	说服他人
中外合资企业/外资/独资	积极学习	说服他人	有效的口头沟通
政府机构/科研事业	有效的口头沟通	积极学习	理解他人
非政府/非营利组织	有效的口头沟通	积极学习	指导他人

数据来源：麦可思《2010届江苏省高校毕业生社会需求与培养质量调查》。

表中可见，不同类型的用人单位对应届毕业生的基本工作能力要求有所不同，但无一例外的是，用人单位都把有效的口头沟通列为最重要的基本工作能力。

在职场，口语沟通是信息发布、交流十分重要的途径之一。

小庄从某数字商贸学院毕业后，应聘在某保险公司担任业务员，该保险公司开发了一款新型的保险产品，这款产品打破了传统的产品模式，市场预期前景非常好，现在公司要求小庄大力推广该产品，小庄考虑后，决定采取以下的方式推广：

1. 通过电话联系老客户，向其简单介绍该款产品的情况。

2. 召开新老客户交流会，在现场以演讲和座谈的形式向客户介绍该款保险产品。

3. 制作宣传小手册，详细介绍该保险产品的特点和优势。

4. 通过微信、QQ、邮件、抖音短视频等方式向客户发送信息，向客户简单介绍该款产品。

5. 上门回访老客户，借机向老客户宣传该款产品。

在本例中，小庄的信息发布手段十分丰富，当前在企业的产品发布、营销过程中，经常用到的方法几乎全用上了。从中可以看出，口语沟通，即口头方式发布信息是其中十分重要的方式。除了产品发布，在职场，岗位竞聘、就职演说、工作汇报，企业项目路演等，使用口语传递信息的场景十分广泛。

通过本节的学习和训练，你将能够：

1. 正确使用面对面交谈、电话沟通、音视频等手段口头传递信息。

2. 掌握自我介绍、产品销售等口头传递信息的基本知识和技巧。

微课：

口头方式
传递信息

认知：学会用口语准确传递信息

口语沟通是我们最常用、最快捷、最重要的信息沟通手段之一，口语传递信息分为面对面口语传递、打电话、QQ和微信语音留言或通话（视频通话）传递，利用音频视频（录像、短视频）电子传递等几种。

一、怎样使用电话传达信息

打电话是只闻其声，不见其人的信息传递方式，传递信息时，不像写书面材料那样字斟句酌，也不像面谈，可以借助于态势语来表情达意，它完全靠语音来传达信息，要完整地传递信息，必须注意其中的基本要求和技巧。请看下面的一段对话：

甲：喂，叫王经理听电话！

乙：谁？找谁？他不在！

甲：喂喂！你去找过了没有？是他约我在这个时间给他打电话的，说有关开会的事情，怎么会不在？喂……

乙：那好，你自己来找吧！（挂断）

甲：喂喂！

在日常生活和工作中，类似的现象并不少见，可见，打电话也有学问，也要掌握一定的技巧。

（1）第一声很重要。当别人接听电话时，若一接通，就能听到你亲切、热情的招呼声，心里一定会很愉快，使双方对话能顺利展开，同时也对你有了较好的印象。接通电话时，应首先报清自己的姓名，让对方清楚你是谁，如"喂！您好！我是市场部小张"，在电话中只要稍微注意一下自己的行为就会给对方留下完全不同的印象。

（2）通话目的要明确。现代社会信息多，信息杂，人们不胜其烦，通话时，首先要简明扼要地把通话的目的讲明确，让对方及时了解接听电话的必要性。

（3）带着喜悦的心情。要让礼貌和热情通过话筒传达给对方，打电话时我们要保持良好的心情，这样即使对方看不见你，也会被你欢快的语调所感染，对你留下极佳的印象。面部表情会影响声音的变化，所以，即使是在电话中，也要抱着"对方正看着我"的心态去应对。

（4）吐词清晰，语速恰当。音量以对方听清为宜，咬字要清楚，说话速度要比平时速度略慢，必要时把重要的话重复两次；提到时间、地点、数字时，一定要交代清楚。

（5）及时确认反馈。为了防止通话中噪声或信号的影响，避免出现误会和差错，应通过对方的即时反馈，不时确认对方是否收到信息，对重要之处，还需重复，请对方确认。

（6）挂断电话要礼貌。要结束电话交谈时，一般应当由打电话的一方提出，然后彼此客气地道别，说一声"谢谢您""再见"，再挂电话，不可只管自己讲完就挂断电话。

二、怎样用电话销售产品

电话营销产品是企业常用和十分重要的营销方式。一般来说，利用电话营销推介产品传递信息有三个阶段：

第一个阶段：提出问题，引发客户兴趣

要通过交谈，引发电话另一端潜在客户的足够兴趣，在没有兴趣的情况下是没有任何机会的。这个阶段需要对话题（销售的产品）的熟练掌握和运用。

比如，下面的"打印机电话营销"过程：

销售员："您好，请问，李峰先生在吗？"

李峰："我就是，您是哪位？"

销售员："我是××公司打印机客户服务部章程，就是公司章程的章程，我这里有您的资料记录，你们公司去年购买了××公司打印机，对吗？"

李峰："哦，是，对呀！"

章程："保修期已经过去了7个月，不知道现在打印机使用的情况如何？"

李峰："好像你们来维修过一次，后来就没有问题了。"

章程："太好了。我给您打电话的目的是，这个型号的机器已经不再生产了，以后的配件也比较昂贵，提醒您在使用时要尽量按照操作规程，您在使用时阅读过使用手册吗？"

李峰："没有呀，不会这样复杂吧？还要阅读使用手册？"

章程："其实，还是有必要的，实在不阅读也是可以的，但使用寿命就会降低。"

李峰："我们也没有指望用一辈子，不过，最近业务还是比较多，如果坏了怎么办呢？"

章程："没有关系，我们还是会上门维修的，虽然收取一定的费用，但比购买一台全新的还是便宜的。"

这个阶段，销售员章程让消费者李峰对他所销售的产品产生了迷惑感，引起了充分的兴趣。

第二个阶段：唤醒客户需求、安抚客户情绪

在最短时间内获得一个陌生人的信任，是需要高超的技巧以及比较成熟的个性的，只有在这个信任的基础上开始销售，才有可能达到销售的最后目的——签约。这个阶段需要掌握获得信任的具体方法，争取到行业权威的位置来有效地赢得潜在客户的信任。如：

李峰："对了，现在再买一台全新的打印机什么价格？"

章程："要看您要什么型号的，您现在使用的是××公司3330，后续的升级产品是4100，不过重点要看一个月大约打印多少A4纸张。"

李峰："最近的量开始大起来了，有的时候超过10 000张了。"

章程："要是这样，我还真要建议您考虑4100了，4100的建议使用量一个月是15 000张的A4纸，而3330的建议每月打印纸张是10 000张，如果超过了会严重影响打印机的寿命。"

李峰："你能否给我留一个电话号码，年底我可能考虑再买一台，也许就是后续产品。"

章程："我的电话号码是888×××转999。我查看一下，对了，您是老客户，年底还有一些特殊的照顾，不知道您何时可以确定要购买，也许我可以将一些力度大的优惠活动给您保留一下。"

李峰："什么优惠？"

章程："4100型号的，渠道销售价格是12,150元，如果作为3330的使用者购买的话，可以按照8折来处理，或者赠送一些您需要的外设，主要看您的具体需要。这样吧，您考虑一下，然后再联系我。"

这里，销售员章程通过介绍升级产品4100，特别是告诉消费者李峰应该根据每月的打印量来选择适当的打印机，以延长打印机的寿命，唤醒了对方的购买需求，同时，以老客户的优惠政策，进一步巩固对方的购买意愿，起到安抚对方的作用。

第三个阶段：签约客户

只有在有效地让潜在客户对自己的问题拥有清醒认识的前提下的销售才是有利润的销售，也才是企业真正要追求的目标。这个阶段需要注意的是异议防范，预见潜在问题等。如：

李峰："等一下，这样我要计算一下，我在另外一个地方的办公室添加一台打印机会方便营销部的人，这样吧，基本上就确定了，是你送货还是我们来取？"

章程："都可以，如果您不方便，还是我们过来吧，以前也来过，容易找的。看送到哪里，什么时间好？"

（案例根据网络资料《世界营销评论》改编）

章程和李峰后面的对话就是具体落实交货的地点、时间等事宜。这个案例中，销售人员章程用了大约30分钟就完成了××公司4100打印机的销售，她有效把控住销售过程中的三个阶段，很好地实现了自己的销售目的。

三、怎样进行口头自我介绍

自我介绍是传递信息的开始，它像一座信息桥梁，是一切社交活动的启动器，人们的第一印象往往取决于见面后的第一个三分钟。第一次见面的自我介绍，传达的信息不多，但若能运用一些必要的技巧，交际活动就能顺利进行，交际的花蕾就能开得更鲜艳，有时甚至会有意想不到的收获。比如，下面的一则例子：

"本人姓张，弓长张；文武之道，一张一弛，我的名字就是句中的'一弛'。我来自云南。云南是'阿诗玛'的故乡，是个人杰地灵的地方。但是大家千万别忘了，云南也是大理石的故乡，相信大家能从我的身上看见大理石的朴实、厚重与刚强……"

自我介绍实际上是一种自我推销，一般来说，自我介绍时要注意以下几点：

（1）平和自信。在人们初次交往时都想多了解对方，又都想被对方所了解。自我介绍时就要从容自信、大大方方、不卑不亢，多一点微笑，多一分亲善，把寻求理解、友谊的意向传达到别人的心中。切不可羞答扭捏、吞吞吐吐、左顾右盼、呆板冷漠，更不可摆架子或故弄玄虚。应该勇于向他人展示自己，树立自信，让别人产生希望与你交往的愿望。

（2）繁简得当。应视交流的需要来决定传达自己信息的繁简。一般来讲，参加聚会、演讲、为他人办事、日常碰面、为单位公关等，自我介绍宜简约一些，只要介绍姓名或者工作单位即可；而在另一些场合，如求职、找人办事、招标投标、深交朋友等场合，则可以介绍得详细一些。

（3）把握分寸。介绍自己要自谦和自信，自我介绍少不了介绍"我"，但要把握好分寸。掌握分寸，关键要以平和的语气说出"我"，要目光亲切、神态自然，这样才能使人从这个"我"字感受到你自信、自立而自谦的美好形象。切不可自吹自擂，一般不用"很""最""第一"一类的字眼，适当留有余地，才能使对方对你产生信任感。

（4）巧言介绍。加深印象是自我介绍的目的，你介绍得越巧妙，别人对你的印象就越深刻。这可以反映一个人的知识水平和性格修养，也可以体现一个人的口才。

（5）幽默生动。自我介绍中，如能运用生动活泼、风趣而又富于幽默感的语言，就能使听众产生更深刻的印象，也比较容易引起人们的好感和认同。

（6）语速恰当。语音要清晰，语速适中。自我介绍必须让对方或者在场的人听清楚，听明白。因此要发音准确、吐字清楚，声音响亮；不可含糊不清，低声咕哝。讲话的速度应不紧不慢，缓急有度，不可连珠炮似地说，也不能拉长声调，拖泥带水。

（7）运用态势语。在介绍过程中，要配以适切的态势语，表现出亲切、坦诚的神情，避免不良的习惯性动作和口头禅，从而在祥和、轻松的气氛中把信息传递给听众。

四、怎样现场推介产品

（一）推介产品的一般技巧

产品推介就是介绍事物的信息。如对销售物品的解说，对某地名胜古迹的解说等。介绍产品（事物）时，必须把握以下几点：

（1）讲清要点。对被介绍的产品要有全面透彻的了解，对其优点、功能和价值，应当了如指掌。口语传达时，说清楚产品的特点、构造、性能、规格以及使用方法。

（2）以理服人。介绍产品的性能、使用方法时，可以把其中的原理说一说，让听众明白产品的来龙去脉，知其然又知其所以然。

（3）简洁明了。条理清楚，通俗生动，吐字要清晰。

（4）实事求是。介绍和评价要恰如其分。

如某公司的运动鞋介绍：

我们××公司最近新推出了一种领导潮流的运动鞋。我要向大家介绍一下。这种鞋质量、款式都可跟世界名牌媲美。鞋底设计了双气垫，穿起来特别舒服，防震功能特别强。最特别的是，它有一种在国内独树一帜的功能，就是它充气时，可抗曲折40万次。介绍到这里，大家不免想见识一下。好！就看看我穿着的这一双吧！怎么样，够威风吧！可我要提醒大家一句，当你去购买时，一定要记住它的标志，是一条腾出水面的飞鱼。这也代表我们公司对大家的祝愿：愿大家鱼跃龙门。

（二）产品信息发布的技巧

在产品销售中，进行销售展示和口头介绍是十分重要的环节。很多初级的销售人员，在介绍产品时一味地讲解自己产品的特性和优点，一味地表扬自己的产品多么好，而客户却没有什么感觉，甚至还容易引起客户的反感。

在产品信息发布的沟通过程中，不在于我们说了什么，而在于对方接收到了什么。因此，必须调整产品信息传递的方式，让客户能开心接受产品信息，充分了解到产品的优点。

华为Mate 60 RS非凡大师：开启超高端旗舰新时代

在2023年9月25日的秋季全场景新品发布会上，华为推出全新超高端品牌"ULTIMATE DESIGN 非凡大师"，该品牌旗下的首款手机新品华为Mate 60 RS非凡大师同步上线。在发布会现场，刘德华以华为Mate 60 RS非凡大师品牌大使的身份出席并进行主题演讲《我尊敬的那些人》，分享了他心中非凡大师的故事。在华为Mate 60 RS非凡大师上市后，这款超高端旗舰产品迅速引爆市场，堪称高端精英阶层最为独特的视觉符号。庞大的市场需求，也促使华为Mate 60 RS非凡大师一发售便即刻售罄，火爆销售态势持续至今。

华为Mate 60 RS非凡大师备受高端圈层用户青睐的重要原因之一，就是这款产品拥有许多行业独占的创新技术以及黑科技加持的硬核实力。比如，华为Mate 60 RS非凡大师选用淬炼超凡陶瓷作为背板，搭配超坚韧玄武架构机身，以及"星钻八边形"影像模组设计，在将艺术与科技完美融合的同时，还塑造出了独树一帜的超高辨识度。此外，华为Mate 60 RS非凡大师瑞红色版本所采用的红色陶瓷材质，更是通过极为先进与复杂的工艺打造，使这款手机拥有艺术品级别的非凡气质。

华为Mate 60 RS非凡大师还在可靠性、通信、隐私保护等方面，满足了高端圈层用户的严苛需求。可靠性上，华为Mate 60 RS非凡大师外屏搭载玄武钢化昆仑玻璃，基于玄武钢化技术与第二代昆仑玻璃打造，在耐摔性能上提升100%、抗刮擦性能上提升300%，加上整机支持IP68级防水防尘，能带给用户更安心的日常体验。通信上，华为Mate 60 RS非凡大师支持双卫星通信，在没有地面信号的场景下，能够让用户在紧急时，通过拨打和接听卫星电话、接发卫星消息，发送轨迹地图与外界取得联系。

而在隐私保护上，华为Mate 60 RS非凡大师还带来了静谧通话功能，即使在车内、电梯、会议室等密闭环境下，用户使用听筒通话，手机依然能通过双振膜双驱动设计以及声场控制算法，无需担心通话外泄，从而保护用户的通话隐私。此外，华为Mate 60 RS非凡大师作为华为推出的最高端、最高配旗舰手机，也在影像、交互等方面拥有顶级的表现，从成像画质到影像功能，从系统功能到AI交互，都代表了直板旗舰的巅峰。

以下是非凡大师的代言人刘德华的演讲：

大家好，我是刘德华。我是一个认真工作的普通人，但是平凡与否不在于前面的路，在于同路前行的你们。

和你们一起走过很多很多的路。坚持到底，就能够走出非凡。

从80年代来到今天，因为你们的陪伴，我没有停下对非凡的追求。接下来我跟大家分享非凡大师的故事。谢谢。

大家可以慢慢回想刘德华走过的路。40多年前，1982年，我的第一个非凡大师出现：《投奔怒海》导演许鞍华。我尊敬的导演许鞍华，她在那么多年下来，她有很多奖项，但是她的生活从来没有改变过，她开心的是什么？是拍一部好电影，吃一个好吃的面包。

我觉得她就像我们香港电影的一面镜子，她是我们的标准。她始终如一，她不管在什么年代，高高低低，她都会安安静静地坐在导演凳上，拍那些努力生活的普通人。

我记得大概在2011年，我跟她聊天，我不知道她是开玩笑，还是真心的，她跟我说，她好久没有足够的时间和钱去拍一部电影。

我那个时候就把这句话放在心里。终于，我找到足够的钱，给她足够的时间，她拍了《桃姐》。她有无上的荣耀，但是她又回到原点，她觉得，只要在一件事情上做到极致，那就是她一生的梦想。她就是我心中的非凡大师。

她从来没有追求潮流，因为许鞍华，她就是潮流。

可能我太幸运了，同一年（1982年），同一部电影《投奔怒海》男主角林子祥先生，他也是我心中的非凡大师。

在那个时候，他是一个非常成功的演员、非常成功的歌手。我喜欢他的歌，也喜欢他的人。然后，我常常在他面前走来走去，希望他注视我。还有时在他面前唱他唱的歌。有一天他就跟我说，"嘿，小孩，你喜欢唱歌吗？"我跟他说喜欢。他说，喜欢就唱。就是因为这句话。我出了我第一张唱片。没人买、没人听。大家觉得刘德华为什么要去当歌手呢，好好演戏不就好了吗？

我跑到林子祥面前说，我怎么了？是不是你走眼了？他就跟我说，"你还喜欢唱歌吗？"我说，"我喜欢，喜欢就唱啊，但是我感觉我输了。"

阿Lam跟我说，他还在比赛，他还在跑，他还没赢、你就认认输了吗？

所以，我就一直唱，一直唱，唱到今天。

我就唱到今天，我要唱到大家喜欢我为止。

一个这样的前辈，林子祥，我心中无法超越的非凡大师，也是我的引路人。他是典范。领先在前，不忘后人，这就是非凡大师林子祥。

我很开心，我很感激，现场的还有很多很多人，像林子祥，Ann Hui他们对我的鼓励，我也庆幸我自己能够坚持跟努力。

其实坐在这边的朋友，每一个人的起跑线都不一样。只要你一直跑，不管你跑多慢，不管你们绕的路有多长，总有一天会达到属于你的巅峰的，给你们自己鼓励。

无论像华为这样的公司，还有我钦佩的这些非凡大师，我们都讲述同一个故事。

不是天生非凡，而是，敢于非凡。

时代是需要我们的，需要这样的先行者去突破、去改变、去创造。今天我想邀请大家跟我一起参加这个非凡的旅程，一起攀上更高，走得更远，感谢你们，再一次地感谢，谢谢。

"非凡就是把平凡走出精彩"也正是华为正在做，并且会一直做下去的事情。华为坚持技术创新、注重用户需求，用极致的美学、极致的工艺、极致的体验，坚持打造超高端品牌，最终引领了手机行业的潮流。"非"，是不断地舍弃、否定、坚持创造的能力；"凡"，是认真、踏实、勤奋、不断前行的勇气。华为Mate 60 RS非凡大师作为华为突破自我、非凡精神的终端承载，以极致追求牵引非凡品质。而对于超高端品牌ULTIMATE DESIGN 非凡大师来说，其将传承笃行不怠、引领非凡的大师精神，以对工艺和技术创新的极致追求，开启华为顶尖产品系列的新篇章。

行动：提高口语方式传递信息能力

活动一：阅读小故事，分析怎样防止信息失真

请仔细阅读下面有趣的小故事《传口令》，与伙伴一起分享学习心得。

一、活动资料

案例

传 口 令

一支部队在传递一个命令：

营长对值班军官说："明晚8点钟左右，哈雷彗星可能在这一地区出现，这种彗星每隔76年才能看见一次。命令所有士兵着野战服在操场上集合，我将向他们解释这一罕见的现象。如果下雨的话，就在礼堂集合，我将为他们放映一部有关彗星的影片。"

值班军官对连长说："根据营长的命令，明晚 8 点哈雷彗星将在操场上出现，这种现象每隔 76 年才能看见一次。如果下雨的话，就让士兵穿着野战服前往礼堂，这个罕见的现象将在那里出现。"

连长对排长说："根据营长的命令，明晚 8 点，非凡的哈雷彗星将身穿野战服在礼堂出现。如果下雨的话，营长将下达另一个命令，这种命令每隔 76 年才会出现一次。"

排长对班长说："明晚 8 点，营长将带着哈雷彗星在礼堂出现，这是每隔 76 年才会有的事。如果下雨的话，营长将命令哈雷彗星穿上野战服到操场去。"

班长对士兵说："在明晚 8 点下雨的时候，著名的 76 岁的哈雷将军将在营长的陪同下身穿野战服，开着那辆'彗星'牌汽车经过操场、前往礼堂。"

二、讨论和总结

1. 在日常的口语传达信息过程中是不是也有类似的情况发生？

2. 怎样预防口语信息传递过程中的信息失真？

三、活动提示

信息在团队中通过单向传递，尤其是通过口头沟通的方式传递，每一环节在接收到信息后都会进行某种程度的加工，这样信息在传递中便会逐渐失真，任务发布者要充分认识到这一点。一方在传递信息时，要询问对方是否接收到信息；另一方在接收重要口头信息时，必须要有及时反馈（如重复对方的指令），以确认信息的准确性。

活动二：自我介绍训练

一、活动要求

假如你是一个公司的秘书，公司总经理有一个重要的客户今天坐飞机要来你们公司，恰巧总经理要主持召开会议，派你接机。当你接到这位客户时如何表达总经理的歉意？在机场回公司的路上，为了创造一个轻松的氛围，你如何和这位客户交谈，介绍你自己和公司？

二、活动内容

1. 分组训练。

2. 每组推荐一位最佳学员，在全班示范。其他学员或培训师点评。

三、活动提示

先自我介绍，传达总经理的歉意。在适当情况下，介绍公司的情况与产品。在与客户初次的交谈讨论中，一般来说，要注意以下几点：

1. 谈话态度。交流时态度要自然、大方，语气和蔼、表达得体。

2. 谈话内容。主要随着对方的话题交谈，自己需要主动交谈的内容事先要有准备，适当的时候介绍自己和公司。

3. 谈话礼仪。不要轻易打断对方的谈话，注意耐心倾听，有眼神交流。

活动三：借鉴经验，推介产品

一、活动要求

1. 请根据有效电话营销三个阶段，进一步分析上面"打印机销售"案例中的对话，解释说明营销案例的成功之处。

2. 运用电话销售或产品发布的推介方法，介绍自己家乡的一种特产或一处旅游景点。

二、活动内容

1. 运用新品推介技巧，在课堂做一次现场秀；

2. 分组训练，每组推荐一位最佳学员，在全班演练，其他学员或培训师点评。

反思：你是否掌握口语方式传递信息的要点

一、课堂评估：你使用口语传递信息的效果怎么样

在自我介绍、产品推介练习及电话营销案例的分析过程中，结合自己的工作实际，针对课堂演练、小组互评，培训师点评，综合评估使用口语传递信息的效果。

二、反思提高：

1. 结合本主题的学习和训练，检查一下在工作中，遇到需要口头传达事务信息或者汇报工作信息的情况时，是否能得体而有层次的表达？你最成功的案例是哪个？有无让你印象十分深刻的失败经历？总结一下，成功的经验是什么？失败的原因是什么？

2. 以后怎样快速提高自己口语传递信息的技能？

主题二　书面方式　传递信息

问题：如何用书面形式传递信息

在现实生活工作中，口语传输信息生动、快捷，书面传输准确、清晰、持久。书面传输是人类不可或缺的信息传输重要手段之一。从古人的刻石记事，鸿雁传书，到今天的人们在职业工作领域，运用通知、告示、简报、信息快报、商业计划书、平面广告、PPT等多种形式传递信息，它都发挥着十分重要的作用。尽管现代通讯越来越发达，越来越便捷，但书面的信息传递永远不会消失，永远是人类交际往来的重要方式。

信息收集整理后，使用书面方式传递的手段很多，常用的公务和商务文书有通知、告示、简报、调查报告、总结报告、商业计划书、可行性报告等，个人的有求职简历、电子邮件、演讲稿件、PPT演示文稿等。

计算机是神奇的帮手，它不仅实现了信息的便捷处理，而且拓展了展示信息的手段，它几乎可以随心所欲，变化多端，让我们的信息世界变得五彩缤纷。如何利用计算机书面方式准确有效地传达信息，是每一个职场人士必须掌握的本领。

通过本节的学习和训练，你将能够：

1. 学会计算机Word文档的版面编排、PPT制作基本技能。
2. 掌握求职自荐书、名片、简单广告、演示文档的制作方法。

认知：学会用书面方式有效传递信息

一、怎样使用计算机编排Word文档版面

Word文档的版面编排设计是指在有限的空间里，将文字、图形、线条、色块等内容，按一定的方式成功组合排列，产生美的感觉。

1. 格式设置

（1）页面设置。创建和打印的每一篇文档都需要不同的页面设置。可以将文档打印在标准尺寸的纸张（如A4、16开、32开）上，或者可以接受的自定义尺寸的纸张上，从而获取所需的打印外观。

为了美观和便于阅读，文档与纸的边缘必须有一定距离，从纸的边缘到文档的距离叫页边距（图4-11）。

微课：

书面方式
传递信息

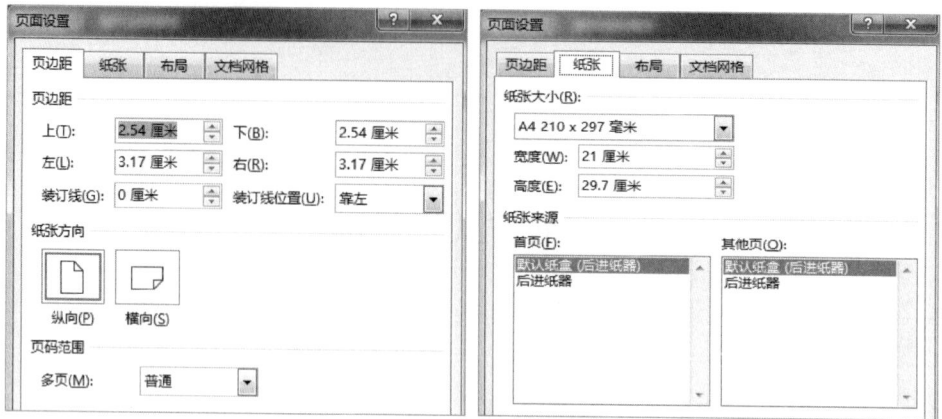

图 4-11　Word 文档的页面设置选择图

（2）段落。段落的缩进就是段落的行相对于左、右页边向版心缩进的距离。"工具栏"上的"段落"的缩进有首行缩进、左缩进、右缩进和悬挂缩进四种形式，标尺上有这几种缩进所对应的标记。

（3）项目符号和编号。使用工具栏上的"项目符号"或"编号"来设置这些项目的格式，是引起人们注意列表的最好方法。单对某一段设置项目符号和编号，只需把光标定位在该段落即可，要对若干连续段落设置同样的格式，则需选定段落，然后再进行设定。

（4）边框和底纹。边框中有文本边框和页面边框，其中文本边框是指只有文字的地方才有的边框，而页面边框是指整个页面的边框。底纹是指文字的背景。

（5）页眉和页脚。页眉是打印在每页顶部空白处的文本。页脚是打印在每页底部空白处的文本。通常页眉和页脚都包括作者、文档标题、文件名、日期和页码。

（6）分栏。可将整篇文档、所选文本，或者个别章节在页面视图上进行分栏（图4-12）。

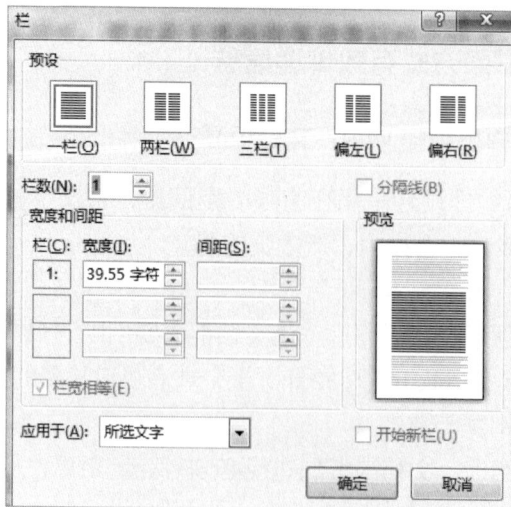

图 4-12　Word 文档的分栏选择图

302

2. 字体、字号的选择

（1）不同字体的风格特点。一般来说，不同的字体有不同的风格特点：

宋体字：经典、庄重、清正、秀丽，是通用型的字体。

黑体字：厚重、肃穆、雄壮、有力，多用于标题制作，有强调的效果。

楷体字：经典、工整、清秀、平和，艺术感强。

仿宋体：权威、清秀、骨力、刚毅，是公文正文常用字体。

行书体：活泼、飘逸，常用于广告文档中。

隶书体：刚柔并济、典雅，适合作标题，不宜大段使用。

魏碑体：刚劲、正气、强硬，艺术感强，适合作标题应用。

微软雅黑：清晰、优美、和谐，更容易识别，阅读起来也更舒服，被称为演示文稿的"万能字体"。

现在，不少字体设计者都推出新的艺术字体，它们风格各异，适合不同的文宣文档，可选择使用。

（2）公文类文档的字体与字号选择。公文类的文档有规范统一的格式，内容的表达要求规范、严谨，因此，字体字号的选择一般也有统一的规范。如行政公文正文一般用4号仿宋体，标题字用2号小标宋体，这些字体比较规整、严谨，在公文、科技文体的排版中，一般不用隶书、魏碑体及其他行书、草书等带有艺术性的字体。

其他类型的文档，如论文、商业计划书等比较正式的文件资料，正文可使用宋体、仿宋体；标题字可使用宋体、楷体、黑体等，以突出、强调和提示信息点。

（3）宣传广告类文档的字体选择。除正式、严肃的文件资料外，其他的宣传板报、广告类的文档，可以使用艺术感强的字体，如微软雅黑、隶书、魏碑、草书、行书、琥珀体、幼圆体等，进行字体的变形，以强化重要的信息，美化版面。平面设计师还经常下载各具特色的艺术字体至电脑的字体库中，供设计使用。

在电脑Windows环境下处理Word文档中的字体时，"工具栏"中的很多按钮可以提供特殊效果的选择。

二、怎样制作图表，传递信息

形象化的图表可以更直观、清晰地显示各个数据之间的关系。整理的数据信息可以用Excel来创建图表，Excel提供的图表有柱形图、条形图、折线图、饼图、面积图、雷达图、曲面图、气泡图、股价图等类型，而且每种图表还有若干子类型。

创建图表的具体操作过程如下：

（1）打开要准备创建图表的工作表。选择创建图表的数据区域，切换到"插入"功能区，在"图表"组中选择要创建的图表类型，如创建"条形图"，可以在弹出的条形图样式库中选择"二维条形图"选项。

（2）在工作表中显示创建的条形图图表。通过以上步骤即可完成根据现有数据创建图表的操作。类似的功能也可以通过PPT工具栏插入图表来实现，同样可以通过Word工具栏插入图表实现。

相关的方法可参见本部分中"数字信息"处理的方法部分的介绍，也可以在网上搜集专门的介绍知识学习。

三、怎样使书面信息图文并茂

在工作中，经常会遇到需要将拍摄的照片呈现在文档、演示文稿、海报、文宣手册中的情况，使书面传递的信息图文并茂，以帮助接收者更直观的接受信息。这里简要介绍图片采集加工与图文编排方法。

（一）图像素材的采集与加工

1. 怎样采集图像资料

图像素材的采集主要有4种途径：

（1）使用手机等设备输入。常用的图像输入设备有手机、扫描仪、数码相机等。手机或数码相机拍摄到的图片（照片）资料可以用数据线直接（或蓝牙或Wi-Fi）和计算机进行连接，引入文档进行编排。

使用扫描仪可将照片、图片等资料扫描到计算机中，转变成位图图像。

（2）用图像捕捉软件获取。在演示文稿制作中，常常需要将计算机屏幕显示的内容转换成图片插入课件中，这时我们就可以利用内置在Win7及以上操作系统、QQ、360浏览器内的软件来实现屏幕捕捉功能。

如果只需截取全屏，还有一种最简单的方法，就是利用键盘上的Print Screen键，当按下Print Screen键时，计算机就会把当前的屏幕图像作为一幅图像保存在系统的剪贴板中，然后用"粘贴"命令把这幅图像加入文档中。

（3）绘图软件创作。一些简单的图画可以利用绘图软件进行绘制。常用的绘图软件有Windows中附带的画图软件、Photoshop等。

（4）在相关网站上搜集。通过搜索引擎（如百度图片）和专业图片网站可以获取相关的图片资料，从网络搜集的图片素材要有版权意识，注意引用规范。

2. 使用PPT调整图片的风格

能够进行图形、图像编辑的软件有很多，简单的有Windows附带的"画笔"、美图秀秀等。专业处理软件有Photoshop、Corel Draw等。

这里介绍一种使用PPT对图片风格进行处理的方法：

（1）重新着色。"图片工具—格式—调整"里有"颜色""校正""艺术效果"等功能，"颜色"中，可以分别调整图片的饱和度、色调，或者对图片重新着色。利用这个功能，能将不同色调的图片统一，也可以选择新的色调，图片的色调就会随之改变。

（2）使用蒙版。在"插入"选项卡中选择"形状—矩形"。用黑色矩形盖住整张图片，右击，选择"设置形状格式"，调节矩形的透明度即可。

注意：除蒙版外，图片格式中的"校正—调整亮度/对比度"也可以达到类似的效果。

（3）使用裁剪。在"图片工具格式"找到裁剪，即可裁剪图片的大小。裁剪时，可按一个确定的比例来裁剪。假设是要替换背景图的话，那横纵比最好和PPT的尺寸比例一致，如16：9。

这里介绍的使用PPT对图片风格的处理方法，在Word中同样可以使用。

（二）怎样进行图文编排

图文混排是Word最具特色的功能之一。在文档中可以通过"插入"菜单中的命令，方便地插入图片、艺术字、文本框、公式等对象，或者通过"绘图工具"绘制出各种图形对象。这些对象和文本可以一起进行混合排版。Word中的图文处理一般都要在页面视图下进行。页面视图是打开一个文档时的默认视图，在这种模式下，可以使用编辑工具对文档进行编辑。

图片的版式是设置图片与文字的位置关系，是实现图文混排的关键。主要有以下几种情形：

（1）文图相间。

（2）文图并列。

（3）四周型环绕。

（4）浮于图片上。

四、怎样用PPT演示文稿传达信息

PPT是"PowerPoint"的简称，是微软公司设计的演示文稿软件，利用PowerPoint制作的文档叫演示文稿，它是一个文件，其格式为".ppt"。金山软件股份有限公司开发的WPS Office包括四大组件："WPS文字""WPS表格""WPS演示"，其中"WPS演示"与PPT深度兼容，具有PPT相同的编辑功能。

PPT演示文稿是当今会议演讲、工作汇报、专题信息传播、产品发布以及商品展示展览中常用的辅助手段，PPT文档文字简明，图文并茂，可以搭配音频视频资料，表达手段丰富，应用范围日益广泛。

1. PPT设计制作的基本原则

（1）一个主题。所有的文字、图片、音频视频等为文档的一个主题服务，要避免因文字太多、颜色太多、动画太多、背景过于复杂而影响主题的表达。

（2）两个中心。演讲时，演讲者是中心，PPT为演讲者需要的相关信息呈现服务：在每一屏内容中，只有一个中心点，须容易让观众找出重点，通过增大字号、改变字体、颜色等让人一目了然。同时，要留足空间，屏面不要太满，要简洁明了。

（3）三不法则。力避花里胡哨，一般来说，颜色不要超过三种，字体不超过三种，动画不超过三个，整体风格要一致，要简练明快。

（4）视觉化。在PPT文档中，能用图，则不用表；能用表，则不用字，一表纳千言，一图胜千言，要化抽象为具体，尽量用图片传达信息，吸引观看者的注意力，通过信息的可视化，帮助接收者理解和记忆。

2. 怎样制作PPT

PPT具体的制作需要专门的学习，可参看相关的教材，或进入相关的网站学习。初步的操作是：

（1）启动PowerPoint，新建一个PPT文档。单击"开始"菜单，选择"程序"下的"Microsoft Office"，单击"Microsoft PowerPoint"，即可新建一个PPT文档。

（2）选择PPT模板。打开已有的"文档—菜单栏—设计"，通过"主题""变体"的不同组合，你就会预览到很多已经安装的模板，点一下右边的下拉箭头，会看到更多，喜欢哪个，就选择哪个。

（3）插入文本框，输入文字。点菜单"插入—文本框—水平"命令，插入一个水平文本框，即可输入所需要的文字。

注意：用在PPT上的字体最好选用等线体的文字（如黑体、微软雅黑），线条粗细一致，便于在较大场合演示时，让所有观众能很好的辨识。

（4）插入图片图表。点菜单"插入"命令，可见"图像"栏的多种图片来源，分别是图片、联机图片、屏幕截图、相册，选择一个路径，找到自己的图片文件夹，选择图片，点"插入"即可。或者通过"粘贴"插入需要的图片（包括照片、卡通图、表格等）。

网上有很多供制作者应用的内容结构图、简图模板，十分美观方便，我们可以下载应用在PPT文档中，编辑添加相关文字，形成自己的内容结构图（图4-13）。

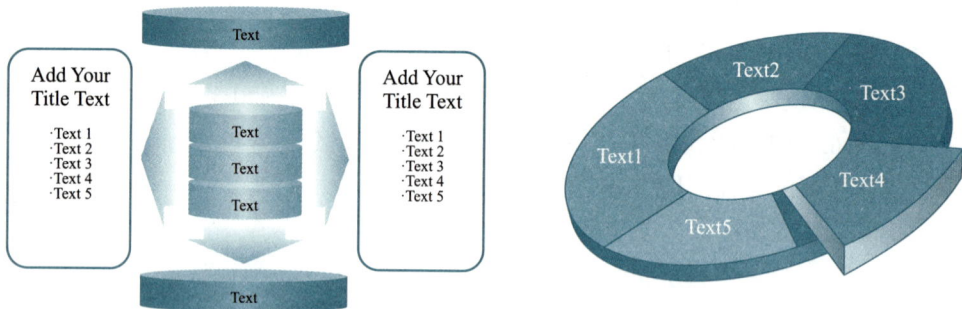

图 4-13　简图模板

（5）插入音频和视频。点菜单"插入"，可见"媒体"栏的音频、视频、屏幕录制的选项；然后选择自己所需要的视频或音频，单击"确定"即可。

（6）设置播放动画。制作完成的文字、图片、音频视频资料，可以添加动画效果，这样的PPT在播放时画面就会富有动感，生动引人。选中需要动画显示的内容，点击"动画"，预览并选择"进入""强调"等退出效果。也可以对选择的动画在"效果选项"中进行自定义设置，达到个性化的效果。当然，PPT演示文稿还为幻灯片切换提供了多种切换效果，选中预览中的幻灯片，即可点击"切换"，预览并选择适当的动画效果。

（7）幻灯片放映。点菜单"幻灯片放映"，选择"从头开始—从当前幻灯片开始—自定义幻灯片放映"，即可播放幻灯片。点击页面视图右下方"幻灯片放映"小图标，也可以实现快捷放映。如要选择放映方式，则点菜单"幻灯片放映—设置放映方式"，即可按照需要进行选择。

3. PPT 的制作优化

PPT在信息传递中应用越来越普遍，随着制作软件的不断升级优化，制作的手段越来越丰富，各种设计版式、各种字体、各种应用图片素材（卡通图、实景图、结构图等）、各种设计技巧和播放方法以及传输技巧等，让PPT制作更为便捷，制作出的成品也更加丰富多彩。打造一个精美的PPT，能为你的演讲、汇报和信息传播增添不少风采，体现出你的品位和职业素养。因此，需要不断学习、实践，不断摸索符合自己风格和演讲需要的制作技巧，为自己的职业发展服务。

学习提升PPT制作的技术和艺术，我们可以通过专门的网站学习专门的课程，可以网购专门的PPT制作教材，深入学习和实践。有的专门课程和教材中，有制作专家支招解难，我们可以学到更多更扎实的技巧。

行动：提高计算机书面方式传递信息能力

活动一：制作一份漂亮的求职自荐书

一、活动资料

求职自荐资料通常包含求职信、个人简历（含成绩表和各类证书、证明）等。个人简历是对求职者个人学习、生活、工作经历的概括性描述，它包括个人基本情况、教育背景、工作经历、工作能力和性格特征等方面的简要总结，获得的学历证书、职业资格证书和获奖情况证明等。撰写个人简历的目的是将个人情况用最简练的文字展现在招聘者面前，让用人单位对自己有一个基本的了解，并在此基础上初步判断自己是否适合应聘岗位的工作。

个人简历是求职自荐资料中最为关键的材料，一份准备充分的简历可以吸引招聘者的目光，大大提高求职成功的概率。同学们在制作简历的过程中，可参照规范的简历模板，将个人基本信息完整地呈现出来，制作时需要遵循以下基本原则：

1. 真实性。客观、真实地描述自己，既不要夸大，也不要过分谦虚。

2. 相关性。根据用人单位岗位需求，组织材料，突出个人与岗位的匹配性。

3. 独特性。突出个人与众不同的优势和经历，让用人单位知道你的独特价值。

4. 简洁性。简历就是简单的经历，既要"内涵丰富"，又要"外表简洁"，突出重点信息。

请你根据自己的职业选择，或者针对当前真实的招聘信息，制作一份实用的求职自荐书。

二、活动要求

（一）内容要求

1. 自荐书包括3个部分：封面、自荐信、个人简历。

2. 封面包括姓名、联系方式等基本信息；

3. 自荐信要求言简意赅、具体明确、语气自然、突出重点信息。

（二）信息呈现要求

1. 封面设计简洁、美观大方，应用不同字体字号，要有个性特色。

2. 个人简历版面设计庄重，正文使用宋体或楷体，可以使用表格形式，能简洁介绍自己的基本情况、工作经历、获奖情况、自我评价等，另附彩色证件照一张。

3. 扫描或复印相关学历、资格证书、荣誉证书作附件证明。

（三）评价与应用

1. 打印自己制作的《求职自荐书》，在小组内展示，或者使用电子版上传在学习微信群中，组内成员互相点评。

2. 针对当前真实的招聘信息发布单位，利用互联网传递自己的《求职自荐书》，看看能否应聘成功。

活动二：制作一个"高血压健康知识讲座"PPT

一、活动资料

路明需要为社区居民作一次关于高血压健康知识的讲座。为了使讲座更加生动有趣，使社区居民获得更形象、更直观地感受内容，他需要制作一个"高血压健康知识"的PPT。

假如你是路明，你该怎样制作呢？

二、活动内容

（一）内容准备

1. 了解高血压健康的相关知识。

2. 调研本社区高血压人群的情况，分析其特点。

3. 总结分享高血压健康的经验与方法。

（二）制作PPT

步骤一：确定"高血压健康知识"的内容及PPT制作的要求。

1. 具体内容：应包括① 高血压概述（什么是高血压、如何诊断、有哪些临床表现）；② 社区居民高血压患病的情况（高血压患病率、年龄分布等）；③ 高血压健康知识（饮食、用药、运动、心理、血压自我监控以及常见的误区等）。

2. PPT制作要求：形式上以图片为主，并插入相关的视频和音乐。

步骤二：制作PPT。

按照前面介绍的PPT制作步骤和方法，参考相关的教程，运用PowerPoint软件完成幻灯片的制作。参考图片（图4-14）所示：

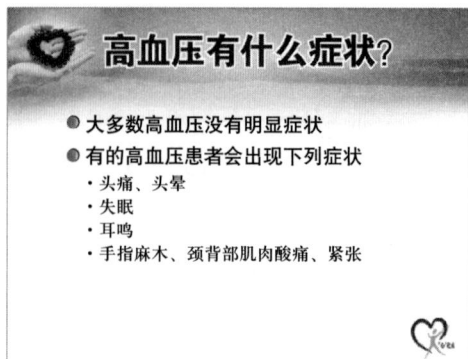

图 4-14　高血压健康知识讲座 PPT 设计示例

（三）演示分享

在小组播放制作的 PPT，分享制作时遇到的困难；组内成员相互点评，总结经验。

反思：你是否掌握了书面信息传递的方法

一、课堂评估：展示作品，互评交流

1. 在学习群中介绍你设计的《求职自荐书》、PPT 以及自己完成的其他作品，同学间互评，培训师点评。

2. 交流自己应用计算机书面信息设计的体会。

二、反思提高

1. 结合本主题的训练，检查自己是否可以根据不同的任务，选择适合的书面形式，准确呈现信息，达到良好的沟通效果。

2. 评估自己计算机书面信息展示的能力现状，思考今后努力的重点。

主题三　电子展示　丰富高效

问题：如何用电子方式高效展示信息

现代社会作为信息传播工具的媒介越来越丰富，技术越来越先进。在工作演讲、产品宣传、教学培训等职业活动中，运用多媒体技术作为信息传达的辅助工具，能使传达的信息更加形象、生动、丰富。

今天是自媒体的时代，随着智能手机的普及与技术进步，人人都可以利用手中的智能手机随拍随发，随编随传，人们利用不断发展的信息技术，展示产品、技术、所见所闻、社会动态，表达个人思想、炫技等展现生活的丰富多彩；传播文字、图形、图像、声音、动画、活动影像等多种媒体信息，方式多样，日新月异。

近几年的公众号、短视频、小程序等多种便捷的软件、程序不断发展，特别是5G技术的应用，让信息传输速度加快，传输越来越方便，技术门槛越来越低，效果越来越好。本节我们重点介绍微信公众号和小视频（抖音）制作的方法。

通过本主题的学习和训练，你将能够：

1. 学会运用多媒体电子手段辅助信息传达。
2. 掌握公众号、短视频（抖音）等手段发布信息。

认知：学会用电子方式高效展示信息

一、什么是多媒体手段的信息展示

（一）多媒体的一般特征

多媒体又称为交互媒体或超媒体，指能同时对文字、图形、图像、声音、动画、活动影像等多种媒体进行编辑、存储、播放，对它们进行综合处理的多功能技术。

多媒体以电脑为一个综合中心，利用文字、图形、影像、动画、声音等不同的媒体信息，通过在不同的界面上组合及流通，使得多种媒体信息可以在电脑上存取、转换、编辑，实现电脑与使用者双向的交互式操作环境。

今天的智能手机技术不断发展，已经具备个人掌上电脑的功能，它有独立的操作系统，独立的运行空间，用户可以自行安装软件、游戏、导航等第三方服务商提供的程序，并通过移动通信网络，十分方便地实现多媒体的信息获取、编辑、传输。

微课：

多媒体方式
展示信息

（二）多媒体信息的采集

智能手机可以拍照、录音、录像，可以下载互联网上的信息，通过下载的App或小程序，可以实现图片转文字、语音转文字、影像采集等多种功能。

录像机是采集影视资料的必备工具，按用途主要分为3种：家用录像机、专业用录像机、广播级录像机。家用录像机运用较为广泛，家庭DV拍摄出的影像也可以作为多媒体运用的材料。如果需要采集的影视资料较短，也可以使用单反照相机及手机临时替代使用。

扫描仪是办公室常用的设备，使用它可收集供多媒体使用的文字、图形。

（三）多媒体辅助手段的应用

在产品宣传、演讲、教学等职业活动中，运用多媒体手段辅助信息的传达，能让展示的效果更为丰富、生动。

上节我们介绍的PPT制作中，如果在演示文稿中插入图片、动画、音频、视频、链接网络资源等，实际上就形成了一个多媒体的文档。

二、怎样用小程序制作微信公众号

（一）什么是微信公众号平台

微信公众平台，简称公众号，曾命名为"官号平台""媒体平台"微信公众号，最终定位为"公众平台"。利用公众账号平台进行自媒体活动，可以提供一对多的媒介传播，如商家申请公众微信服务号后，通过二次开发，展示商家微官网、微会员、微推送、微活动、微报名、微分享、微名片等，可以形成一种线上线下融合互动的营销方式。今天，利用微信公众号平台进行文宣和交流，是大家喜闻乐见的一种信息传播交流形式。

微信公众平台提供的基本账号分为四类：订阅号，服务号，小程序，企业微信。各类型的功能特点如下：

1. 服务号

功能特点：可以为企业和组织提供更强大的业务服务与用户管理能力，主要偏向服务类交互，功能类似12315、114查询服务，提供绑定信息及交互服务。

适用人群：媒体、企业、政府或其他组织。

群发次数：服务号1个月（按自然月）内可发送4条群发消息。

2. 订阅号

功能特点：为媒体和个人提供一种新的信息传播方式，主要功能是微信开发者给用户传达资讯，功能类似报纸杂志，提供新闻信息或娱乐趣事。

适用人群：个人、媒体、企业、政府或其他组织。

群发次数：订阅号（认证用户、非认证用户）1天内可群发1条消息。

3. 微信小程序

功能特点：开发者可以快速地开发一个小程序。小程序可以在微信内被便捷地获取和传播，同时具有出色的使用体验。

开放范围：个人、企业、政府、媒体或其他组织。

接入流程如下：

（1）注册：在微信公众平台注册小程序，完成注册后可以同步进行信息完善和开发。

（2）小程序信息完善：填写小程序基本信息，包括名称、头像、介绍及服务范围等。

（3）开发小程序：完成小程序开发者绑定、开发信息配置后，开发者可下载开发者工具、参考开发文档进行小程序的开发和调试。

（4）提交审核和发布：完成小程序开发后，提交代码至微信团队审核，审核通过后即可发布。

4. 企业微信

功能特点：企业的专业办公管理工具。与微信功能相似，提供丰富免费的办公应用，并与微信消息、小程序、微信支付等互通，助力企业高效办公和管理。企业微信的新版本具有视频会议、直播等功能，给在线办公、在线教学提供了广阔的应用场景。

适用范围：企业、政府、事业单位或其他组织。

选择微信公众号的类型时，主要应从功能的角度考虑：

（1）如果只是简单地发送消息，达到宣传的效果，建议选择订阅号。

（2）如果想利用公众号获得更多功能，例如开通微信支付，建议选择服务号。

（3）如果主要用来管理企业内部员工、团队，或对内使用，可申请企业微信（原企业号升级为企业微信）。

（二）怎样注册微信公众号

微信公众号可以个人或单位名义在微信公众平台申请，注册填写流程是：第一步，填写基本信息；第二步，选择平台类型；第三步，信息登记；第四步，发送公众号信息。

（三）怎样运营微信公众号

下面以个人用户最常用的订阅号为例，介绍公众号的开发制作与运营过程。

1. 公众号的定位

注册个人微信公众号后，首先要解决定位问题。公众号的定位，需要随着用户需求的变化，对内容随之调整。随着公众号的工具属性越来越强，公众号的内容也越来越细分。确定自己的公众号的定位主要步骤是：

第一步，分析自身优势。公众号运营的初期，你需充分了解自身优势，结合自身人生阅历，寻找到有丰富的经验和知识储备的专业领域，找到自己的定位。例如，如果你在职场打拼多年，深知职场规则和个人职业规划，这就形成了一般人无法越过的专业壁垒，预示着你就能够为别人提供无形的知识服务，后期可以持续输出有价值的内容；再如，假如你喜欢读书，熟知各种书籍，那么你可以为他人提供高质量的书籍推荐等。总之，定位的核心是发现自己的闪光点，输出的内容含金量高。只要有用户群体，有需求，就有市场。

第二步，市场调研。确定自己大致可以输出的内容后，你需要搜寻相似公众号文章，列表分析文章的主题、目标用户、用户痛点、阅读数量、点赞数量、市场份额（包括话题量、话题热度、用户范围等）。进一步验证你的内容在市场范围内的接受度，受众的多少，让你对自己的内容输出领域有一个更深入的了解。

第三步，明确定位。通过市场调研后，你的竞争对手已经帮你验证了你的内容在市场的认可度及粉丝群体，接下来就是确定你的公众号的定位了。一般来说，定位的方向越垂直，你的目标用户就越精准，因为你做公众号的目的就是将你的产品或服务推送给需要的人。

第四步，制作调查问卷。制作调查问卷的目的是通过将调查问卷植入微信公众号文章，为你的粉丝用户画像，看他喜欢你输出领域的哪些话题，遇到了什么问题，你能够帮助他们解决哪些问题。将用户需要的和你输出的内容连接起来，提高粉丝的黏性。

2. 公众号文章的撰写

公众号需要依据内容进行渠道投放和渠道选择，吸引粉丝关注。公众号文章类型可大致分为盘点类、故事类、干货分享类、软文类四种。具体而言，公众号文章的撰写包含的主要步骤是：

第一步，确定文章输出类型。公众号的名称，头像设置必须和你输出的领域相关联，紧密贴合，让人印象深刻，能简洁、直观地表达你的公众号重点输出的领域内容。

只有传达出可信、靠谱、高价值的内容，才能让粉丝更信赖你，并由此形成个人风格，打造个人影响力。

例如，公众号"人民网"的简介——权威、实力，源自人民；小程序"王利芬成长社"的简介——开启社会上升通道，读书、读人、读社会；公众号"企业微信"的简介——企业微信，让每一企业都有自己的微信。

第二步，文章架构与排版。初学者对于文章框架的布局可以多参考已经形成的公众号，他们作为先行者，早已验证了某种排版的可靠性。个人的文章架构只需在此基础上微调，再在文章末尾植入自己的调查问卷即可。文章排版涉及的文字参数、封面首图制作、图片尺寸设置等，同样可以参考已经成功运营的公众号文章。

排版软件可以选用秀米、135编辑器、96微信编辑器等。公众号推送的文章内容如果来源于转载，转载前一定要获得授权或者标明来源，尊重原作者的劳动成果。如果发现一篇公众号文章的排版风格你非常喜欢，也适合你的公众号的主题风格，可以直接复制、替换内容或编辑加工为模板备用。

3. 公众号文章的输出与投放

持续推进高质量文章的输出是公众号运营的关键。将文章投入不同渠道，观察引流效果，通过植入的调查问卷了解读者关注的话题，运用自己专业的知识帮助他们解决问题，可以保障公众号的长期稳定发展。

各种渠道引流效果最直观的观测参数就是阅读数、点赞数以及转发数。高级的操作是设置监测链接，让数据更精准。每个渠道都有各自的特点和用户活跃群体，自己在平时要多总结，这对引流有很大帮助。下面的几个渠道，各有特点，可以作为文章输出及投放选择时的参考。

（1）知乎：以话题为中心进行提问和回答的平台。相关话题的问题及回答质量较高，非常有针对性和目的性，有关职场和个人成长的话题最多，围绕话题展开的垂直细分领域也较多，公众号文章可输出空间较大。"知乎"的用户群体数量较大，用户活跃度较高；"知乎"回答类型较多，盘点型、经历型、思维型文章都有，可以用不同类型文章引流，满足不同用户的需要，可以把"知乎"作为首要引流渠道。

（2）简书：以专题为中心的平台。该平台对于文章质量要求较高，专业性和针对性不是那么强。"简书"针对的读者用户多是在校大学生和工作年限不长的职场白领，用户群体相对"知乎"要狭窄一些，然而数量不少；"简书"用户评论数量较多，对比阅读数量，评论所占比例比"知乎"和"豆瓣"都要高，说明"简书"用户参与度较高，可以作为一种引流渠道。

（3）豆瓣：以话题为中心的平台。定位在文艺青年，是作为读书电影音乐感受分享的社区，介绍职业和个人成长方面的话题不多，话题关注数量不多，相关用户群体小，活跃度不高，引流效果一般。

简而言之，文章内容风格和目标用户聚集在哪个渠道，就在哪里投放文章，这样，目标用户会更精准，吸引读者关注的概率就会更高。同时要对反馈回来的信息优化加工，调整内容输出方向，对引流好的渠道进行重点开发。

三、怎样用小视频宣传自己和产品

案例

"巧妇九妹"的电商带货

甘友琴，网名"巧妇九妹"，广西钦州市灵山县三海镇苏屋塘村人。十几年前，她还是一名在外打工的农家妹，可自从两年前在家乡做起了美食短视频，甘友琴便成了"网红"。做电商、促就业，如今的"巧妇九妹"已经是拥有350多万粉丝的短视频大V，每年为家乡带来近千万元的收益。成为用短视频帮助家乡脱贫的带头人。

短视频为电商"带货"。通过短视频做电商，让她成了千万销售额的企业主。以前果农都是用传统的方法销售。白天摘果，大半夜就要到批发市场去卖。现在通过她的短视频+流量卖出去，村民不用熬夜，卖得还比以前快。

短视频与电商的融合，正在引领新的消费方向。如今，阿里巴巴、抖音、快手、拼多多等短视频和电商平台纷纷推出"边看边买"等模式，利用短视频"带货"、变现。有业内人士指出，作为最通用的内容载体，以短视频为代表的可视化商业链接将成为趋势。

未来"短视频+"将成为常态，多元主体协同参与，跨界融合愈发显著。随着相关政策规范体系更加完善，大数据、人工智能、区块链等技术将逐渐被广泛应用，基于短视频的共享共创将继续向跨界化、场景化、协同化、专业化等方向迭代演进。

（一）网络短视频制作的流程

无论你是为了分享所见所闻，还是为了吸引大众眼球，或者是以点击率换取广告费用的商业营销，网络视频的制作都包含清晰的工作流程。

我们可以借用工程领域的CDIO模型来归纳网络视频的制作流程，CDIO即构思（Conceive）、设计（Design）、实现（Implement）和运作（Operate）。

1. 构思阶段。对承接的任务或个人创作冲动进行理性思考与分析，策划与创意。

2. 设计阶段。把策划与创意的结果进行梳理，形成文案。

3. 实现阶段。即制作筹备、影音素材获取、后期制作与合成。制作筹备包括为保障拍摄的质量和效率，进行人力与财物的必要准备；影音素材获取包括录制影像素材和声音素材；后期制作与合成包括对影音素材进行编辑、音效处理和字幕合成等。

4. 运作阶段。即网络发布与传播期待。当视频发布到网络之后，还有一个环节即传播与期待，这是网络视频的特性，如果缺少传播这一环节，就只能叫视频，而不是"网络视频"。

我们对初学者网络视频的制作的建议是，把更多的时间和精力花在前期——构思与设计，那样在后期制作阶段会轻松许多。视频作品最终的效果，要在项目制作启动之前，做到心中有数。后期制作的重心更多是偏向视频的外观和包装，因为内容的设计已经在你项目策划创意阶段、摄制阶段完工，后期制作阶段只是把你前期阶段的视频音频加工合成，包装成精美的产品，供给网络上线。

（二）抖音小视频制作的方法

下面，我们以抖音短视频为例，介绍通过智能手机使用抖音内置功能拍摄、剪辑、包装的方法。

抖音App原本是一款社交类的软件，通过抖音短视频App可以分享生活。用户可以选择歌曲，配以短视频，形成自己的作品。抖音可以通过视频拍摄快慢、视频编辑、特效（反复、闪一下、慢镜头）等技术让视频更具创造性。如今的抖音短视频平台已经拓展了它的社交属性，成为企业营销的新平台，它通过人工智能算法，可以精准对接用户需求，最终实现供给方与用户的精准匹配，从而带给开发者可观的流量与收益，带给用户良好的体验。

抖音的注册以及视频制作十分简单，使用抖音短视频App内置功能制作小视频的步骤是：

（1）下载抖音App到手机桌面上，打开，登录账户。

（2）点击手机底部的加号按钮，选择要加的背景音乐，点击"音乐试听"，确定使用后可以开始拍摄。

（3）进入拍摄页面，选择拍摄时长，拍摄视频时长按或单击，还可以设置道具和视频快慢等。

（4）点击红色大按钮进行录制，可以添加特效、文字、滤镜、贴纸。

（5）点击"下一步"写好标题即可，可以保存草稿或直接发布。

当然，也可以下载适用于智能手机的小视频制作软件来完成以上步骤。比如乐秀、巧影、快影等App。

四、如何运用互联网技术传递信息

互联网信息的传递手段有很多，常用的网络电子手段传递信息的方式有微信、E-mail、QQ、微博等。

微信是腾讯公司于2011年推出的一个为智能终端提供即时通信服务的免费应用程序，微信提供公众平台、朋友圈、消息推送等功能，交互功能十分强大，一经推出，就受到大家的热烈欢迎。现在97%以上的手机用户使用微信交流，是一种十分普及、十分方便的信息即时交互工具。微信的语音/视频通话功能已经成为人们之间通话的首选，免费又方便。

在微信问世之前，人们常用的信息即时交互工具是腾讯的QQ，它是由深圳市腾讯计算机系统有限公司开发的一款基于互联网的即时通信软件。

利用QQ可以和他人进行交流，信息即时发送和接收，语音视频面对面聊天，功能非常全面。同时，QQ还具有与手机聊天、聊天室、点对点断点续传传输文件、共享文件、QQ邮箱、备忘录、网络收藏夹、发送贺卡等多种功能，是国内流行的功能很强的即时通信软件。

电子邮件是通过互联网邮寄的信件，电子邮件具有成本低、快捷等优点，所以使用过电子邮件的人，多数都不愿意再提起笔来写信了。

电子邮件的英文名字是E-mail，它的格式中，符号@是电子邮件地址的专用标识符，它前面的部分是信箱名称，后面的部分是信箱所在的位置。

行动：提高电子手段展示信息能力

活动一：为自己申请一个微信公众号

一、活动目标

申请一个属于自己的微信公众号，开通后填写个人的信息，通过公众号编辑发布微信，并通过朋友圈吸引朋友的关注，分享自己的学习、生活体验。

二、活动要求

1. 自学微信公众号申请教程。

2. 一个月内发布5条以上原创微信。

3. 粉丝数量达到50人。

活动二：利用微信公共平台制作军训教官培训班宣传文案

一、活动资料

赵军是一名退役复学的大学生，毕业后被聘为一家户外体验中心的素质拓展培训师，体验中心给小赵派发了任务：组织一次军训教官训练活动，当务之急是制作一个军训教官培训班学员招募宣传文案，要求使用微信公众号平台制作，并通过订阅号对外发布。

请你为小赵制作一条微信公众号宣传文案。

二、活动要求

1. 独立完成任务项目的素材选取、信息处理、思路设计、实施总结。作品中要体现问题分析、素材采集、信息处理等过程性证据。微信阅读量在100次以上。

2. 提交以下过程性证据

（1）微信的选题背景。

（2）信息搜集的渠道与方法。

（3）申请并选择公众号平台，编辑并创作微信，微信内容二维码链接。

活动三：制作短视频推介自己家乡的产品或自己的技艺

一、活动目标

申请一个属于自己的短视频号（抖音或快手），利用短视频介绍自己家乡的特产，对产品进行宣传推介；也可以展示自己的绝技和特长。

二、活动要求

1. 个人完成注册和作品制作

（1）申请短视频（抖音、快手）注册，入驻平台。

（2）设计构思作品内容架构。

（3）拍摄内容资料。

（4）增加艺术手段。

（5）制作发布。

2. 评价收获

（1）统计点赞数。

（2）在学习群中交流实践经验和体会。

（3）同学间互评。

反思：你掌握电子方式高效展示信息的要点了吗

一、课堂评估

1. 相互分享大家制作并推送的公众号文章，比较并评价整体效果。

2. 组织一次短视频制作比赛，评选最优作品。获奖者介绍创作经验，相互学习。

二、自我评估

参考下表自评、互评，看看自制公众号文章的能力与效果如何（表4-8）。

表 4-8 公众号文宣作品评价表

评分项目	指标内容	权重	自评	互评
内容要素	1. 结构完整、要素齐备 2. 语言简练、文笔流畅	20%		
排版要素	3. 图文并茂、切合主题 4. 格式美观、简洁明了	30%		
创新要素	5. 话题新颖，聚集热点 6. 说服力强，有借鉴性	30%		
影响要素	7. 有一定阅读量及转发量	20%		
小计（总分）				

三、反思提高

1. 结合本主题分项训练，检查自己能否在工作中根据信息处理的结果，选择恰当的电子信息展示方式，使用多媒体手段展示信息并能用互联网的方式快捷有效传递信息。

2. 随着5G、云计算、区块链、人工智能的融合应用，我们的生活方式、工作方式都将发生改变，你是否能主动适应这个新媒体时代的发展，能否有效利用先进的信息技术助力自己的职业发展？这是生活在当代的职业人应该具备的生存本领，期望你能成为信息处理的高手，它将让你的生涯发展如虎添翼。

/阅 读 清 单/

[1] 易丽华.方法总比问题多 [M].重庆：重庆出版集团、重庆出版社，2011.

导读：《方法总比问题多》主要讨论在现实生活中，问题和方法的逻辑关系、造成问题的因素、解决问题的思维模式、解决问题的基本原则，通过鲜活生动的实例，对问题和方法进行梳理。让读者从各种问题的困扰中解脱出来，从改变观念、调整心态、转换思路，到勇于突破、锐意创新、勤于思考，从智慧角度出发，进行详细地分析和解悟，理论与实践并重，让读者以最快捷的方式成为一名方法高手。

[2] [美]詹姆斯·格雷克.信息简史.高博，译 [M].北京：人民邮电出版社，2013.

导读：科普畅销书作家詹姆斯·格雷克从信息发展的厚重历史中精选出几个关键片段，为我们勾勒出了信息的过去、现在与未来，并给我们提供了一个看待周围世界的全新视角，让我们意识到信息是定义现代社会的特征，也是我们理解这个时代的关键。格雷克以极大的勇气，花费七年时间进行准备，成功描绘出了一幅波澜壮阔的信息发展图景。对于任何想了解信息时代是如何发展而来、又将走向何处的读者，这都将是次极富启示的阅读体验。

[3] 龙丽嫦，曾祥潘，简子洋.用技术解决问题，教师信息素养88个情景实例 [M].广州：暨南大学出版社，2014.

导读：技术的发展最令人激动的事不在于技术本身，而在于由它发起创立的新的思维类型，对教育者思考问题的方式的冲击。在力促发展与创新的同时，我们也必须防止仅仅将新技术作为一种时髦方式，作为唯一的关注，却忽略了那些能够从根本上改进人类学习方式的新思想、新理念以及对于新技术的创新性的应用。我们应该像威尔逊所说的那样，必须在学习有效性的境脉中考虑技术的使用，使学习的结果符合一个更大的社会的内在价值，否则技术创新只能成为一种过度受到膜拜的东西。

用技术支持问题解决的两种方法：第一个是基于问题的学习情境，第二个是用各种工具对学生将要解决的问题进行建模。

参考文献

［1］现代职业教育研究院通用职业素质专家委员会组编.职业素质培育教程［M］.北京：人民出版社，2022.

［2］缪昌武，王士恒.劳动通识教育［M］.北京：高等教育出版社，2022.

［3］拜尔斯，多尔夫.技术创业：从创意到企业［M］.4版.陈劲，李纪珍，译.北京：北京大学出版社，2017.

［4］沃斯，林佳豫.自主学习的革命［M］.刘文，译.北京：中国友谊出版公司，2016.

［5］许湘岳，陈留彬.职业素养教程［M］.北京：人民出版社，2014.

［6］科特雷尔.批判性思维训练手册［M］.3版.丁国宗，译.北京：中国友谊出版公司，2023.

［7］埃利斯.优秀大学生成长手册［M］.14版.何雨珈，等译.北京：科学出版社，2013.

［8］王士恒，伍学雷.职业规划与自我管理［M］.北京：高等教育出版社，2013.

［9］科特雷尔.个人发展手册［M］.凌永华，译.北京：中国传媒大学出版社，2020.

［10］科特雷尔.学习技术手册［M］.靖晓霞，译.北京：中国传媒大学出版社，2020.

［11］稻盛和夫.活法［M］.周庆玲，译.北京：东方出版社，2019.

［12］特里林，菲德尔.21世纪技能：为我们所生存的时代而学习［M］.洪友，译.天津：天津社会科学院出版社，2011.

［13］周艳波，黄雪飞，朱松节.形象塑造与自我展示［M］.3版.北京：高等教育出版社，2017.

［14］杨玉柱.华为时间管理法［M］.北京：电子工业出版社，2011.

［15］熊丙奇，宋丽真，胡国宝.步入大学：大学生学习、生活、职业发展指导［M］.上海：上海交通大学出版社，2010.

［16］弗里德曼.世界是平的：21世纪简史［M］.何帆，肖莹莹，等译.2版.湖南：湖南科学技术出版社，2010.

［17］彼得森.打开积极心理学之门［M］.侯玉波，王菲，译.北京：机械工业出版社，2016.

［18］本－沙哈尔.幸福的方法［M］.汪冰，刘骏杰，等译.北京：中信出版社，2022.

［19］李开复，范海涛.世界因你不同：李开复自传［M］.北京：中信出版社，2018.

［20］人力资源和社会保障部职业技能鉴定中心.与人交流能力训练手册［M］.北京：人民出版社，2011.

［21］劳动和社会保障部职业技能鉴定中心.解决问题能力训练手册（试用本）［M］.北京：人民出版社，2007.

郑重声明

高等教育出版社依法对本书享有专有出版权。任何未经许可的复制、销售行为均违反《中华人民共和国著作权法》，其行为人将承担相应的民事责任和行政责任；构成犯罪的，将被依法追究刑事责任。为了维护市场秩序，保护读者的合法权益，避免读者误用盗版书造成不良后果，我社将配合行政执法部门和司法机关对违法犯罪的单位和个人进行严厉打击。社会各界人士如发现上述侵权行为，希望及时举报，我社将奖励举报有功人员。

反盗版举报电话 （010）58581999　58582371
反盗版举报邮箱 dd@hep.com.cn
通信地址 北京市西城区德外大街4号　高等教育出版社知识产权与法律事务部
邮政编码 100120

读者意见反馈

为收集对教材的意见建议，进一步完善教材编写并做好服务工作，读者可将对本教材的意见建议通过如下渠道反馈至我社。

咨询电话 400-810-0598
反馈邮箱 gjdzfwb@pub.hep.cn
通信地址 北京市朝阳区惠新东街4号富盛大厦1座高等教育出版社总编辑办公室
邮政编码 100029

资源服务提示

授课教师如需获得本书配套教学资源，请登录"高等教育出版社产品检索信息系统"(https://xuanshu.hep.com.cn/) 搜索本书并下载资源，首次使用本系统的用户，请先注册并进行教师资格认证。

联系我们
高教社高职就业创业教育研讨QQ群：1035265438